经济管理学术新视角丛书

RESEARCH ON SMALL AND MEDIUM-SIZED ENTERPRISE
CREDIT FINANCING BASED ON THE PERSPECTIVE
OF NETWORK EMBEDDEDNESS

网络嵌入视角下的中小企业信贷融资研究

段姝 ◎ 著

本书得到了江苏省高校哲学社会科学基金项目"网络嵌入视角下的中小企业信贷融资研究"（2013SJB6300086）、苏州科技学院科研基金项目"供应链网络中中小企业外部融资效率研究：基于结构方程模型的检验"（201201）的资助。

图书在版编目（CIP）数据

网络嵌入视角下的中小企业信贷融资研究/段姝著.—北京：经济管理出版社，2014.12
ISBN 978-7-5096-3488-2

Ⅰ.①网… Ⅱ.①段… Ⅲ.①中小企业—企业融资—研究—中国 Ⅳ.①F279.243

中国版本图书馆 CIP 数据核字（2014）第 276265 号

组稿编辑：赵喜勤
责任编辑：张　艳　王格格
责任印制：司东翔
责任校对：张　青

出版发行：经济管理出版社
　　　　　（北京市海淀区北蜂窝 8 号中雅大厦 A 座 11 层　100038）
网　　址：www.E-mp.com.cn
电　　话：（010）51915602
印　　刷：北京京华虎彩印刷有限公司
经　　销：新华书店
开　　本：720mm×1000mm/16
印　　张：14.25
字　　数：280 千字
版　　次：2014 年 12 月第 1 版　2014 年 12 月第 1 次印刷
书　　号：ISBN 978-7-5096-3488-2
定　　价：46.00 元

·版权所有　翻印必究·
凡购本社图书，如有印装错误，由本社读者服务部负责调换。
联系地址：北京阜外月坛北小街 2 号
电话：（010）68022974　　邮编：100836

前 言

中小企业在国民经济中的战略性地位与其所受到的融资约束形成鲜明的对比，中小企业融资难一直是学术界和实务界的关注热点。现有的研究基本上从金融制度供给宏观层面以及企业组织特征微观层面进行了理论分析和实践探索，但中小企业的信贷约束程度依然没有得到有效的缓解。在不利的外部融资环境和内生融资约束的条件下，我国以网络化为成长模式的中小企业却取得了长足的发展。中小企业成长模式的转变必然会导致其生产经营各环节的行为和运行机制发生改变，其中包括企业融资行为。目前对中小企业融资问题的研究视角一直局限在将中小企业作为一个单一的个体进行讨论，没有对处于网络化组织群落中的中小企业融资行为给予足够的关注。本书跳出了对单一企业融资行为研究的传统局限，从网络嵌入这一中观层面的视角，对中小企业信贷融资机制进行了研究。

不论是从银行对中小企业的信用分析体系来看，还是从银行培育客户的战略角度来看，基于中小企业的成长性等非财务因素分析是中小企业信用分析的核心。在经济全球化程度日益提高的背景下，关于企业资源、行为及能力等方面的研究已经把视角由企业内部延展到企业外部网络。企业嵌入在网络中的特性制约着企业对资源的获取和利用，进而影响着企业的行为。中小企业可以通过嵌入各种网络，克服资源约束，实现自身成长。中小企业的网络化成长是对自身发展潜力的解读，是中小企业实现自身可持续成长的手段和投资者进行投资的重要决策依据。

通过相关的理论分析和现实观察，本书试图从网络嵌入的视角，以资源依赖理论等多学科理论为基础，分别从嵌入的动因、嵌入的特征和嵌入的效应对网络嵌入与中小企业信贷融资的关系进行了理论阐释，然后进一步对网络嵌入缓解中小企业信贷约束机制进行路径解析，构建了理论模型，并提出研究假设。为验证"网络嵌入缓解中小企业信贷约束"这一理论命题，本书以网络嵌入特征、企业资源获取以及信贷资金可获性为主要调研内容，通过对中国乃至全球中小企业网络化成长最活跃的江、浙、沪地区中小企业的实地调研和问卷发放，获得第一手数据资料，运用结构方程模型，对本书提出的理论模型和研究假设进行了实证检验。最后，本书对网络嵌入缓解中小企业信贷约束在实践中的应用进行了初步的探讨。

本书的创新点主要有以下三点：第一，研究视角的创新。随着中小企业成长模式由内生性向网络化转变，关于企业行为的研究也由企业内部延展到企业外部网络。本书从网络嵌入这一中观层面的视角剖析了中小企业信贷约束的缓解机制。第二，理论研究的创新。本书通过理论剖析和实证检验，构建了"网络嵌入—资源获取—信贷约束缓解"的理论模型。研究成果不仅丰富了中小企业信贷融资理论体系，而且拓展了企业网络理论的应用。第三，研究内容的深化。在现有研究普遍得出基于网络的内生信用具有融资优势的基础上，本书进一步探索性地解析出网络嵌入缓解中小企业信贷约束的主要路径。

中小企业作为信贷资金的需求方，在依靠抵押担保和消除信息不对称等信用增级机制效率低的现实下，应发挥社会网络的增信机制，通过嵌入网络，提升自身信用能力，缓解信贷约束。在嵌入网络的途径方面，行业协会是中小企业嵌入网络的有效途径。在具体构建有利于自身信贷约束缓解的网络时，中小企业应努力构建开放的网络，与网络内的其他利益相关者保持持久和密切的关系。同时中小企业应随着外部环境、企业成长以及银企关系的变化调整自身的网络嵌入状态，降低自身经营风险，实现可持续发展，提升在信贷市场上的融资能力。银行作为信贷资金的供给方，可以尝试将中小企业所嵌入网络中的其他利益相关者的信用评价纳入到对中小企业的信用评级体系中，实现中小企业社会网络的增信机制。同时，在现有金融体制框架下，政府应遵循中小企业的网络化成长模式的客观规律，充分发挥网络内生的信用机制，更加关注根植于中小企业网络体系的内生性金融制度安排。

鉴于笔者自身的知识结构和研究水平，从网络的视角探索中小企业信贷约束缓解机制是一个极具挑战性和探索性的研究。在这一过程中，既有从前人的研究成果中获得的很多灵感，也有许多专家学者的理论指导，以及近500家企业的访谈和问卷填写支持。这一切得到了江苏省高校哲学社会科学基金项目"网络嵌入视角下的中小企业信贷融资研究"（2013SJB6300086）、苏州科技学院科研基金项目"供应链网络中中小企业外部融资效率研究：基于结构方程模型的检验"（201201）的资助。在此，一并表示最诚挚的谢意。最后，由于书中错误和不足之处在所难免，恳请广大读者批评指正。

段　姝

2014年9月8日于澳大利亚

目 录

第一章 导 论 ... 1

第一节 研究背景 ... 1
一、中小企业战略性地位与融资约束悖论 ... 1
二、中小企业融资问题研究需要新的视角 ... 3
三、网络的思想及其在企业行为研究中的兴起 ... 5

第二节 问题的提出及研究意义 ... 6
一、问题的提出 ... 6
二、研究的意义 ... 8

第三节 研究框架和章节结构 ... 10
一、研究的技术路线 ... 10
二、研究的逻辑框架 ... 10
三、章节结构 ... 11

第四节 基本概念界定 ... 13
一、网络嵌入 ... 13
二、中小企业 ... 16
三、中小企业信贷融资 ... 18

第五节 研究方法和创新点 ... 18
一、研究方法 ... 18
二、主要创新点 ... 19

第二章 中小企业信贷融资的理论基础及文献回顾 ... 21

第一节 基于金融制度环境宏观视角的理论基础及文献回顾 ... 21
一、理论基础 ... 21
二、国外文献回顾 ... 25
三、国内文献回顾 ... 29
四、现有研究文献评述 ... 31

- 第二节 基于企业组织特征微观视角的理论基础及文献回顾 ………… 33
  - 一、理论基础 ………… 33
  - 二、国外文献回顾 ………… 36
  - 三、国内文献回顾 ………… 38
  - 四、现有研究文献评述 ………… 39
- 第三节 基于组织环境中观视角的理论基础及文献回顾 ………… 40
  - 一、理论基础 ………… 40
  - 二、国外文献回顾 ………… 43
  - 三、国内文献回顾 ………… 44
  - 四、现有研究文献评述 ………… 46
- 第四节 本章小结 ………… 46

第三章 网络嵌入与中小企业信贷融资关系

- 第一节 理论基础 ………… 49
  - 一、社会资本理论：社会学的解释 ………… 49
  - 二、交易费用理论：经济学的解释 ………… 50
  - 三、资源依赖理论：管理学的解释 ………… 51
  - 四、合法性理论：制度学的解释 ………… 52
- 第二节 网络嵌入与中小企业信贷融资关系研究 ………… 52
  - 一、基于网络嵌入动因的视角 ………… 52
  - 二、基于网络嵌入特征的视角 ………… 56
  - 三、基于网络嵌入效应的视角 ………… 58
- 第三节 研究结论 ………… 60
- 第四节 本章小结 ………… 62

第四章 网络嵌入视角下的中小企业信贷融资模型构建与假设推演

- 第一节 网络嵌入与中小企业：一个群体博弈的均衡分析 ………… 63
  - 一、声誉机制是一种节约交易费用的工具 ………… 63
  - 二、网络是声誉机制的重要载体 ………… 64
- 第二节 网络嵌入视角下的中小企业信贷约束缓解 ………… 69
  - 一、中小企业信用分析的核心是企业的成长能力 ………… 69
  - 二、网络化成长是中小企业主要的成长模式 ………… 72
- 第三节 网络嵌入视角下的中小企业信贷约束缓解的路径分析 ………… 73
  - 一、路径之一：组织合法 ………… 74

二、路径之二：信息共享 ··· 76
　　三、路径之三：组织学习 ··· 77
第四节　理论模型构建及假设推演 ··· 78
　　一、网络嵌入的维度划分 ··· 78
　　二、网络嵌入、组织合法与中小企业信贷融资 ······························· 79
　　三、网络嵌入、信息共享与中小企业信贷融资 ······························· 80
　　四、网络嵌入、组织学习与中小企业信贷融资 ······························· 82
　　五、一级维度理论模型及假设结构 ··· 84
　　六、二级维度理论模型及假设结构 ··· 84
　　七、环境因素、组织因素、制度因素的调节作用 ····························· 88
第五节　本章小结 ··· 92

第五章　调查问卷设计与数据收集 ··· 95

第一节　调查问卷设计 ··· 95
　　一、设计过程 ··· 95
　　二、问卷发放 ··· 96
第二节　调查问卷的变量设计 ··· 97
　　一、网络嵌入：解释变量 ··· 97
　　二、中小企业信贷融资：被解释变量 ······································ 101
　　三、组织合法：中介变量一 ·· 102
　　四、信息共享：中介变量二 ·· 103
　　五、组织学习：中介变量三 ·· 103
　　六、环境、组织、制度：调节变量 ·· 104
　　七、企业规模、年龄、性质：控制变量 ···································· 105
第三节　本章小结 ·· 105

第六章　调查数据的基本面分析 ·· 107

第一节　数据的描述性分析 ·· 107
　　一、问卷的基本情况 ·· 107
　　二、数据的描述性分析 ·· 110
第二节　信度和效度的检验 ·· 112
　　一、量表的信度检验 ·· 112
　　二、量表的效度检验 ·· 115
第三节　本章小结 ·· 124

第七章 研究假设的检验 ……………………………………………… 125

第一节 网络嵌入对组织合法的影响 ……………………………… 125
一、结构嵌入对组织合法的影响 ………………………………… 125
二、关系嵌入对组织合法的影响 ………………………………… 126

第二节 网络嵌入对信息共享的影响 ……………………………… 128
一、结构嵌入对信息共享的影响 ………………………………… 128
二、关系嵌入对信息共享的影响 ………………………………… 129

第三节 网络嵌入对组织学习的影响 ……………………………… 130
一、结构嵌入对组织学习的影响 ………………………………… 130
二、关系嵌入对组织学习的影响 ………………………………… 132

第四节 组织合法对中小企业信贷融资的影响 …………………… 133

第五节 信息共享对中小企业信贷融资的影响 …………………… 134

第六节 组织学习对中小企业信贷融资的影响 …………………… 135

第七节 中介作用 …………………………………………………… 136
一、一级维度模型检验 …………………………………………… 137
二、二级维度模型检验 …………………………………………… 141

第八节 环境、组织、制度因素的调节作用 ……………………… 156
一、环境因素的调节作用 ………………………………………… 157
二、组织因素的调节作用 ………………………………………… 157
三、制度因素的调节作用 ………………………………………… 157

第九节 假设检验结果小结 ………………………………………… 164

第八章 研究结论与实践启示 …………………………………………… 167

第一节 研究结论 …………………………………………………… 167
一、主要研究结论 ………………………………………………… 167
二、对研究结论的进一步分析 …………………………………… 172

第二节 研究不足与展望 …………………………………………… 174
一、研究不足 ……………………………………………………… 174
二、研究展望 ……………………………………………………… 175

第三节 实践启示 …………………………………………………… 175
一、社会网络机制是中小企业信用增级机制 …………………… 175
二、行业协会是中小企业构建网络的平台 ……………………… 176
三、中小企业应有意识地构建有利于缓解信贷约束的网络 …… 177

四、利益相关者信用评价应纳入中小企业信用评级体系 …………… 177
五、政府应更加关注基于社会网络机制的内生性金融安排 ……… 178

参考文献 ……………………………………………………………… 179

第一章 导 论

第一节 研究背景

一、中小企业战略性地位与融资约束悖论

无论是在发达国家还是新兴工业化国家，中小企业都是国民经济的基础，在繁荣经济、增加就业、推动创新方面发挥着重要作用[①]。

在经济发展中起重要作用的中小企业，却在成长过程中面临着众多制约发展的因素。其中，最关键的因素即融资约束。一份关于浙江民营中小企业的调查[②]显示，中小企业过度依赖内源性融资，其比例高达57%，由于内源性融资资金供给有限，对其过度依赖会制约中小企业的长期发展；在外源融资渠道方面，例如股市融资、债券融资、私募股权融资等，我国都设有严格的规定和较高的门槛，中小企业自身条件难以达到融资要求，导致中小企业外源融资严重依赖银行贷款；另外，未能从正规金融渠道获得融资的中小企业只能求助于民间借贷[③]，而非正规金融渠道的民间融资具有风险大、成本高的特点，不利于中小企业的发

[①] 根据2011年国务院发展研究中心《中小企业发展的新环境新问题新对策》重大课题组报告，2010年全国规模以上中小工业企业数量达到44.9万家，实现总产值49.8万亿元，分别比2005年增长50.1%和240%。中小企业对经济社会发展贡献巨大，中小企业创造了全国60%的国内生产总值，贡献了全国50%以上的税收，提供了80%的城镇就业岗位，全国65%的发明专利、75%以上的企业技术创新和80%以上的新产品开发都是由中小企业完成的。

[②] 浙江省中小企业发展良好，在缓解中小企业融资难方面一直走在全国前列，但是融资难的现状依然存在。

[③] 根据中国人民银行温州市中心支行2011年7月发布的《温州市民间借贷市场报告》，温州民间借贷的规模为1100亿元；事实上，由于民间融资多以半公开、半地下的方式运行，实际的民间借贷规模很可能高于上述数据。

展。在2008年紧缩政策实施的背景下,民间借贷利率一路走高[①],这使得贷款企业面临非常高的融资成本和巨大的经营风险(金雪军等,2010)。以上分析表明,中小企业在国民经济中的战略性地位与其受到的融资约束形成悖论,不利于国民经济的更好发展和社会和谐。尤其在紧缩政策调控期内,这种失衡现象会越发恶化,使中小企业发展受到重创,给社会造成严重损失。

近年来,国家一直努力改善中小企业金融服务,鼓励并出台政策支持各商业银行和股份制银行设立中小企业金融服务专营机构。截至2010年末,已有109家商业银行设立了中小企业金融服务专营机构,许多银行还推出了专门为中小企业提供融资服务的金融产品。社区银行、村镇银行、贷款公司、农村资金互助社、信用担保公司等地区性中小金融机构得到稳步发展。至2010年末,全国中小企业信用担保机构达到5547家,全年共为37万户中小企业提供贷款担保额1.1万亿元。至2010年末,全国主要金融机构及农村合作金融机构、城市信用社和外资银行中小企业贷款余额(含票据贴现)达到17.68万亿元,占全部企业贷款的57%。

虽然中小企业金融服务得到明显改善,但是中小企业融资难的问题并没有得到根本缓解。根据中国银监会的统计,2010年中小企业贷款余额达到7.5万亿元,占贷款总额的比重只有14.73%(见表1-1)。

在融资成本方面,目前商业银行对中小企业的贷款利率基本上都是上浮,下浮几乎没有。据有关调查[②],中小企业综合贷款成本[③]已经高达贷款额的10%~15%,而且中小企业贷款成本将随着货币政策的收紧进一步提高。

表1-1 2008~2010年中小企业贷款增长情况

年份	中小企业贷款		全部贷款		中小企业贷款占非金融公司及其他部门比重(%)	中小企业贷款占全部贷款比重(%)
	余额(万亿元)	增速(%)	余额(万亿元)	增速(%)		
2010	7.5	29.3	50.9	19.9	20.47	14.73
2009	5.8	32.2	42.6	31.7	18.24	13.61
2008	4.4	—	32.0	15.9	17.86	13.75

资料来源:《中国银监会2010年报》和中国人民银行网站。

---

① 2008年6月中国人民银行温州市中心支行的监测数据显示,当月温州地区民间借贷加权月利率达12.25‰,比历史最高纪录高出0.138个千分点。同期浙江民间借贷年利率甚至高达120%。
② 数据来自2011年国务院发展研究中心《中小企业发展的新环境新问题新对策》重大课题组。
③ 除贷款利息之外,中小企业还要负担登记费、评估费、公证费、担保费、审计费等费用。

从中小企业信贷交易方式的特点来看，小银行更具优势。但从目前我国现有银行体系的情况来看，地方性小银行的数量仍然偏少，在银行体系中仍然处于非主流地位，大中型银行占据绝对主导地位。如表1-2所示，全国性大银行的存款市场占比为57%，贷款市场占比为55%，全国性中小银行的存款市场占比仅为20%，贷款市场占比仅为25%。如果在其他银行业金融机构中再扣除信托投资公司、汽车金融公司、财务公司等机构的存贷款，地方性小型金融机构的市场份额应当在20%以下[1]。

表1-2 银行存贷款市场结构

金融机构	存款市场占比（%）	贷款市场占比（%）
全国性大银行	57	55
全国性中小银行	20	25
其他银行业金融机构	23	20

资料来源：根据2010年人民银行"金融机构信贷收支统计"计算得出。

除了间接融资体系之外，中小企业的直接融资体系也存在缺陷。现有中小企业板的上市门槛仍然偏高，2010年中小企业通过直接融资市场获得的资金占银行信贷的比重只有4%左右。在紧缩性货币政策、高融资门槛和金融体系不完善等多重因素的作用下，民间金融[2]在缓解中小企业融资方面显示出高效、便捷的特点。但是，在外部监管措施不完善的条件下，非法集资混迹于民间金融，存在巨大的系统风险隐患。

二、中小企业融资问题研究需要新的视角

国外对中小企业融资问题的关注比国内要早得多，国外学者对中小企业融资问题的研究主要是围绕中小企业与银行的关系来展开的。国内理论界围绕中小企业融资问题的研究成果可谓汗牛充栋，而且绝大部分研究成果几乎一致认定，中小企业普遍面临融资困境。但是对中小企业融资问题的讨论大多停留在对一般性问题的研究上，主要是分析中小企业融资难的成因以及对缓解其融资约束的金融

---

[1] 2010年，我国银行业金融机构共有法人机构3769家，扣除全国性机构，地方性银行业法人机构共有3264家。如果扣除2646家农信社，则小型银行业金融机构只有600余家，而美国资产在10亿美元以下的小银行就有7000多家。

[2] 民间金融是指在国家的金融法律法规保护和规范之外且不受政府金融监管当局直接控制和监管的金融活动，也称为非正规金融。

制度建设的讨论。从研究的内容来看，宽泛地研究中小企业融资问题的文献较多，针对性地研究中小企业融资问题的文献较少；从研究的方法来看，对策研究、案例分析等规范分析多，基于数据的实证分析少。总之，目前关于中小企业融资问题的研究缺乏深入的、实质的分析和解决。

无论是从现实情况还是从理论角度，银行信贷是适合中小企业的一种融资形式（林毅夫，2006）。通过对中小企业信贷融资文献的梳理，发现目前的研究基本上形成了两条研究路径：一条路径是从企业组织特征的微观层面出发；另一条路径是从企业外部制度环境的宏观层面出发。

微观层面的研究主要是基于西方主流的融资理论，即在信息不对称理论的框架下，用均衡分析的方法集中探讨企业组织特征微观因素对融资方式的影响。企业规模是造成现实的融资交易中信息不对称程度差异的一个重要因素（Ross、Leland 和 Pyle，1977；张圣平、徐涛，2002）；中小企业由于自身条件的限制，通常存在着更为严重的信息问题，因而成为金融机构主要的信贷配给对象（Stiglitz 和 Weiss，1981）；20 世纪末期出现的金融成长周期理论揭示了企业规模因素对企业融资机制的影响。不同规模的企业向外部投资者显示自己有效信息的能力是不一样的，导致它们在融资方式的选择上也存在很大差异（Berger 和 Udell，1998）。与理论的进展相呼应，大量文献也实证地分析了企业规模因素对企业实际融资方式和行为的影响（Peterson 和 Rajan，1994、1995；Matinelli，1997；Cole，1998；Angelini、Salvo 和 Ferri 等，1998）。随着理论及实证研究的深入，目前关于企业组织特征的微观因素对融资机制影响的认识已十分成熟。

宏观层面的研究集中关注了国家或地区的宏观金融制度环境因素对中小企业融资的影响。20 世纪 60 年代以来，随着发展经济学的兴起，作为发展经济学重要组成部分的金融深化理论[①]被广泛接受。金融深化理论发现西方主流信贷理论赖以成立的市场条件在发展中国家还不存在，发展中国家经济增长和金融发展之间形成了一种恶性循环，金融抑制阻碍了经济增长，经济停滞又导致金融发展缓慢，加重了金融抑制（R.I.Mackinnon 和 E.S.Shaw，1973），进而造成了严重的信贷配给现象。大量的文献根据金融深化理论对中小企业融资问题进行了探讨，揭示了影响中小企业融资行为的体制性根源。

上述两种主要研究路径对中小企业融资行为的研究是将中小企业作为一个单

[①] R.L.麦金农和 E.S.肖（1973）在探讨发展中国家货币金融问题时提出"金融抑制"和"金融深化"的概念。"金融抑制"是指由于政府不适当的干预和管制政策使得利率和汇率严重偏离均衡水平，从而导致资金的低效配置和国际收支逆差，形成金融体系和实体经济相互制约、发展呆滞的局面。"金融深化"是指政府放弃对金融市场的过分管制，利率和汇率水平能够反映实际的资金和外汇供求水平，从而刺激了储蓄、投资和出口的增长，金融体系和经济发展之间实现了相互促进的良性循环。

一的个体进行讨论，其研究视角一直局限在单个的中小企业与金融机构之间，没有对单个的中小企业与处于网络化组织群落中的中小企业在融资机制上的差异给予足够的关注。而目前学术界关于民间金融的讨论以及对团体贷款的关注，则是将研究对象由单个的中小企业拓展到一个由众多中小企业或其他利益相关者集聚形成的网络组织。对网络组织内企业的融资行为进行分析，分析假设也由经济人假设的理性分析逐渐向社会人假设的社会分析转变[1]。如当前关于集群融资的研究文献中，许多学者都认为集群网络内成员互动内生的信用是集群融资优势的来源之一。但是，目前此类研究还是以定性为主，缺乏比较深入的探讨。因此，网络的视角是一个新颖的视角。基于网络嵌入的视角对中小企业融资机制进行研究，不仅可以从理论上充实中小企业融资问题中观层面的研究，也为缓解中小企业融资困境提供了一个新的思路，是一个有意义的探索。

总之，从目前的中小企业融资理论和实践来看，尚没有有效地缓解中小企业融资约束的制度和做法。在本书看来，由于整体环境在短期内难以发生实质性改变，因此在现有的金融框架下，从新的视角寻求中小企业融资约束的缓解路径是现实的做法。

三、网络的思想及其在企业行为研究中的兴起

自 20 世纪 80 年代以来，全球化的市场竞争日趋激烈，企业外部经营环境发生了巨大变化，极大地改变了企业生存和发展的环境，对企业的灵活性、效率和学习能力等提出了更高的要求（Barlett 和 Ghoshal，2001）。企业的组织形式从大规模、标准化批量生产所形成的管理层级制逐渐向扁平化、供应链管理等网络化形式演变。企业意识到仅靠自己的资源和能力不仅效率低下，而且缺乏竞争力（Masahiko Aoki，1994；李新春，2009），企业的成长不再简单地依赖企业内部的资源状况及其管理，同时还依赖联盟伙伴企业的资源状态、行为以及相互之间的合作沟通程度。中小企业由于其内部资源相对贫乏，对外部环境的控制力不强，所以依托网络来获得外部资源就成为中小企业成长的典型特征。

随着制造业全球化进程的加速及全球制造网络的形成，企业的竞争优势不仅取决于其内部所拥有的资源，而且取决于嵌入在各种网络中的难以被竞争对手模仿的各种资源与能力（Pfeffer 和 Salancik，1978；Zajac 和 Olsen，1993；Amit 和

---

[1] 民间金融的顺利开展正是基于人缘、地缘而拥有的对借款者的信息获取优势，以及由于借款人社会身份形成的"声誉机制"（张捷、王霄，2002；林毅夫，2005）；有关中小企业团体贷款的研究认为，建立同类借款者聚集的团体贷款组织，能有效制约借款者单独参与信贷市场遭受逆向选择的问题（陈晓红，2003）。同时，借款人会由于不还款而遭受"社会惩罚"，因此会避免道德风险的产生。

Schoemaker, 1993; Gulati, 1995a; Powell, 1996; Dyer, 1996; Dyer 和 Singh, 1998; Gulati, 1999; Dyer 和 Hatch, 2006)。传统企业组织的边界逐渐变得模糊，关于企业资源、行为及能力的研究视角已经由企业内部延展到企业外部网络，对企业行为的研究方法也由"个体研究方法"日益为"网络研究方法"所取代。企业的行为和绩效可通过研究企业所嵌入的网络关系和结构得以解释（Baum 和 Dutton, 1996; Gulati 等, 2000; 汪铭泉, 2009)。

第二节 问题的提出及研究意义

一、问题的提出

资源一直是企业获取竞争优势的主要战略因素。当企业无法通过市场和企业内部突破自身的资源和能力约束时，就必须跨越企业自身的边界，以实现企业间资源的共享和优势互补，这就是企业发展的必然要求。尤其是在市场竞争日益激烈的环境中，如何从外部或企业所嵌入的网络关系获取资源，是研究中小企业问题很现实的维度。

产业集群是一种网络组织形式（Becattini, 1992)，是一种地域性很强的本地网络，信息传递途径是面对面的非正式交流，有关中小企业声誉的"软信息"在网络内会迅速得到传递。这种基于集群网络的内生信用制度是一种非正式机制，替代了国家正规金融安排，为中小企业提供了融资通道，缓解了中小企业融资约束。随着市场化和全球化的深入，中小企业逐渐开始"走出去"，通过跨区域网络[①]来获得区域之外的资源，加入到全球供应链分工体系中，成为大企业主导的供应链节点布局中的重要一环。供应链网络是一种跨地域的区域（其至全球）网络，以大企业为主导，纵向互补性较强，企业之间的联系主要通过合约来连接（合约集中性）。中小企业通过供应链网络获得合法性[②]。因为对中小企业来说，

---

① 跨区域网络也可以成为全球管道（Owen-Smith 和 Powell, 2002; Bathelt、Malmberg 和 Maskell, 2002)。

② 所谓合法性，就是一个企业或组织的形式或行为能够符合法律、惯例以及社会习俗，得到其他企业、组织和个人认可。根据制度理论，与一个在同行中具有较高声誉的或者是具有良好网络的组织建立联系，将会对一个还没有被同行认可的企业产生显著的经济效益（如企业的成活率、市场价值等)。处于较低地位的组织可以通过与地位高的组织合作来获得合法性身份。

进入大企业的供应链系统是需要成本的,"嵌入资格"本身就是一个有价值的无形资产。因此,企业会维护这种关系,避免因为贷款违约等行为影响企业在供应链中的地位,这种基于供应链网络的声誉机制减少了中小企业授信中的道德风险。

不论是区域内的横向产业集群网络,还是跨区域的纵向供应链网络,中小企业通过嵌入这些网络,获取市场信息、积累经验知识、提升自身声誉等,实现自身成长,获得长期的竞争优势(Thorelli,1986;Powell,1990)。已有的文献主要探讨了网络嵌入在企业创新绩效、创业绩效以及国际化行为等方面的作用机理。从对中小企业融资问题的研究来看,国内外的主要文献基本上未将企业网络作为一个产业组织方面的因素纳入到分析框架中来,主流文献仍然从中小企业融资的外生制度宏观角度和内生规模约束微观角度来研究中小企业的融资机制;就企业网络的研究而言,目前只有较少关于网络组织中企业融资机制的专门研究,国外已有的分析不仅数量很少,而且大多散见于关于产业集群的实证和产业政策研究中,对集群网络中企业融资问题的探讨也不深入。至于对供应链融资的研究,也仅停留在资金供给方如何化解供应链金融风险以及供应链信贷技术的研究层面,未对供应链中的中小企业融资行为进行深入细致的分析。国内这方面的研究也很少,有一些文献初步定性地探讨了集群网络环境对企业外部债务融资的影响(魏守华、刘光海等,2002;魏守华、邵东涛等,2002;张震宇、刘守谦等,2003),但都普遍缺乏一套实证的数据作为支撑,特别是现有的研究还未能注意到网络环境状态的变化与企业融资机制的关系;另一些文献集中对浙江省活跃的民间金融进行了案例分析(龚健虎等,2001;金雪军,2010;罗党论等,2011)。虽然这些案例研究所描述的活动基本上都是在浙江省的产业集群地区发生的,但它们并未深入探讨产业集群网络环境因素对企业融资行为的影响。

总之,中小企业所嵌入的网络组织作为一种特殊的中观环境,对中小企业融资机制的重要影响还未被理论界充分认识,网络内企业的融资问题一直以来都不是网络组织研究的重点,相关文献也非常少。正是在这样的理论背景下,本书试图跳出对单一中小企业融资行为研究的传统局限,从网络嵌入这一中观层面的视角,对中小企业信贷融资机制进行研究,深入探讨其网络嵌入行为对缓解其信贷融资约束的作用机理。本书具体回答了以下几个问题:①中小企业网络嵌入的理论根源是什么?②网络嵌入究竟通过哪些路径缓解了信贷约束?③不同的网络嵌入特征,是关系嵌入还是结构嵌入更有利于缓解中小企业信贷约束?④网络嵌入缓解信贷约束这一机制在不同环境下的运行机制有何变化?⑤能否将经济社会学中网络的思想纳入企业资源观的分析框架,并建立一种网络嵌入、资源获取与信贷约束缓解之间互动关系的理论模型?这种理论模型能不能通过中国企业样本的实践检验?

二、研究的意义

任何对于中小企业融资问题的关注都具有重要的现实意义,对于正处在经济转轨时期的我国来说更是如此。信息不对称是公认的造成中小企业融资约束的最主要原因[①](Stiglitz 和 Weiss,1981;Berger 和 Udell,1998;林毅夫、李永军,2001)。同大企业相比,中小企业同银行间的信息不对称问题更严重,更容易受到银行的信贷配给。围绕着解决信息不对称问题,理论界做出了相当多的研究,并提出了相关建议。Bester(1985)、Holmstrom 和 Tirole(1997)提出贷款抵押甄别机制[②];Berger 和 Udell(2002)提出发展关系型贷款解决银企关系中的"软信息"问题的思路[③]。国内学者中,林毅夫和李永军(2001)、李志赟(2002)和张捷(2002)从不同的分析角度一致提出"发展中小企业金融机构来克服信息不对称"的思路。张杰(2000)、罗党论等(2011)则提出,通过发展民营金融机构的体制内金融来支持民营中小企业的发展。更有众多学者提出通过政府供给担保来解决中小企业抵押担保不足的问题。已有研究的根本出发点是要么通过增加金融制度供给来缓解中小企业融资难,要么通过抵押担保来替代信息,实现信用增级进而提升中小企业的融资能力。

然而,从国内实践看,学者们提出的缓解中小企业融资难的措施似乎效果不佳。首先,尽管抵押贷款在一定程度上缓解了中小企业的融资约束,但是克服抵押品的不足又成为一个新的问题。金融产品、产权市场的缺乏,使抵押品仅仅限于土地、房产和少数通用设备,这不仅阻碍了处于起步阶段、尚无积累的小企业的融资,而且对于处在快速发展期的企业来说,强迫它们把自有资本都用来购置土地厂房等不动产,重复扩大简单再生产,会对资本这一稀缺资源形成进一步的浪费。其次,在国外运行良好的关系型融资[④]贷款技术并不适合国内商业银行与

---

① Stiglitz 和 Weiss(1981)认为,金融市场上普遍存在信息不对称问题,银行等正规金融机构无法辨别贷款申请者的信用水平,这就导致了逆向选择和道德风险问题。金融机构为了增加自身的盈利和降低风险,不得不采取信贷配给政策。

② Bester(1985)认为,如果银行将贷款利率和贷款抵押同时纳入贷款合同,则这两项指标的不同组合就能够实现信贷市场上的分离均衡,即低风险的企业将会承诺较高的抵押水平而享受较低的贷款利率,而高风险的企业则与之相反,从而能够缓解信息不对称带来的不利影响。

③ Berger 和 Udell(2002)认为,银行可以通过与小企业发展非标准化的、通过密切关系而达成融资交易的准市场行为,来降低小企业贷款成本,提高贷款的可获得性。

④ 关系型贷款是通过银行与借款人建立长期的多渠道的往来关系,银行能够掌握包括企业财务和经营状况、信誉和企业主个人品行等在内的一系列"软信息",能够很好地克服信息不对称问题。关系型贷款方式的基本前提是银行与企业之间必须保持长期的、密切的而且相对封闭的交易关系。由于对意会信息的收集、处理和应用的传递成本相当高,而高成本的投入必须与高收益相对应,因此,关系型贷款更适合大银行和大企业之间建立类似日本主银行制度的关系。

中小企业。中国是一个典型的"关系社会",经常以人际关系为基础开展亲密、频繁的社会经济活动,社会关系深深嵌入在经济交易活动中,对于关系型融资同样如此。而且目前从关系型融资在我国的具体实践来看,关系型融资滋生了大量寻租和合谋行为,使银行的资产受到侵蚀。再次,尽管国外的一些经验研究已证明在银行对中小企业贷款与银行规模之间存在很强的负相关关系(林毅夫、李永军,2001),但是国内的实证研究却证明,增加民营中小企业金融机构供给不具有充分根据(华南金融研究所课题组,2001;郭斌、刘曼璐,2002)。中小民营金融机构迫于生存的压力,依然具有大项目和大企业偏好,现有的信用担保机制难以克服道德风险,并不能自动形成信贷增加效应[1]。最后,依赖地缘、亲缘关系的民间金融不可能具有规模经济的制度优势,也没有国家提供法律规则来维系信任系统之间的普遍主义,导致其抗风险能力低和内在不稳定,容易造成金融风波。

在直接融资方面,中小企业也存在着较大的权益资本缺口,中小企业难以在正式的资本市场上发行证券筹资。正规资本市场对发行股票融资的最小资本规模要求一般大大超过了中小企业的实际规模。我国的全国性正式资本市场主要为大型企业提供融资服务,特别是国有大型企业,而缺乏地方性资本市场,因此即使不考虑发行小额证券的交易成本问题,我国目前的资本市场也不能为中小企业提供融资服务。虽然在西方市场经济发达国家,风险投资在一定程度上缓解了中小企业股权直接融资的困难,但风险投资具有对投资项目较高的监督成本和追求高回报的特性,只有一些特定类型的中小企业可以从中受益,例如高新技术项目和企业,大量传统行业的中小企业很难得到风险投资的青睐。另外,由于我国多层次资本市场尚未建立,缺乏场外交易市场[2],大多数中小企业仍然难以利用该市场进行权益资本融资。

综上所述,我国非国有中小企业在生存和发展的过程中面临着较大的外源融资困难。但在这种不利的外部融资环境和内生融资约束的条件下,我国以网络化成长为模式的中小企业取得了长足的发展。例如,我国沿海省份的产业集群经济在当地省份的总产出中占有较高的比重,中小企业在集群内得到了迅速扩张;而

---

[1] 那些通过担保而得到贷款的借款人通常在正常情况下也能够得到贷款,即使有担保基金的运营,贷款机构通常也需要从借款人那里得到抵押,而不是完全依赖担保。

[2] 我国在1993~1997年先后成立了26家区域性证券交易所和200多家实物性产权交易市场,进行非上市公司股票和股权证等股权类证券的交易活动,并着重建设了STAQ和NET两个全国性法人股交易市场,这些市场的发展对当时中小企业私人权益性资本的融通起到了一定的促进作用。但由于此类市场风险较大,1998年国务院出台了相关文件对这些场外市场进行清理整顿,此后这类交易市场基本上不再存在或陷入停顿状态。

且随着国内产业发展越来越向技术密集和资本密集的方向发展，中小企业以独立的产业能力很难满足进入标准，其起步性的生存方式往往是成为大型企业的供应链成员或渠道伙伴。网络化成长成为我国中小企业的主流成长模式。研究网络化环境中的中小企业融资机制具有重大的实践意义。

另外，网络组织环境作为中小企业发展的一种特殊的中观环境，对中小企业融资机制的重要影响还未被理论界充分认识，初步建立一个包括金融制度环境宏观层面、网络组织环境中观层面和企业组织特征微观层面三个层次在内的分析框架对中小企业融资机制进行分析，无疑会加深我们对中小企业融资问题的认识。在这个理论框架内所进行的研究不仅是一个新的研究视角，也在一定程度上充实了中小企业融资研究成果，具有一定的理论意义。

第三节 研究框架和章节结构

一、研究的技术路线

本书在研究过程中主要采用规范分析和实证分析相结合的研究方法，并注重文献梳理与实地调研相结合。本书首先对中小企业融资问题的研究现状做出剖析，提出网络嵌入视角下研究中小企业融资问题的现实意义和理论意义。在系统梳理中小企业信贷融资理论及文献的基础上，深入剖析网络嵌入视角下的中小企业信贷融资机制的内在机理，完成模型构建及假设推演。其次通过对我国乃至全球中小企业网络化成长最活跃的江浙沪地区中小企业的实地调研和问卷发放，得到第一手数据资料，运用SPSS16.0、AMOS16.0、Excel2010等统计分析工具，通过探索性因子分析、验证性因子分析、分层多元回归以及结构方程等多种统计分析方法，对网络嵌入缓解中小企业信贷约束的假设进行检验。最后得出研究结论，并提出相关缓解中小企业信贷融资约束的实践启示。本书的研究技术路线如图1-1所示。

二、研究的逻辑框架

本书的逻辑框架图如图1-2所示。

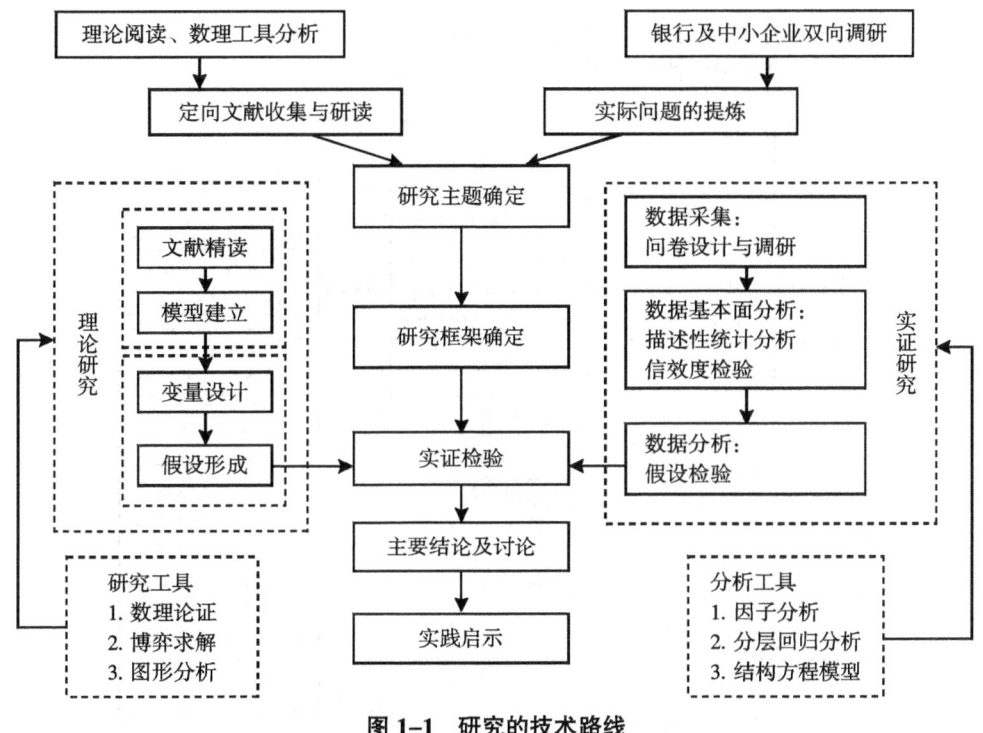

图 1-1 研究的技术路线

三、章节结构

本书基于网络这一中观的视角，探讨中小企业的网络嵌入缓解其信贷融资约束的机制，全书共分八章内容进行论述。

第一章：导论。本章将对研究内容以及整个研究过程进行计划与设计，主要包括研究背景的介绍、研究问题的提出、研究意义的阐释、研究思路以及论文框架和内容安排的设计及说明，以完成对研究主题的解析并确定详细的研究思路。

第二章：中小企业信贷融资的理论基础及文献回顾。本章将分别从宏观、中观以及微观层面对中小企业信贷融资理论及国内外文献进行系统梳理，并作出评述，从而找到本书研究的切入点，为后续研究奠定基础。

第三章：网络嵌入与中小企业信贷融资关系。本章将首先从管理学、社会学、经济学及制度学等多学科角度，分别从网络嵌入动因、网络嵌入特征及网络嵌入效应三个视角，对网络嵌入与中小企业信贷融资的关系进行理论阐释，为后面的模型构建建立扎实的基础。

第四章：网络嵌入视角下的中小企业信贷融资模型构建与假设推演。本章将

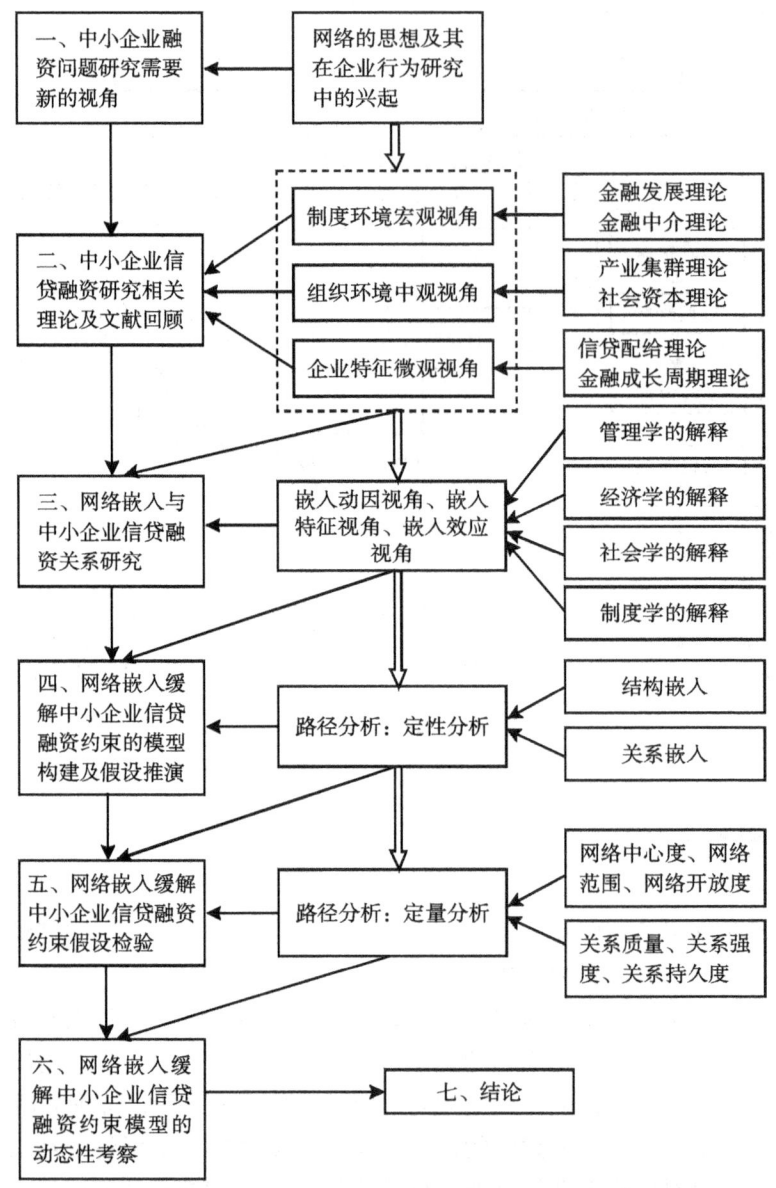

图1-2 研究的逻辑框架

运用经济学、管理学、社会学及制度学的相关理论和研究方法，对网络嵌入缓解中小企业信贷约束的机制进行模型构建和假设推演。本章首先运用博弈论方法，构建群体博弈模型，揭示网络机制是中小企业缓解其融资约束的可行选择；其次运用文献演绎方法进行模型构建和假设推演，为后续的实证研究做好铺垫。

第五章：调查问卷设计与数据收集。本章将对调查问卷的设计原则与过程、调查问卷的发放等情况进行介绍，同时对调查问卷的量表设计进行详细的解释。

第六章：调查数据的基本面分析。本书的实证研究方案分为数据描述性分析、测量模型评估及假设检验三个阶段。描述性分析主要针对调查数据的基本特征和样本分布进行初步分析；测量模型评估主要是对量表的信度及效度的检验预评估；假设检验则根据本书的研究假设，逐一验证与检验。本章将完成实证研究的前两个阶段，即对研究数据进行描述性分析及问卷信效度的检验。

第七章：研究假设的检验。本章将完成实证研究方案的第三个阶段，即进行研究假设的检验。具体运用 SPSS 和 AMOS 统计分析软件，采用相关分析、分层多元回归以及结构方程模型，对本书的理论模型及研究假设进行检验。

第八章：研究结论与实践启示。本章将在回顾前面各章研究内容的基础上，详细总结本书的研究结论，并对未获得实证检验支持的假设做出进一步的分析，进而总结出本书研究中存在的不足之处以及对后续研究方向进行展望。然后结合我国中小企业信贷融资的实际，提出相关的实践启示。

全书的结构如图 1-3 所示。

第四节　基本概念界定

一、网络嵌入

网络的概念起源于 20 世纪六七十年代[①]，到了八九十年代，网络的概念开始流行，被广泛地应用在生态学、地理学、社会学、计算机科学、数学、组织学和经济学等领域中。尽管各学科领域在研究网络时所选取的角度不同，但简单地讲，所有这些网络概念都以不同的形式表现出行动主体之间的某种联系。网络是具有参与活动能力的行为主体，在主动或被动参与活动的过程中，通过资源流动而形成的彼此之间各种正式或非正式关系，包括三个基本的构成要素，即行为主体、活动的发生和资源（Hakansson，1987）。如图 1-4 所示。

---

① 正像英国的哈兰（Harland C.M.，1995）在《网络与全球化》（Network and Globalization）一书中所提到的，原来的网络概念通常被描述为一种纤维线、金属线或其他类似物连接成一种"网"的结构。

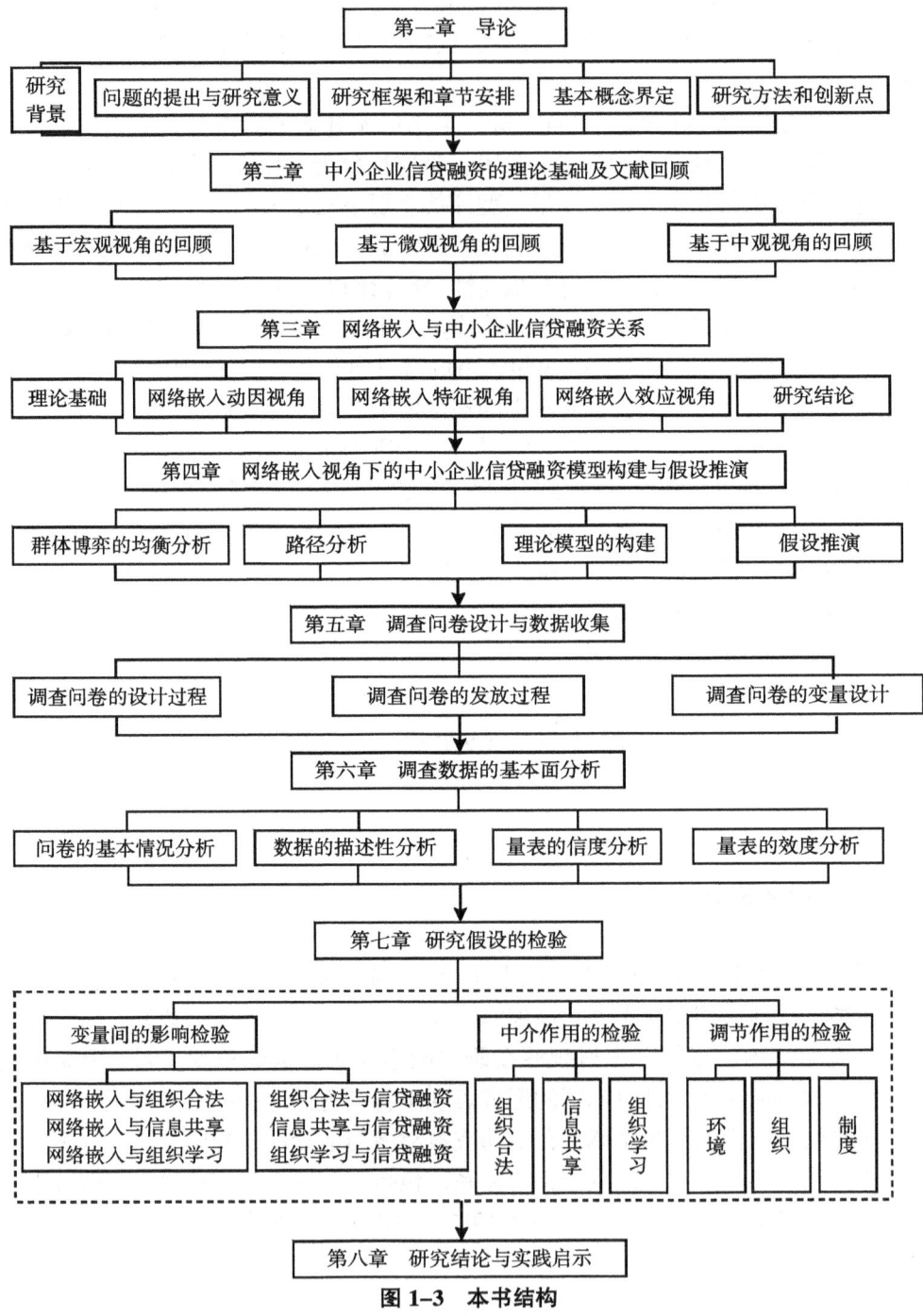

图 1-3 本书结构

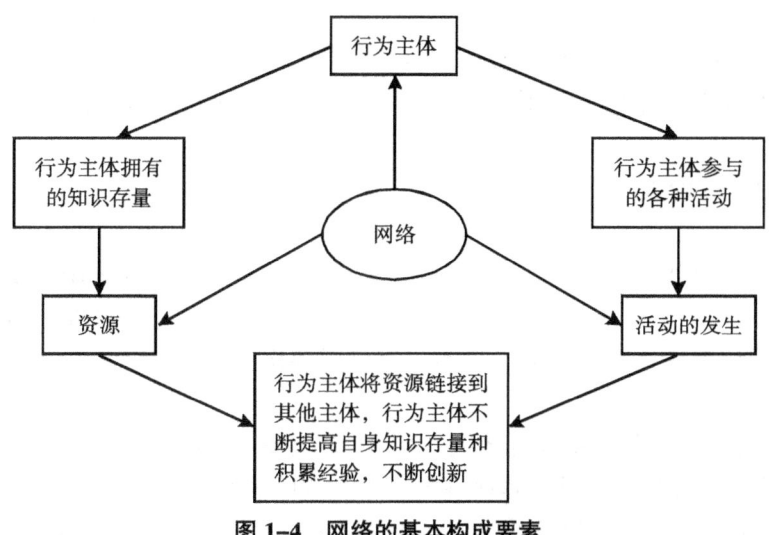

图 1-4 网络的基本构成要素

资料来源：Hakansson H.. Industrial Technological Development：a Network Approach ［M］. London Press，1987.

网络是各种行为主体之间在交换资源、传递资源活动过程中发生联系时而建立的各种关系的总和（Hakansson，1987）。这些关系有时是基于共同的社会文化背景而结成的非正式社会关系，有时是发生在市场交易或知识、技术等创造过程中的正式经济合作关系。很显然，基于合作关系而构成的网络既可以是企业内部的网络，也可以是企业外部的网络。本书所研究的对象是企业外部的网络，重点研究企业与企业之间所形成的网络，即由两个或两个以上的相互独立的企业或组织，基于各种关系类型和网络位置而相互联结构成的一种长期性的企业间合作网络。

网络嵌入性是研究企业网络的重要工具（Granovetter，1985；Polanyi，1994；Uzzi，1997；Andersson、Forsgren 和 Holm，2002；刘雪锋，2007），是经济活动中持续不断的社会关系情景（Granovetter，1985），它具体表征了企业在网络中的位置、地位及其与网络中其他企业之间的相互关系，这些属性决定了企业在网络中所能聚集、整合和配置的资源数量，并进而影响了企业在网络中的行为与绩效（许冠南，2008）。

对网络嵌入性最初始、最主流的分类，便是将其分为关系嵌入性和结构嵌入性。早在1985年，格兰诺维特（Granovetter）就提出"经济在社会关系中的关系嵌入性和结构嵌入性"的问题。1992年，Granovetter 又对关系嵌入性和结构嵌入性做了进一步界定和解释。关系嵌入性是基于互惠预期而发生的双向关系，主要从关系的内容、方向、延续性及强度等方面来度量；结构嵌入性则是互动双方各自成为更大的结构中的一部分,主要从关系联结在整个网络中的位置、规模及密度等方面来测度(Granovetter,1985、1992)。本书将遵循网络嵌入理论的主流经典的分析框架,分别从关系嵌入维度和结构嵌入维度对中小企业的网络嵌入进行考察。

二、中小企业

中小企业是相对于大企业而言的,是一个相对概念,主要采用定量(主要包括雇员人数、年销售收入、资产额三个方面)方法来界定中小企业。自新中国成立以来,我国对中小企业的划分标准先后做过多次更改,界定的主要因素也多次变化。

最近一次修改是在 2011 年 6 月 18 日为贯彻落实《中华人民共和国中小企业促进法》和《国务院关于进一步促进中小企业发展的若干意见》(国发〔2009〕36号),工业和信息化部、国家统计局、发展改革委、财政部研究制定了《中小企业划型标准规定》(见表 1-3)。

表 1-3　新中小企业划型标准规定

行业	企业类型	从业人员(人)	营业收入(万元)	资产总额(万元)
农林牧渔业	中型		500~20000	
	小型		50~500	
	微型		50 以下	
工业	中型	300~1000	2000~40000	
	小型	20~300	300~2000	
	微型	20 以下	300 以下	
建筑业	中型		6000~80000	5000~80000
	小型		300~6000	300~5000
	微型		300 以下	300 以下
批发业	中型	20~200	5000~40000	
	小型	5~20	1000~5000	
	微型	5 以下	1000 以下	
零售业	中型	50~300	500~20000	
	小型	10~50	100~500	
	微型	10 以下	100 以下	
交通运输业	中型	300~1000	3000~30000	
	小型	20~300	200~3000	
	微型	20 以下	200 以下	

续表

行业	企业类型	从业人员（人）	营业收入（万元）	资产总额（万元）
仓储业	中型	100~200	1000~30000	
	小型	20~100	100~1000	
	微型	20以下	100以下	
邮政业	中型	300~1000	2000~30000	
	小型	20~300	100~2000	
	微型	20以下	100以下	
住宿业	中型	100~300	2000~10000	
	小型	10~100	100~2000	
	微型	10以下	100以下	
餐饮业	中型	100~300	2000~10000	
	小型	10~100	100~2000	
	微型	10以下	100以下	
信息传输业	中型	100~2000	1000~100000	
	小型	10~100	100~1000	
	微型	10以下	100以下	
软件与信息技术服务业	中型	100~300	1000~10000	
	小型	10~100	50~1000	
	微型	10以下	50以下	
房地产开发经营	中型		1000~200000	5000~10000
	小型		100~1000	2000~5000
	微型		100以下	2000以下
物业管理	中型	300~1000	1000~5000	
	小型	100~300	500~1000	
	微型	100以下	500以下	
租赁和商务服务业	中型	100~300		8000~120000
	小型	10~100		100~8000
	微型	10以下		100以下
其他未列明行业	中型	100~300		
	小型	10~100		
	微型	10以下		

资料来源：中华人民共和国工业和信息化部网站（www.miit.gov.cn）。

这次修订是我国历史上第 8 次标准修订，也是涉及面最广、行业面最宽、划型较全的一次，实际操作性较强。因此，本书的研究对象中小企业的界定将依据 2011 年 6 月 18 日颁布的最新的中小企业划型标准。

三、中小企业信贷融资

企业金融资源获得的渠道包括内源融资和外源融资。虽然内源融资成本低，但内源融资供给有限，仅依靠内源融资的企业，其发展必然会受到很大限制，所以中小企业要实现潜在的增长率，必须要有外源融资。由于证券市场融资门槛较高，导致中小企业在外源融资时极少选择在公开市场上发行股票、债券和其他证券。中小企业的特点决定了银行信贷是其外源融资的主要途径。另外，我国金融体制属于银行主导型，相关的法规和运作实践也比较完善，银行融资是我国唯一比较成熟的金融形式，银行融资在我国中小企业融资规模扩张中发挥着重要作用。无论是从现实情况还是从理论角度，银行信贷融资是一种比较适合中小企业的融资形式（林毅夫，2006）。

中小企业信贷融资研究，也就是考察其信贷约束的缓解程度。信贷约束是指信贷实际获取数额不能满足需求方所需要贷款的一种情形。信贷约束和信贷配给是两个相关的概念，信贷约束是从金融需求方的角度来阐述金融市场上需求方面临的金融限制，而信贷配给则是从供给方的角度来说明银行和金融中介对金融供给的限制。本书从融资需求的角度测量中小企业的信贷约束。反映信贷约束的指标一般包括信贷融资的可获性和信贷融资成本两方面，本书具体采用信贷资金的可获性指标反映信贷约束。

第五节　研究方法和创新点

一、研究方法

1. 文献分析与理论演绎推理

通过对国内外关于网络嵌入、组织合法、组织学习、信息共享等相关文献的阅读和梳理，本书发现上述因素对提高中小企业信贷资金可获性具有重要的意义，尤其是在环境、组织、制度等动态因素作用下，对网络嵌入缓解中小企业信贷融资约束机制产生影响。在文献分析的基础上，通过理论演绎推理，归纳和总结出本书的理论框架，即网络嵌入（关系嵌入和结构嵌入）缓解中小企业信贷融资约束的作用机理，并构建以组织合法、信息共享、组织学习为中介变量的理论模型，深入分析动态环境下网络嵌入缓解信贷融资约束机制的运行变化。

2. 问卷抽样调查法

通过问卷抽样调查法收集有关企业网络嵌入的特征，中小企业组织合法、信息共享、组织学习以及信贷资金可获性、动态环境等方面的数据，作为统计分析和实证检验的基础。

为了确保调查问卷的信效度，收集数据先后经过个案访谈、专家咨询、调查问卷初步设计、预调查及预调查初步检验分析、调查问卷调整和正式调查问卷发放等一系列步骤，确保调查过程的科学性，为提高调查数据的信效度提供保证。

3. 博弈求解法

运用博弈论方法，构建群体博弈模型，分析网络内生的声誉机制，揭示网络作为声誉机制载体的机理过程。

4. 计量统计分析法

利用探索性因子分析、验证性因子分析、分层多元回归、结构方程模型等计量统计分析方法，通过 SPSS 和 AMOS 统计分析软件，对理论模型和研究假设进行计量统计分析，以验证理论模型与研究假设是否成立。

5. 跨学科交叉渗透法

本书运用经济学、管理学、社会学、制度学的一些研究成果和研究方法进行跨学科研究，用系统思想指导研究框架的确立和分析研究内容之间的相互联系，提高研究体系的全面性和严密性。

二、主要创新点

（1）研究视角的创新。目前国内外关于中小企业信贷融资的研究文献，基本上从宏观层面的金融制度环境以及微观层面的企业组织特征这两条路径开展研究，鲜有中观层面的研究。在国外，只有少数几个学者在进行产业集群的实证和政策研究的过程中曾涉及企业融资问题。在国内，以陈晓红教授为核心的学术团队在集群融资方面进行了大量有意义的探索，同时也得出了丰硕的研究成果。本书在这些研究的基础上，进一步将研究视角从"集群"拓展到"网络"，从"关系"分析拓展到"关系—结构"分析，旨在解释网络嵌入缓解中小企业信贷约束机制的一般原理，充实中小企业信贷融资的中观层面研究。

（2）理论研究的创新。本书在现有融资理论文献的基础上，运用社会资本理论、资源依赖理论、信息经济学理论以及制度学理论等多学科理论，将企业融资行为研究扩展到网络组织环境下，构建了一个旨在考查企业网络嵌入与信贷融资行为关系的理论框架。研究成果不仅丰富了中小企业信贷融资理论体系，而且拓展了企业网络理论的应用。

（3）探索性地解析出组织合法、信息共享和组织学习是网络嵌入缓解中小企业信贷约束的主要路径。国内以罗正英教授为核心的学术团队通过严谨的数理分析和经济学模型，提出了"信誉链"假说。本书在此研究成果的基础上，进一步运用组织学与管理学的研究方法，对网络嵌入缓解中小企业信贷约束进行了路径分析。

（4）突破性地运用实证研究检验了网络嵌入特征缓解中小企业信贷约束的差异及组织合法、信息共享、组织学习在网络嵌入缓解信贷约束机制的中介作用，以及环境因素、组织因素、制度因素等外部动态性因素对这一机制的调节作用。国内现有的大部分研究都围绕着集群的融资优势、集群融资模式展开讨论，缺乏具有普遍实用性的研究工具，研究方法也主要依赖定性分析，普遍缺乏一整套实证的数据来做支撑。本书通过对我国乃至全球中小企业网络化成长最活跃的江浙沪地区的中小企业进行关于网络嵌入和信贷融资情况的问卷调查，并开展实证研究，不仅检验了网络关系特征对信贷融资的影响，而且检验了网络结构特征对信贷融资的影响。由于银企关系是中小企业信贷融资研究领域中的一个重要话题。所以在研究方案设计时，本书不仅将环境因素、组织因素作为调节变量，而且探索性地将银企关系纳入到实证模型中，将银企关系作为调节变量，深刻揭示银企关系对网络嵌入缓解信贷约束机制的影响。

（5）得出了一些有创新性的研究结论。目前关于中小企业信贷融资的研究主要是基于对单个的中小企业融资行为的考察。本书跳出了此种局限，对嵌入网络中的中小企业的融资行为进行考察。本书的研究结论表明：在现有的金融制度安排框架下，与单个中小企业信贷融资关注自身组织特征（如企业规模、与银行的关系等）不同的是，网络嵌入是缓解中小企业信贷约束的优化选择。而且，在对网络嵌入的"关系嵌入"和"结构嵌入"两维度进一步考察后发现，结构嵌入缓解中小企业信贷约束的机制较强大。

第二章 中小企业信贷融资的理论基础及文献回顾

第一节 基于金融制度环境宏观视角的理论基础及文献回顾

一、理论基础

1. 金融抑制与金融深化理论

货币金融与经济发展的关系历来是经济学家们所关注的一个主要问题。对这一问题的不同理解是制定货币政策和金融政策以及确定金融改革方向的基础,进而会影响实际经济的增长与发展。随着发展经济学的兴起,包括格利和肖(Gurly 和 Shaw)[①]以及戈德史密斯(Goldsmith)[②]在内的不少经济学家都开始关

[①] 约翰·G. 格利(J.G.Gurly)和爱德华·S. 肖(E. S.Shaw)是金融发展理论的代表人物。他们于 1955~1967 年发表了三篇代表性的论文,对金融发展和经济发展之间的因果关系进行深入的研究。分别是:1955 年的《经济发展中的金融方面》,1960 年的《金融理论中的货币》,1967 年的《金融结构与经济发展》。格利和肖将金融理论的研究拓展到货币理论以外,并试图发展一种包括货币理论的金融理论和一种包括银行理论的金融机构理论。其主要观点有:第一,货币与各种非货币的金融资产之间具有一定程度的类同性与替代性;第二,金融发展与经济发展之间有着非常密切的联系,经济发展是金融发展的前提和基础,而金融发展则是推动经济发展的动力和手段;第三,金融发展过程是从不发达社会的初始金融制度向发达社会的金融制度迈进,金融发展的目的就是要克服由金融制度的缺陷而造成的困难,其手段就是金融创新与新的金融技术;第四,金融发展作用于经济增长的途径之一就是通过金融技术的创新,这种创新无论是在分配技术方面还是在中介技术方面都能扩大可贷资金的市场广度,提高资金分配效率,从而提高储蓄和投资水平,最终使经济增长率也得以提高。

[②] 雷蒙德·戈德史密斯(Raymond W. Goldsmith)是现代比较金融学的奠基人、金融结构理论的创立者和代表人物,其代表作是 1969 年出版的《金融结构与金融发展》。在该书中,他通过对数十个国家前后长达百余年的统计资料的细致分析与整理,对金融发展和金融结构做了广泛的国际比较和历史比较。其主要贡献有以下三个方面:第一,率先提出了综合全面的金融结构和金融发展概念。他认为金融结构就是一国金融工具和金融机构的形式、性质及其相对规模。其中,"金融工具是对其他经济单位的债权凭证和所有权凭证",而金融机构则是"一种资产与负债主要由金融工具组成的企业"。第二,通过对各个国家金融发展状况和经济发展水平的观察,发现虽然各国的金融结构和经济发展水平不尽相同,它们却具有大致相同的金融发展道路,且金融相关比率、金融机构的相对地位等的变化都呈一定的规律性。第三,开始关注发展中国家的经济发展问题,并且特别强调发达国家与欠发达国家在金融发展中的明显区别,认识到金融发展对于经济增长可能有相当重要的作用。

注发展中国家的经济发展问题，他们所做的开创性研究为金融抑制和金融深化理论的建立奠定了基础。美国经济学家麦金农和肖（McKinnon 和 Shaw）在前人研究的基础上于1973年分别提出了开创性的"金融抑制"和"金融深化"理论[①]。该理论对于发展中国家金融自由化产生了重大影响，该理论的出现标志着金融发展理论由以前的零散观点发展成系统性的金融理论分支。

麦金农（McKinnon，1973）在对发展中国家金融发展进行深入观察的基础上，提出了金融抑制理论，把发展中国家的经济欠发达归咎于金融抑制。根据麦金农（McKinnon）的定义，"金融抑制是指由于政府对资本市场价格机制（利率）的人为扭曲所造成的金融发展停滞，从而影响到整体经济的发展"。他发现，在发展中国家，政府对利率的严格管制行为导致金融资产价格的严重扭曲，这一扭曲的金融资产价格并不能反映资本的实际稀缺程度，从而降低了金融资源的配置效率，存在着严重的金融抑制[②]。而国家往往根据自己的偏好分配金融资源，将金融资源投入到大的项目或国有部门中去，因为政府不相信私人部门可以把握对社会有利的投资机会，所以积极干预经济活动，对国内市场的商品和要素价格进行控制，以帮助某些企业或部门去开发国内生产要素[③]。

与麦金农将金融抑制描述为金融领域中的融资歧视和银行垄断等不合理现象不同，肖（Shaw，1973）认为："金融抑制主要是政府为了调整经济结构和转变经济发展战略而采取的一系列压制价格的政策。"他认为，发展中国家普遍采用的一种金融抑制政策是对名义贷款利率规定上限。较低的利率水平会导致过多的借款需求，大大超过实际的资本供给，因此政府或者金融机构就要实行信贷配给。其结果是，银行倾向于为那些已经建立信誉和较长的经营历史的大企业提供信贷服务，新的、中小型企业则很难获得贷款。

在对金融抑制进行经济分析的基础上，麦金农和肖都认为对金融资产的利率控制既减少了投资的数量，也降低了投资的质量。因此为了获得长期经济增长就必须推行金融深化战略，减少对金融市场的干预，提高实际利率水平，以扩大投资数量，减少不恰当的信贷配给。在他们之后，许多学者进一步讨论了金融深化

[①] 美国斯坦福大学两位经济学教授罗纳德·I.麦金农（Ronald I. McKinnon）和爱德华·S.肖（Edward S. Shaw）在前人研究的基础上于1973年出版了各自的著作。麦金农的著作是《经济发展中的货币和资本》，由布鲁金斯学会出版；而肖的著作是《经济发展中的金融深化》，由牛津大学出版社出版。

[②] 在利率管制下，发展中国家普遍存在通货膨胀，实际利率往往为负。实际利率为负，一方面损害了储蓄者的利益，削弱了金融体系集聚金融资源的能力，使金融体系的发展陷于停滞甚至倒退的局面；另一方面向借款人提供了补贴，刺激了后者对金融资源的需求，造成金融资源供不应求的局面，此时需要实行信贷配给。

[③] 具体来说，银行信贷主要为一些持有独占许可证的贸易部门、受高度保护的制造业、大型跨国公司乃至各种政府机构服务，而农业、小规模生产企业和服务性行业则很难得到银行的金融支持。

对经济发展的影响，主要有卡波（B.K.Kapur，1976）、马依森（D.J.Mathieson，1980、1983）、加尔比斯（V.Galbis，1977、1982）、弗莱（Frye，1978a、1980、1982）、福知高尾（Takao Fukuchi，1995）。这些理论并未直接讨论金融深化对中小企业融资机制的影响，但它们都暗含了这样的认识：金融深化将减少不当的信贷配给，有利于中小企业外部融资条件的改善，为我们剖析中小企业的信贷融资困境开拓了分析思路。

2. 金融中介理论

与一般商品市场不同的是，金融市场的交易基于对相关资产未来收益的预期，以实现现时资源的跨期配置为导向。由于未来的不确定性，对未来收益的预期又是以交易的现有信息集为基础，这样事前信息集的不完全导致事后的非理性。特别是对于金融市场而言，由于金融商品的无形性，信息交换环境要求较高并且存在诸多障碍，导致信息生产成本较为高昂，市场更容易出现柠檬化的趋势[①]。所以要解决信息不对称问题，市场必须通过某种强制性机制来迫使融资方提供由第三方认证的、规范的格式化信息；作为投资方需要一定的信息来判断代理人的类型，减少信息不对称。

随着信息经济学和交易成本经济学的发展，金融中介理论以降低金融交易成本为主线，更深入地探寻金融中介如何利用自身优势，克服不对称信息、降低交易成本，从而以比市场更低的成本提供服务（Gurley 和 Shaw，1960；Benston 和 Smith，1976；Leland 和 Pyle，1977；Campbell 和 Kracaw，1980；Diamond，1984；Gale 和 Hellwig，1985；Boyd 和 Prescott，1986）。

交易成本是金融中介存在的一个主要解释。金融中介存在的原因在于交易成本[②]的节约（Benston 和 Smith，1976）。金融中介降低交易成本的经济原理在于规模经济和范围经济的存在[③]。金融中介存在的另一个主要解释是解决信息不对称。投融资双方的信息不对称会导致逆向选择和道德风险问题，进而导致金融市场失灵。Leland 和 Pyle（1977）首次提出，"中介可以克服可信度问题"。中介通过将它自己的财富投资在资产中，以这种可信的方式生产信息，这表明它所生产的信息是有价值的[④]。解决道德风险的办法是增加监督。银行监督不仅具有规模经济

[①] "柠檬"在美国俚语中表示"次品"或"不中用的东西"。"柠檬"市场为次品市场的意思，也称阿克洛夫模型。当产品的卖方对产品质量比买方有更多信息时，柠檬市场将会出现。柠檬市场效应则是指在信息不对称的情况下，往往好的商品遭受淘汰，而劣等品会逐渐占领市场，从而取代好的商品，导致市场中都是劣等品。

[②] Benston 和 Smith（1976）定义的交易成本包括货币交易成本、搜寻成本、监督和审计成本等。

[③] 其原理在于：在存在与任何金融资产交易相关的固定交易成本的情况下，和直接融资情况下借贷双方一对一的交易相比，通过金融中介的交易就可以利用规模经济降低交易成本。

[④] 他们建议金融中介机构通过发行证券和将收益投资到证券组合中，而使得中介成为私人知情者，这样信息生产中的可信度和剽窃问题就可以得到有效的解决。

优势，而且银行可以从开户企业的账户直接了解到重要并且私有的信息，具体可以通过观察企业的存款和取款来评定企业的金融状况（Irena 和 Grosfeld，1997），具有信息优势。这种投融资双方在长期互动关系中，通过在双边框架下私有信息的生产来平滑投融资过程的融资行为，就是关系型融资。

关系型融资理论的讨论是在金融中介理论的框架之下进行的。关系型融资的概念是一个信息概念，其核心价值是"私有信息生产"，并且在投融资双边框架内进行，保证了信息生产及其结果的私有性。银企之间长期的互动关系不仅有利于持续收集信息，减少信息处理的边际成本，融资成本也在双方的长期互动关系中得到跨期分担。

对于信息问题严重的中小企业来说，关系型融资是一种以较低成本解决信息传递的长期安排（童牧，2004）。随着中小企业和银行之间关系的发展和信息的交流，银企之间的信息不对称程度得到缓解，投资者能够对信贷合约条款进行跨期平滑，使投资者的短期损失能通过长期关系来补贴（Berger 和 Udell，1992、1995；Boot 和 Thakor，1994；Peterson 和 Rajan，1995；Harholf 和 Korting，1998；Degryse 和 Van Cayseele，2000），使中小企业能有效地提高信贷可获得性（Peterson 和 Rajan，1994；Elsas 和 Krahnen，1998；Cole，1998）。

但是关系型融资会带来预算软约束和锁定问题。前者指关系型投资者被认为很难严格执行信贷合同。合约的灵活性是关系型融资的一个优势，但这个优势同时会使借款人预期到合约会在事后重议而失去事前的激励（Dewatripont 和 Maskin，1995；Bolton 和 Scharfstein，1996），恶化投资者的投资质量；后者指由于关系型投资者垄断了借贷中的信息，使得投资者能在事后要求一个更高的利率（Sharpe，1990；Rajan，1992；Houston 和 Venkataraman，1994；Padilla 和 Pagano，1997）。而且由于关系型融资是在投融资双边框架下开展的，对框架外部存在信息不对称，那些试图转向新投资者的企业可能会面临更严苛的融资条件，因此很容易被锁定在原有关系上。解决锁定问题的一个途径就是保持多重关系型融资关系，引入投资者之间的竞争，降低投资者攫取垄断租金的可能性。但过度竞争会减少关系型融资的垄断租金，失去对投资者的投资激励，从而削弱关系型融资的价值。

关系型融资理论是金融中介理论的细化和自然延伸，金融中介理论是关系型融资理论的基石。在关系型融资理论中，从对银企关系数量与关系型融资价值的讨论中，引出了银行市场结构和企业融资的关系问题。此后，国内外学者在上述理论基础上，开展了大量有价值的研究。

二、国外文献回顾

1. 非正规金融与中小企业融资

根据金融抑制理论,非正规金融①是金融抑制下正规金融机构的利率被压至均衡水平以下形成的。国外对非正规金融的研究由来已久,主要从非正规金融对中小企业的意义、非正规金融存在的原因、非正规金融的交易特征等方面进行研究。

中小企业在发展过程中普遍面临着较大的融资缺口,在正规金融支持不足的情况下,就必然寻求通过非正规金融市场来满足融资需求。在快速增长的转型经济中,非正规金融组织具有非常高的灵活性,满足了那些被正规金融机构拒之门外的中小企业的融资要求(Levenson, 1996);Robert Peek Christen (1995) 分析了民间非正规的放贷者成功支持中小企业发展的原因,从而为正规的微型金融提供借鉴;Aryeetry (1998) 用肯尼亚制造业的数据证实了"金融自由化政策并没有使非正规金融活动减少,非正规金融活动对非国有部门具有促进作用";Jain (1999) 发现,"非正规金融机构所具有的信息优势使得正规金融机构愿意与其一起对企业进行联合放贷,选择合适的贷款对象。在联合放贷过程中,企业通过正规金融机构没有获得满足的贷款部分,将通过非正规金融市场融通,扩大了中小企业面临的总体金融供给";Carl Liedholm (2004) 考察了低收入国家制造行业的小企业的发展动态以及非正规金融在此过程中所起的作用。

现有文献分别从宏观和微观两个层面讨论了中小企业利用非正规金融的原因。McKinnon 和 Shaw (1973) 关于金融抑制的讨论揭示了发展中国家的中小企业利用非正式机制进行融资的制度根源。在 Stiglitz 和 Weiss (1981) 的信贷配给理论之后,多数经济学家在信贷配给理论的基本分析框架下,分析了非正规金融产生的原因,一致认为正规金融市场上非对称信息和过高的合同执行成本是导致非正规金融产生的主要原因。主要研究成果有:Braveman 和 Guash (1986) 指出非正规金融机构具有信息优势,这一优势能够在一定程度上解决正规金融机构所面临的信息不对称问题,减少道德风险和逆向选择行为;Holf 和 Stiglitz (1994) 指出由于信息、垄断和外部性等原因,发展中国家的信贷市场上存在大量的市场失灵情况,正规信贷市场的失灵诱发了非正规金融活动的出现;Steel (1997) 等认为非正规金融活动利用了本地化的私人信息,比较容易解决借贷双方信息不对

---

① 国外对非正规金融 (Informal Finance) 的研究由来已久。世界银行认为,非正规金融可以被定义为那些没有被中央银行监管当局所控制的金融活动。国内的称谓多为民间金融 (Informal Finance)。

称的问题。另外，非正规金融具有交易成本优势。其操作比较简便，技术要求不高，而且各种要素可以根据实际情况进行灵活调整，使得交易成本变得很低（Adams 和 Canavesi，1989）。

同正规金融相比，非正规金融的交易特征主要有以下几点：①借贷机制灵活，手续简便，效率高；②一般利率水平要高于正规金融市场利率，但利率相对稳定；③贷款的抵押要求较低；④贷款契约的实施主要依赖本地化的非正式规则，而非国家的法律体系等正式制度规则。其中非正规金融市场的价格决定和契约实施机制是文献研究的重点。高利率是非正规金融市场的一个显著特征。很多文献讨论了非正规金融市场的利率决定机制。Aleen（1990）从信息不充分的角度出发，实证地分析了不充分信息对贷款人放款成本的影响。非正规金融市场上的高利率是对该市场上严重的信息不对称和高风险的理性反应；Ray（1998）也认为非正规金融市场上的高利率来自贷款人面临的高风险；Bell（1997）等分析了正规金融市场上的价格管制对非正规金融市场的溢出效应，指出金融管理当局降低贷款利率的措施使得商业银行的盈利水平下降，贷款风险增加，导致银行普遍惜贷或者提高抵押担保要求，这将很多借款人挤出正规信贷市场，从而导致非正规金融市场上的贷款需求增加，利率上升。

很多文献对非正规金融契约的实施机制进行了讨论。一般情况下，由信息问题引发的逆向选择和道德风险是发展中国家金融制度安排失灵的重要原因。非正规金融中的资金供求双方彼此相熟，对彼此的资信、收入状况、还款能力等都比较了解（Geertz，1963；Ardener，1994），这种信息优势构成了风险的事先防范机制（Ven den Brink 和 Chavas，1997）。另外，非正规金融供求双方之间接触频率高，能有效地相互进行监督，这构成了风险的事后防范机制（Ven den Brink 和 Chavas，1997）。Stiglitz（1990）研究了孟加拉国 Grameen 银行利用非正规群体组织进行群体贷款的有效性，认为群体贷款活动具有连带责任的特征；Geertz（1963）和 Ardener（1994）从人类学的视角分析了滚动信贷协会（ROSCA）[①]的契约实施机制。他们发现滚动信贷协会通常在由性别、血亲关系、种族、地缘、宗教信仰等因素形成的社会群体内形成，社会交换和社会惩罚是这种非正规金融组织有效运作的基础。Coate 和 Loury（1993）指出 ROSCA 是一种有效的非匿名治理的制度安排，参与者之间既存的社会联系有助于解决借贷活动中的信息不对称问题，共同体的社会性担保提供了低成本的契约实施机制。

---

① ROSCA 即 Rotating Savings 和 Credit Association，是储金会的一种形式，在经济欠发达的发展中国家较为常见。在我国民间被称为各种"会"，如合会、标会和轮会，日本的 mujin、印度的 chit、加纳的 susu、斯里兰卡的 cheetu、喀麦隆的 njangis 和玻利维亚的 pasanakus 等都是具体的 ROSCA 形式。

2. 关系型融资与中小企业融资

关系型融资包括关系型债权融资和关系型股权融资。具体到中小企业融资问题而言，国内外主要研究关系型债权融资，更具体地说是关系型借贷，已有文献分别从关系型借贷的内涵、收益、成本等方面进行了研究，构建了关系型融资理论框架。

关系型借贷是国外银行经常采用的一种中小企业贷款技术[①]。Berlin 和 Mester（1998）对关系型借贷做出如下定义："银企之间通过建立全面、细致的长期合作关系，来最大限度地减少中小企业借贷风险的一种贷款协议。"银企关系的建立和维系有助于银行收集关于企业发展前景和贷款偿还概率等方面的信息，进而为贷款决策提供依据[②]。国外的许多研究文献证明，关系型借贷的优势在于：银企之间关系的长期化和交易对象的集中化，有助于改善中小企业信贷资金的可获性和贷款条件。

在关系型融资理论框架下，国外学者进一步从银企关系的持续时间、关系的范围及关系的数量对中小企业融资的影响进行了深入细致的探讨。

关于不同国家关系型融资的持续时间，有大量的实证研究。一般认为，金融体系以银行为主导的国家，例如德国和日本等，都存在长期的银企关系（一般超过 20 年）（Horiuchi、Packer 和 Fukuda，1988）。而美国的研究数据显示，银企关系一般都低于 10 年（Cole，1998）[③]。但是日德金融体系中的银企关系并不符合关系型融资的定义[④]。再者，银企关系的开始和结束，即关系的长短很难被外部人观察到，而且关系的长短受到样本企业生命周期的影响（Harholf 和 Körting，1998）。Peterson 和 Rajan（1994）、Blackwell 和 Winters（1997）研究了银企关系长短的价值，发现关系的持续对贷款利率并没有显著的影响，却能增加企业的信

---

① 国际上解决中小企业融资问题，大体上有四类不同的贷款决策途径：财务报表型、抵押担保型、信用评分型以及关系型。前三种贷款决策依据是"硬"信息，称为交易贷款，应用交易贷款需要一定的前提条件，如可靠的财务报表、高质量的应收账款和存货抵押品，信用评分需要专门机构提供信息或是第三者卖方的信息。而许多小企业都不具备这些条件。关系型贷款则是以"软信息"即关系作为决策依据，银行信贷决策主要基于通过长期和多渠道接触所积累的关于借款企业与企业主的"软信息"（如风险判断、供应商企业主信用等，这类信息是不易进行编码处理和向上传送的），适用于缺乏透明信息记录、抵押物和担保的中小企业。

② 需要特别说明的一点是，关系型借贷并不等同于日本的主办银行制。日本的主办银行制是一种长期稳定的机制安排。在这种金融体系中，银行除了是借款企业的债权人之外，还是借款企业的股东或股东代理人，并参与企业经营管理，借款企业受到银行的监控和干预。而关系型借贷模式中的银行和企业之间没有产权关系，仅限于债权债务关系。

③ 研究结论出现巨大差异的主要原因在于数据来源不同。美国的数据主要来源于小企业的数据，而德国和日本的数据大多为大企业，所以得出不同的研究结论。

④ 日德模式的金融体系实行"主银行制"。商业银行是公司的主要股东，银行处于公司治理的核心地位，进行的投资是长期投资，能更好地实现公司的长远发展。

贷可获性。

银企关系的范围指的是银行与企业之间金融服务的宽度①。银行金融服务领域的扩大，不仅能使银行有更多的机会和渠道获取企业信息，还能使银行在签约和定价方面有更多的灵活性。从早期的研究到 Nakamura（1993）、Vale（1993）和 Rajan（1998）都认为，通过支票账户交易获得的信息提高了银行发放贷款的效率。Peterson 和 Rajan（1994）在实证检验中发现，银行服务领域的扩大能提高企业的信用额度。囿于数据收集和处理的困难，关于关系范围对银行和企业绩效影响的实证研究很少（Berger、Hunter 和 Timme，1993）。

关系型借贷的主要成本来自预算软约束和锁定问题。对银行而言，当借款企业出现严重财务危机时，银行很可能会出于担心前期贷款无法收回而答应借款企业的再融资要求，将银行"套牢"（Dewatripont 和 Maskin，1995；Bolton 和 Scharfstein，1996）。对企业来说，银行在提供融资的过程中形成了对企业私有信息的积累，这种积累对于银行来说获得了讨价还价的优势地位，使银行能在事后要求一个更高的贷款利率，即长期关系会带来"敲竹杠"问题（Boot，2000）。

在早期的关系型融资模型中，单重关系显然是最优的，因为更多的融资关系意味着重复的信息生产和更高的签约成本。但如果考虑到"套牢"问题，单重关系可能就不是最优的了。保持多重银企关系，降低银行攫取垄断租金的可能性，被认为是企业避免"套牢"问题的一个途径。但是竞争的引入也不可避免会带来效用的损失，削弱关系型融资的价值。对小企业或新生企业来说，具有较强市场能力的银行可以实现垄断租金跨期分担，从而增加单重关系型融资关系的价值（Petersen 和 Rajan，1995）。相反，多重银企关系会提高借贷的利息费用和降低客户的信用额度（Cole，1998；Harholf 和 Körting，1998）。在实证研究方面，关于关系型银行数目的跨国研究表明，多重关系是一个普遍存在的现象，而且小企业比大企业更倾向于维持较少的银行关系（Peterson 和 Rajan，1995）。在笔者看来，保持单重还是多重银企关系，微观上是企业自身的理性选择，宏观上取决于信贷市场的集中度②，即银行市场结构。因为银行的信贷政策会随着银行市场结构的变化做出相应的调整，最终波及对中小企业的贷款供给。

3. 银行市场结构与中小企业融资

关于银行市场结构与中小企业融资的关系，国外已有大量研究。Berger 和

---

① 一般来说，除了提供资金以外，关系银行还能提供存款、投资、清算、现金管理、外汇交易等服务。对全能银行来说，甚至能进行投资银行业务、经纪业务和保险业务等全方位的金融服务。

② 市场集中度是分析市场结构的最重要概念，是某一市场上卖方（或买方）各自的数目及其在市场上所占的份额，简称为集中度。由于买方集中的现象只出现在某些特殊的行业，所以一般没有特别说明的情况下，集中度均指卖方集中度。

Udell（1996）运用美联储企业信贷条款调查数据发现，与小银行相比，大银行发放的中小企业贷款比较少。他们的实证结果支持大银行发放比较少的中小企业贷款，得出相同研究结论的学者还有 Cole、Goldberg 和 White（2004）[1]，Berger（2004）[2]。

自20世纪90年代以来，国际范围内银行间的并购风潮使得银行业的市场结构发生了显著的变化[3]，由于不同类型的银行侧重的客户不同，银行合并，特别是小银行被收购，对中小企业贷款可获性造成了影响。一些研究表明，银行合并对中小企业贷款带来了负外部效应。Keeton（1996）利用美联储的数据以及 Peek 和 Rosengren（1998）对1993~1994年新英格兰银行合并的动态效应实证分析表明：银行合并后中小企业得到的贷款比合并以前减少了。Berger（1998）通过对美国中小企业融资问题的实证分析表明，小银行与大银行合并或者大银行之间合并后，中小企业得到的贷款减少，而小银行之间的合并则会使中小企业得到的贷款增加。小银行之间的兼并集中会增加银行向小企业的贷款，其他银行的兼并几乎没有这种效应[4]。

与上述观点针锋相对的是，小企业的贷款难易与当地小银行的多寡关系不大（Jayaratne 和 Wolken，1999）。Peterson 和 Rajan（1994）发现，在集中度更高的信贷市场中，银行倾向于维持与中小企业的信贷关系，并且这种关系使中小企业贷款利率下降的可能性增大。

三、国内文献回顾

1. 制度缺陷与中小企业融资

20世纪末以前的国内研究文献偏重于对体制内因素的探讨，把非国有中小企业的融资问题主要归结为制度缺陷（陈洪隽，2000；张杰，2000；马方方，

---

[1] Cole、Goldberg 和 White（2004）使用1993年 NSSBF 数据研究发现，大银行（资产规模10亿美元以上）更倾向批准拥有正式财务记录、拥有大工厂、存续时间长、有比较高现金储备、由非少数民族拥有（作为衡量所有者财富、收入、信用记录的参数）的贷款申请。小银行则更依赖通过预先存在的关系来了解企业品质，财务变量在小银行发放贷款中的分量较轻。

[2] Berger（2004）也发现，小银行比大银行在贷款管理中能更好地处理软信息。大银行更不愿意对没有正式财务记录、信息模糊的借款人发放贷款，大银行与借款人的往来更加非个人化。

[3] 如美国银行数量从1980年的15000多家降到2005年的不到8000家。

[4] 这种现象的解释是：当一家银行合并另一家银行时，被合并银行的贷款原则和信贷管理员不适应合并后银行的管理。因此，被大银行合并会导致合并银行管理层大规模辞职或终止合约。这些人会寻求新银行的职位或自己组建银行，并把自己的中小企业客户带走。同时原先的银企关系因为兼并而终止，也为现在的竞争者和新银行提供了机会（Berger 和 Allen，2001）。小银行之间的兼并不会带来组织层级和结构的改变，使原来适合中小企业信贷业务的银行内部组织结构继续发挥作用。

2001；周兆生，2003；李娟，2006；等等）。制度缺陷具体包括融资体系缺失、政府扶持不力等。

在我国民营经济发达地区，民间金融[①]在地方经济和中小企业发展过程中的重要作用引起了诸多学者的关注[②]。樊纲（2000）对民间金融在改善资源配置、发展市场竞争与改善市场管理等方面所具备的作用做了论述；史晋川和严谷军（2001）认为，"民间金融机构比国有金融制度更适合体制外产出增长的融资需要，繁荣的民间资本市场和企业自筹资金机制极大地促进了温州民营经济的发展"；王宣喻和储小平（2002）从私营企业融资决策的"封闭信息"角度出发，论证了低层级资本市场（以民间融资市场为代表）更适合私营企业的融资需求；郭斌和刘曼璐（2002）以温州为例，对中小企业融资规模与融资来源（银行和民间）的关系进行了考证；罗党论等（2011）通过对浙江温州苍南新渡村互助融资的实地调查，发现非正规金融对解决中小企业融资起了很大的作用。

在肯定了民间金融对中小企业的价值后，国内学者进一步从民间金融的成因、民间金融的价格决定机制进行了深入的研究。龚健虎（2001）基于帕累托最优原则分析了民间金融机构存在的合理性，并从博弈论的视角探讨了民间金融机构的生成逻辑；林毅夫和孙希芳（2009）构建了一个包括不同信息结构的非正规、正规金融部门的金融市场模型。研究结果认为："非正规金融的存在是中小企业借款者、正规金融部门和非正规贷款人三方主体最大化行为相互影响的结果。"关于民间金融价格决定机制的研究，主要有江曙霞和秦国楼（2000）、郑震龙（2005）、罗建华和黄玲（2011）等，他们的研究思路与国外学者的研究思路大致相同。

2. 关系型融资与中小企业融资

关系型融资中的"关系"实质上是一个信息概念，而不是简单地在客户关系路径上定义的概念。但在我国，"关系"一词是敏感且容易引起误解的表述。从关系型融资在我国的具体实践来看，关系型融资滋生了大量寻租和合谋行为，使银行的资产受到侵蚀。究其原因，一方面是因为我国银行破产制度和个人信用制度还没有完全建立，存在制度缺陷；另一方面则是因为我国特殊的文化传统。中国是一个典型的"关系社会"，经常以人际关系为基础开展亲密、频繁的活动并形成"差序格局"。中国人在与人交易时更注重讲交情、拉关系，人情、关系成了社会交易的重要手段。社会关系深深嵌入在经济交易活动中，对于关系型融资

[①] 这里的"民间金融"为国内的习惯称谓，国外习惯称谓为"非正规金融"。
[②] 2008年底，中国民间资本沉淀金额达数10万亿元，其中浙江民间资本沉淀8300亿元。民间融资已经成为浙江经济中的一个活跃因素。

同样如此。因此，与发展关系型融资的思路相反，目前建立"审贷分离"的匿名审贷制度是防范不良资产的有效手段。

3. 中小银行和中小企业融资

关于银行市场结构与中小企业融资关系的研究，国内的研究起步较晚，而且基本上是以发达国家的金融理论介绍为主。以林毅夫为代表的国内学者纷纷论证了"小银行优势"假说，代表性的研究主要有：林毅夫和李永军（2001）、李志赟（2002）、张捷（2002）、鲁丹和肖荣华（2008）。

但是，国内的实证研究却证明增加民营中小金融机构供给不具有充分的依据[①]，民营中小企业金融机构具有信息优势的假设得不到充分的解释和论证。虽然林毅夫、李永军（2001）以及张捷（2002）从关系型融资角度所作的阐述较有说服力，认为小银行在对中小企业贷款时具有关系型借贷的优势，但没有更深入地证明为什么大银行难以与小企业建立关系型借贷这一问题，也没有探讨此现象形成的内在机制。刘湘勤、龙海雯（2007）运用中国跨省数据，实证检验了制约我国中小企业融资能力和发展水平的两个主要观点，即"银行结构观"和"信用制度观"，其分析结果支持了"信用制度观"，而"银行结构观"未获得支持。这意味着，导致我国中小企业融资难并制约其发展的根本原因不在于银行的市场结构，而在于信用制度的不完善。因此，中小企业自身信用水平的提升才是解决中小企业融资难问题、促进中小企业发展的核心。

四、现有研究文献评述

麦金农和肖的金融深化理论都是以完美的市场机制为逻辑底蕴的，认为只要消除了政策干预，金融市场就会自动实现均衡，金融资源就会实现有效的配置，对中小企业的信贷配给也会自动消失。也就是说，如果贷款利率向上浮动、信贷缺口缩小，中小企业的资金需求将会得到满足。但在中小企业贷款需求得到满足的同时，贷款利率的上升却增加了中小企业的融资成本，超过了中小企业的还款能力。因此，中小企业的融资处境并未因为金融自由化的发展而有实质性的改善（Taylor，1988a）。我国是实行利率管制的国家，严格限制金融企业的存贷款利率，存在金融抑制。尽管国家的政策已经全面放开贷款利率上限，但是，实际贷款利率在其他因素的干扰下，不可能无限度上浮。现实情况说明，当前中小企业仍然存在强烈的信贷资金需求。

根据金融自由化理论的观点，非正规金融市场是金融抑制的结果。随着资本

[①] 引自华南金融研究所课题组（2001），转引自郭斌、刘曼璐（2002）。

市场的发展和健全,非正规金融市场会逐步被正规金融市场所取代。然而,现实的情况是,即使在美国这类金融体系非常完善的国家,非正规金融市场仍然存在,并发挥着不可替代的作用,非正规金融在发展中国家广泛存在,占据金融市场的主体地位,对经济发展特别是中小企业融资和农村经济发展发挥了重要作用。但是非正规金融的主流不是民间互助性的金融组织,而是与地下经济紧密相关的高利贷、地下钱庄等地下金融组织,缺乏监管,存在巨大的信用危机隐患,严重地影响到金融体系的稳定。而且,高利率是非正规金融的显著特征,尤其是在国家实行紧缩性货币政策的情况下,民间借贷利率一路走高,使贷款企业面临着高的融资成本与巨大的财务风险[①]。

从理论上讲,关系型借贷是解决中小企业融资信息问题的最优途径。但在我国的具体操作实践中,由于我国特殊的"人情"文化,关系型融资成为广受诟病的融资方式。基于关系型融资理论,小银行是向中小企业提供关系型借贷的最佳融资伙伴。近年来学术界关于创建中小金融机构体系的呼声一直不绝于耳,但客观上讲,银行的风险特殊性、政府出于对放松金融管制可能产生的金融体系风险的顾虑以及对管理一个更加复杂和多元化的金融机构体系缺乏稳定的预期,而始终裹足不前。只有具备了完善的多元化金融监管系统、有效的金融安全网,以及国有银行改革基本完成后,创建以民营中小银行为主体的中小金融机构体系(包括一些中小企业的合作性金融组织)才会被提上议事日程。

而我国现存的中小民营金融机构虽然将中小企业业务作为战略重点,但是迫于现实的生存压力,依然具有大项目和大企业偏好,普遍存在一种盲目"做大"倾向。地方股份制中小银行争相上市,朝着全国性大银行的方向发展,城市信用社被合并改组为权力更为集中的城市商业银行,这必将使中小企业融资陷入更加困难的处境之中。

融资的核心在于信用。中小企业融资难问题的核心在于中小企业自身信用不足,这一问题不是建立了专门对中小企业融资的金融机构就能解决,因为即使专门的金融机构成立之后,可能还会因为信用问题而把资金贷给大企业。现实中,民营中小银行依然追逐大企业客户的事实证明,提升中小企业自身的信用能力才是解决中小企业融资问题的关键。

---

① 据 2008 年 6 月中国人民银行温州市中心支行监测的数据显示,当月温州地区的民间借贷加权月利率达到 12.25%,比历史最高纪录高出了 0.138 个千分点。浙江的民间借贷利率有的甚至高达年利率 120%。

第二节 基于企业组织特征微观视角的理论基础及文献回顾

一、理论基础

1. 信贷配给理论

在理论研究中,由于采取的分析范式不同,信贷配给理论有着均衡与非均衡之分。20世纪五六十年代,经济学家对信贷配给的讨论主要采用新古典范式[①]。在完全信息[②]的假设下,信贷配给要么被解释为由外生冲击引起的一种暂时的非均衡现象,要么是外生约束[③]导致的长期非均衡现象。从20世纪70年代后期开始,不对称信息范式被引入信贷市场分析。大量研究表明,由于信息不对称而存在的逆向选择和道德风险行为,也会导致信贷配给现象。这种现象是一种与贷款人理性行为相一致的长期均衡现象[④]。

在不对称信息范式下,信贷市场就可能偏离传统范式下的运行方式,具体观点在阿罗(Arrow,1963、1968)和阿克洛夫(Akerlof,1970)等的开创性工作后得到广泛认同。根据在整个交易过程中信息不对称所发生的阶段来分,信息经济学对信贷配给的解释可以分为三种:事前信息不对称、事中信息不对称、事后信息不对称[⑤]。事前信息不对称的结果是逆向选择[⑥],事中信息不对称的结果是道

[①] 新古典范式、瓦尔拉范式、阿罗—德布鲁范式、完全竞争范式在现代经济学的语汇中是同义词,具体参见管毅平. 宏观经济波动的微观行为分析:信息范式研究[M]. 上海:立信会计出版社,2000.
[②] 完全信息是新古典范式的关键点。由于不存在不完全信息,贷款合同是同质产品,利率可以传递信贷交易中的一切信息。只要没有外生因素对利率的限制,信贷市场总能出清,不存在信贷配给。在新古典范式下,银行或贷款人是一个被动的角色。
[③] 外生约束有政府对信贷规模的直接控制和利率管制政策等正规约束,也有阻碍利率向上调整的"道德"或"文化"方面的非正规约束。由于这些外生约束的存在,贷款人只能通过非价格机制配给贷款。
[④] 经济合作与发展组织(OECD)国家20世纪80年代初实行了信贷市场的非管制化,但取消管制后,信贷配给现象并没有消除。
[⑤] 这种情形通常用事后"有成本的状态检验"(Costly State Verification,CSV)来解释。
[⑥] 用于信贷市场的分析是:银行是风险性的支付承诺的购买者,而借款人是这种承诺的出售者。显然,出售者知道自己承诺的风险程度,而购买者不完全知道。当银行通过利率对借款人进行甄别时,就会发现:那些愿意支付高利率的借款人可能具有较高的风险程度,利率的提高也许会恶化借款人的平均质量,从而降低银行的利润。因此,银行并不总是通过提高利率来消除信贷市场的超额需求,而有可能采取信贷配给。

德风险[1],以上逆向选择和道德风险问题考虑的是借款人或投资项目的风险程度,而不是投资项目的最后收益。贷款人可能知道融资项目的风险度,但并不能无成本地观察到该项目的收益,这种信息不对称产生一种新的道德风险[2](金俐,2004)。

将逆向选择和道德风险的思想引用到信贷市场分析的经济学家是扎菲和罗素[3](Jaffee 和 Russell,1976)、基顿(Keeton,1979)、斯蒂格利茨和魏斯(Stiglitz 和 Weiss,1981)[4]。其中,Stiglitz 和 Weiss(1981)第一次全面系统地从信息经济学角度对信贷配给现象进行了分析[5]。斯蒂格利茨—魏斯(以下简称 S-W)模型第一次对商业银行信贷中的非价格配给现象提供了有力的解释,在有关资本市场不完善性的文献中被频繁引用,是一篇最具影响力的经典文献。此后,许多学者在 S-W 模型的基础上,通过放宽或改变假设条件,对信贷配给理论做了进一步的批评、回应和扩展研究。如威廉姆森(Wiliamson,1987)、德·梅萨和韦伯(De Meza 和 Webb,1987)、施雷夫特和威拉米尔(Schreft 和 Villamil,1992)等。除了利率因素之外,抵押品因素能否消除信贷配给,也成为信贷配给研究的一个发展方向。对此做出主要贡献的有维特(Wette,1983)、贝斯特(Bester,1985)、沙尔斯和卡纳塔斯(Chras 和 Kanatas,1985)、贝赞和塔尔(Besanko 和 Thakor,1987)、斯蒂格利茨和魏斯(Stiglitz 和 Weiss,1986、1987、1992)等。信贷配给理论的基本框架如图 2-1 所示。

2. 金融成长周期理论

企业发展的不同阶段性决定了企业的金融需求特性,企业金融成长周期理论较好地揭示了中小企业融资需求的变化规律。该理论以 Berger 和 Udell(1998)的企业金融成长周期理论为代表。该理论认为:"企业信息约束条件、企业规模

---

[1] 用于信贷市场的分析是:作为委托人的银行不能观察到并完全监督作为代理人的借款人的行动,如果贷款利率影响到借款人随后的行动,那么银行就可能将利率确定在某个水平上,使借款人的行动符合银行的利益。

[2] 这种道德风险有时被称为事后的"隐藏信息的道德风险",前一种道德风险则被称为事后的"隐藏行动的道德风险"。

[3] 有的文献的译名是贾菲和拉塞尔。

[4] 其实,亚当·斯密早就看到了信贷市场中的逆向选择问题,他认为法定利率不应当高于最低市场利率太多,否则"大部分待借的货币,会借到浪费者和投机家手里去,因为只有他们这类人,愿意支付这样高的利息。诚实人只能以使用货币所获的利润的一部分,作为使用货币的报酬,所以不敢和他们竞争"。见亚当·斯密. 国民财富的性质和原因的研究(上卷)[M]. 北京:商务印书馆,1996:328;转引自金俐. 信贷配给论:制度分析[M]. 上海:上海财经大学出版社,2006。

[5] Stiglitz 和 Weiss(1981)认为,在信贷市场上,银行与借款人之间的信息不对称会引起逆向选择与道德风险问题。由于预期收益与利率变化之间的非单调性,银行不会通过调整利率使市场出清,而是将利率设定在一个预期利润最大化的水平上,这时信贷市场可能存在超额需求,出现信贷配给。

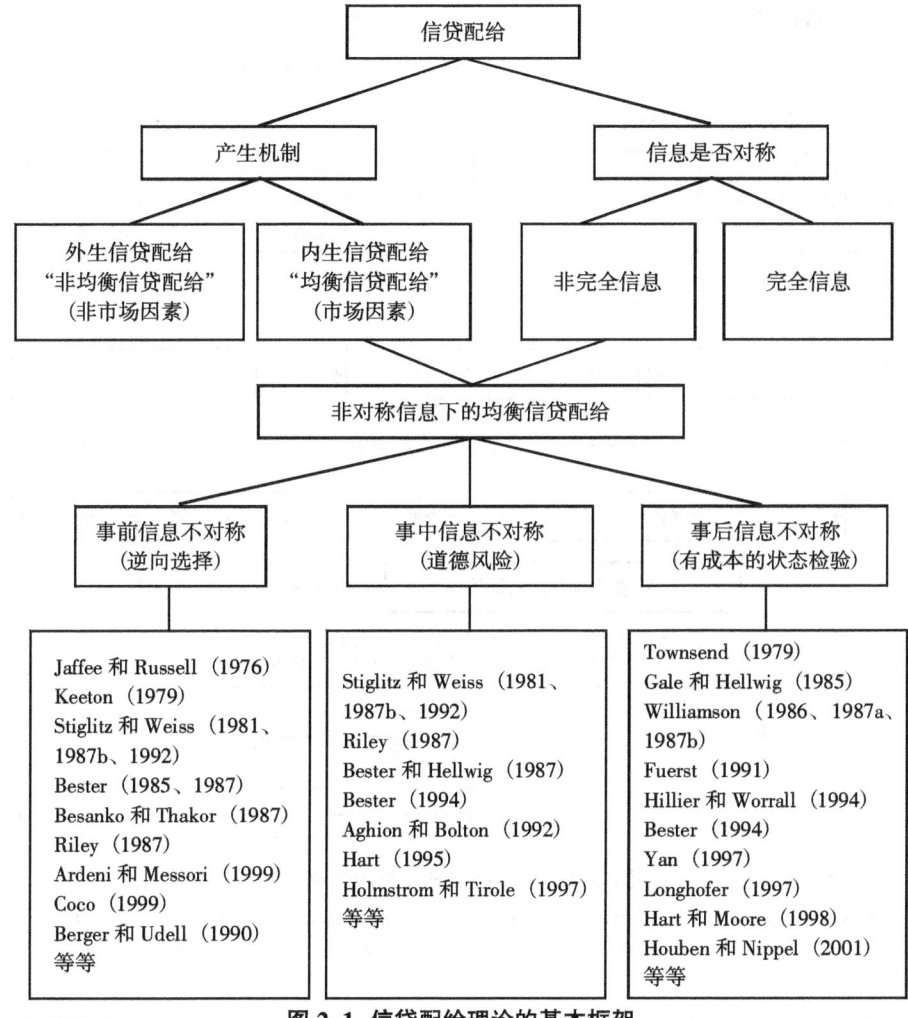

图 2-1 信贷配给理论的基本框架

资料来源：本研究整理。

和资金需求是影响企业融资结构变化的基本因素。这些因素会伴随着企业成长周期而发生变化。随着信息、资产规模等约束条件的变化，企业的融资渠道和融资结构也将随之变化，越是处于早期成长阶段的企业，外部融资约束越紧、渠道越窄；反之，越是处于后期成长阶段的企业，外部融资约束越松，融资渠道越宽。"他们按照企业的规模、年龄、信息的序列对中小企业的成长周期进行了分类描述（见图 2-2）。

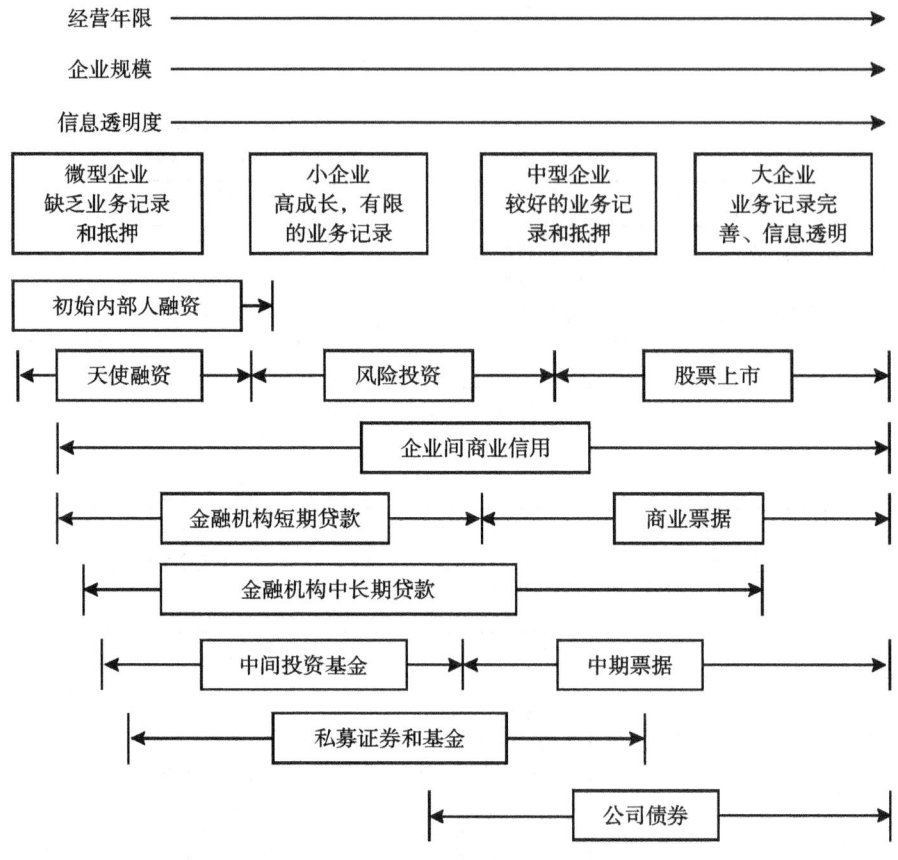

图 2-2 中小企业成长与融资来源

资料来源：Berger A. N., Udell G. F.. The Economics of Smal Business Finance：The Role of Private Equity and Debt Market in the Financial Growth Cylle [J]. Journal of Banking and Finance 22, 1998：613-673.

从图 2-2 可以看出，规模较小的、年轻的、信息比较不透明的企业想获得金融中介的资金融通是不可能的，必须依赖内源融资、商业信用和天使投资①。银行和金融公司贷款会在中小企业进入成长阶段后才予以提供，因为此时企业已经有了一定数量的有形资产作为贷款的抵押品。

二、国外文献回顾

根据基顿（Keeton，1979）的定义，信贷配给是指以下两种情况：一是从借

---

① 天使投资是指具有一定资本金的个人或家庭的直接的权益性资本投资，是初创企业早期的民间投资方式。

款人的角度看，在现行利率条件下，其至他愿意支付更高的利率时，借款人获得的贷款数额低于他所希望获得的数额，其资金需求得不到全部满足；二是从贷款人的角度看，表面上相同的借款人中，一些人获得贷款，另一些人被拒绝，被拒绝的人即使愿意支付更高的利率，也不能获得贷款。

一般认为，与大企业相比，中小企业与银行之间信息不对称的问题更加严重，更容易受到银行等金融机构的信贷配给，因此受到理论界的广泛关注。Stiglitz 和 Weiss（1981）的信贷配给理论解释了中小企业难以获得银行信贷支持的原因[①]。

根据借贷双方信息不对称问题的实质，Diamond（1989）认为，引入第三方中介机构（如信用评级公司、担保机构等）有助于提升中小企业的声誉，影响金融机构对其未来收入净现值的预期，从而增加对中小企业的信贷供给，进而缓解其信贷约束程度；Diamond（1991a）将"声誉"引入信贷市场的策略性行为模型中，认为不同的声誉使得不同借款者建立了属于自己的信贷均衡行为模式。信誉高的借款者总能获得贷款并使融资多元化，而低信誉者因得不到贷款而无良好信用记录，总是被信贷机构配给；Mitchell Peterson 和 Raghurma G.Rajan（1995）通过对美国小企业局调查数据的分析发现，长期借贷关系或声誉对贷款的可获得性至关重要。

此外，贷款类型及方式也可以作为企业形象信号。Rajan 和 Raghuram（1992）在研究抵押或担保对中小企业融资的影响时发现，一些企业可能倾向于选择非抵押、非担保形式的贷款。究其原因，主要是企业能够获得非抵押和非担保形式的贷款，这一结果本身就是贷款机构对企业质量的正面评价，这种好的信号向外界的传递可以降低企业从事其他权益融资和债务融资的成本，而且客观上此类贷款更要求金融机构提供更多的监管，反证了企业自身的信用水平。

企业融资方式根据规模、年龄、信息一体化因素决定。Berger 和 Udell（1998）认为，企业之所以在生命周期的不同阶段进行不同的融资安排，主要是由于有关企业信誉的信息不对称在企业的生命周期中是变化的。初创期的企业由于规模小、风险规避能力差、信息不透明等特质，资金来源往往依靠初始的内源融资、贸易信贷和天使资金（Wetzel，1994）。当企业进入成长期后，具有一定的产品和市场份额，经营趋于稳定，能够产生公开的信息，这时内源融资已不能满

[①] 该理论认为，由于信贷市场信息不对称，必然导致逆向选择和道德风险，使银行面临较高的信贷风险。由于较高的利率会产生逆向选择和道德风险，为降低信贷风险，银行会把利率降低到均衡利率水平以下，以鼓励那些资信度高（风险偏好程度低）的企业借款，限制那些资信度低（风险偏好程度高）的企业借款。中小企业由于各种原因，往往资信度较低，因而难以从银行获得贷款。

足其经营所需要的资金，开始依靠中介的权益（风险资本）和债务融资（商业银行、金融公司）。

不过 Berger 和 Udell（1998）同时指出，因为企业的规模、年龄和信息不透明程度等并不是完全相关的，所以金融成长周期理论只是对企业融资路径的一个一般性描述，并不适用于所有的小企业（田晓霞，2004）。经验检测结果也显示出与金融成长周期理论预期之间的差异。如 Fluck 等（1997）通过对美国威斯康星州的企业融资行为的研究发现，随着企业的成长，企业对外源资金的使用并不是简单地由少至多，而是呈现出一种"U"形的发展态势。

三、国内文献回顾

信贷配给理论是国内学者进行中小企业融资问题研究的主要理论基础。信息不对称导致的逆向选择和道德风险是企业信贷配给的理论根源。主要研究学者有：林毅夫、李永军（2001），沈杰、张智光、何勤（2002），宋亚敏、黄绪江（2002），杨再斌、匡霞（2003），邝坦励（2004），徐强（2005），杨丰来、黄永航（2006），等等。

国内关于中小企业信贷配给的理论探讨以王霄、张捷（2003）最具有代表性。以往的研究未能将企业规模内生于信贷配给模型中，而王霄和张捷的研究则有力地解释了信贷配给中存在的"规模配给"，通过模型证明了企业资产规模可以成为企业进入信贷市场的一种临界标准；黄燕君、应娟和郑小胡等（2004）将抵押品价值、抵押清算价值、银行信贷审查成本等因素引入中小企业信贷配给模型，证明信贷配给是银行理性选择的结果；张亚维、胡红星（2005）将银行利润、银行利率、企业风险、企业规模作为内生系统变量，研究了不同风险类型的中小企业信贷配给。

中小企业受到信贷配给的原因除了财务报表不规范、缺乏抵押和担保等之外，主要原因还有信用等级低，信誉不足。杨俊龙（2003）、杨军（2003）认为，中小企业产权结构不清、企业信用障碍是融资难的主要原因。中小企业应从完善自身信用着手解决融资难问题；胡乃武等（2006）指出，中小企业与大企业相比，声誉较低，管理风格及行为特征等方面具有很大的不确定性，使中小企业贷款所面临的道德风险也相对更为严重。

国内关于中小企业金融成长周期与其融资结构变化的研究方面，主要以陈晓红（2003）和张捷、王霄（2002）为代表。他们的研究也都是在国外经典理论框架下展开的。以张捷、王霄（2002）为例，他们根据对 631 家中小企业进行调查所取得的数据，对中、美两国中小企业的融资结构进行了比较。结果显示：中国中小企业各个成长周期的融资结构的总体变化趋势①仍然符合金融成长周期理论的基本规律。此外，他们还分别检验了规模歧视和所有制歧视对中小企业融资的影响，结果表明：所有制歧视对中小企业融资的影响并不显著，从而进一步揭示了金融成长周期理论在中国的适用性。

四、现有研究文献评述

信息不对称理论通过引入市场不完善因素来解释非均衡现象，成为信贷配给理论体系的主体，其中S-W理论模型是均衡信贷配给理论的经典力作。该模型将利率视为信贷配给过程中唯一的内生决策变量，假设条件过于严格，对中小企业融资实践缺乏解释力。后来不断有经济学家通过放宽或改变S-W模型的相关假设，来进一步讨论均衡信贷配给的存在性，试图加强均衡信贷配给模型的解释力和实践指导性。

在信息不对称情况下，与利率一样，抵押品具有甄别和激励作用，是银行解决逆向选择和道德风险问题的重要手段（Bester，1985、1987），在很大程度上成为银行信用分析的替代机制，被广泛应用于企业贷款特别是中小企业的贷款中。但是我国中小企业融资难的一个重要因素就是缺乏有效的、足够的抵押品②。从学术讨论的角度讲，担保品的提供本质上是代表企业的品质（Character）和能力（Capacity），只不过是更具体地体现了企业信用品质和能力而已。事实上，许多信用交易都是在担保品作为信用媒体的情况下顺利完成的，担保品成为这些交易的首要考虑因素。然而，毋庸置疑的是，虽然担保品可以减少商业银行的潜在风险，但客户本身的信用状况不会因此改变。商业银行都希望通过正常途径收回债务，而不是处理担保品。因此，担保品只起到降低银行风险的作用，而并不是授信的必要条件。

对缺乏抵押和担保的中小企业融资来说，信贷合约可以通过声誉机制执行。借款人的声誉信息可以作为抵押品的替代机制，是保证信贷合约实施的一种节约交易成本③的工具。但是声誉机制只有在完善的信用信息共享制度存在的情况下才可能发挥作用。如果缺乏信用信息网络，信贷市场竞争性的增加并不能缓解信贷配给（Ghosh和Ray，2000）。

---

① 企业债务融资比率和贷款比率先上升后下降，此外，企业自有资金和贷款比率呈反向变化趋势。
② 银行认可的可以作为抵押的资产只有少数几种，包括产权明晰的不动产、现金存款、流动性较好的机器设备等，其他一概不能作为抵押品。
③ 在理论上，声誉机制可以减少合约的履约成本和行为的监督成本。

第三节　基于组织环境中观视角的理论基础及文献回顾

一、理论基础

在社会科学中，通常把从大的方面、整体方面去研究把握的科学，称为宏观科学，这种研究方法，叫作宏观方法；把从小的方面、局部方面去研究把握的科学，称为微观科学，这种研究方法，叫作微观方法；而介于两者之间的就是中观方法。所以在社会学科中，有宏观理论、微观理论和中观理论[①]。具体到经济学学科，宏观经济学研究的是经济总量的运行，微观经济学以理性的微观个体为出发点进行研究，而中观经济学是以基于微观个体之间的联系和互动组成的局域组织为环境，研究其内部的结构与关系对经济的作用。20世纪70年代中叶，德国爱登堡大学的国民经济学教授汉斯·鲁道夫·彼得斯博士首次提出"中观经济"（Meso-economy）这一区别于传统宏观经济和微观经济的新范畴。中观经济学的研究对象主要为三个：部门经济、区域经济、集团经济。中观经济学的基本范畴由空间、结构、环境、发展、规划和管理等构成。目前较为流行的观点是将产业经济学看作介于宏观经济学与微观经济学之间的中观经济学。

"产业集群"一词是产业经济学理论研究及实践的关键词。自从马歇尔对产业集群进行开创性的研究以后，企业集聚现象不仅受到区位学者的关注，而且区域经济学、管理学、社会学、产业组织学、经济地理学等不同学科的学者纷纷涉足这一领域，由此形成了众多的产业集群理论学派，如新产业区学派、战略管理学派、创新系统学派、空间经济学派、企业网络学派等（主要理论及观点见表2-1）。

---

① 资料来源：http://wenku.baidu.com/。

表 2-1 产业集群理论及主要观点

研究视角	理论基础	主要观点	代表人物
基于生产方式、分工和交易费用视角的研究	产业区理论 新制度经济学理论	集群是柔性专业化的生产方式;本地化投入产出联系和生产协作网络所形成的弹性、降低风险和专业化等相互依赖的外部经济优势,能有效降低交易费用并保护合作;运用交易费用理论作为分析工具	Piore 和 Sabel(1984) Scott(1986) Becattini(1990) 杨小凯和张永生(2000)
基于网络和社会资本视角的研究	社会资本理论 企业网络理论	集群是一种基于社会关系、信任和共享互补资源等特别管理特征的网络;信任是集群独特的社会资本;运用社会网络的分析方法;强调了社会资本在集群形成和竞争优势中的作用	Putnam(1993) Saxenian(1996) Annen(2001) Morosini(2004) Felzensztein(2008)
基于知识溢出、信息和创新视角的研究	知识溢出理论 集群创新系统理论	集群有利于缄默性知识的传播、信息成本的降低;集群存在特有的学习机制;构建集群创新系统模型	Glaeser(1998) Lorenzen(1998) Freeman(1991) Best(2001) Baptista(2001) Carbonara(2004) Cooke 和 Schienstock(2000)
基于外部性、集体效率和演化视角的研究	演化经济学理论 复杂性理论 竞争优势理论	提出了集体效率模型,分析了集群的外部经济和联合行动形成的竞争优势;集群的优势是适应环境而不断演化的结果	Schmitz(1995) Ottaviano(2002) Benito(2003) Yeung(2006)

资料来源:本研究整理。

从网络角度与从社会资本角度研究产业集群是紧密相关的。集群是某些相同或相关性很强的产业中大量中小企业在空间集聚的现象,它也是一种基于社会关系、信任和共享互补资源等特别管理特征的网络(Vatne 和 Taylor,2000)。社会资本是个人通过他们的成员资格在网络中或者在更宽泛的社会结构中获取短缺资源的能力,是网络嵌入的结果(Porters,1998)。

在经济学理论范式下,经济人是一个只为自己利益考虑的原子化个人,在经济活动中绝不受任何社会结构或社会联系的影响,总是不带任何感情色彩地在竞争性市场中与他人进行交换。这种理性的"经济人"假设与现实情况不完全吻合,现实中的交易很多是发生在相互熟悉的人之间的,身份决定了交易对手和条件的选择。在社会学家看来,个体所处的社会关系网络及其内部的规范极大地影响了个体的行为模式,人们可以利用这种相互认知的持续的社会关系网络获得使用其他形式资本的机会(Burt,1992)。社会关系网络中的人们在长期社会交往的基础上，相互之间建立了良好的信任关系，这种关系增加了交易者在交易过程中行为的可预期性，从而节省了契约的谈判、签订和执行的成本，降低了交易风险。

如果从关系网络来讨论社会资本的话，格兰诺维特（Granovetter）和林南（Nan Lin）是两个不能忽视的重要学者，他们在社会行动方面提供了丰富的开拓性思想。从历史演进的逻辑来看，对社会资本的研究从布尔迪厄（Bourdieu）和科尔曼（Coleman）等开始，在普特南（Putnam）、福山（Fukuyama）、林南（Nan Lin）、伯特（Burt）等那里得到进一步发展和完善。我们可以将这些学者分为三个流派：第一个流派注重社会资本的资源特征，我们称为资源学派，其代表人物有 Bourdieu、Porters、Burt R.、Baker、林南等；第二个流派注重社会资本的结构性特征，主要代表人物有 Coleman 等；第三个流派则可称为政治学派，其代表人物主要有 Putnam 等人。

表 2-2 列举了几种经典的社会资本理论：

表 2-2 社会资本理论的经典框架

理论	主要观点
Coleman 的封闭网络理论	由于封闭网络可以形成稳定的权威关系、信任关系以及关于权力分配的共识，这三者构成了稳定的社会关系所依赖的社会规范，从而能够保证封闭网络中的行动者能够稳定地获得网络中所嵌入的资源。封闭网络是社会资本的来源
Granovetter 的强关系理论与弱关系理论	对社会资本理论的贡献主要集中在两个方面：一是对嵌入性概念的强化和推广；二是提出了弱关系理论。Granovetter 根据嵌入性思想，进一步将行动者的社会嵌入性分为关系嵌入性和结构嵌入性；在关系嵌入方面，关系分为强关系和弱关系。Granovetter 提出了弱关系的力量这一经典理论。由于弱关系产生于具有不同社会经济背景的行动者之间，所以它所提供的是具有更高价值的非冗余信息，对行动者具有更大的价值
Burt 的结构洞理论	承接 Granovetter 的弱关系理论，与 Coleman 的封闭网络理论相对应。Burt 的结构洞理论强调的是网络的结构特征，结构洞是指两个联系之间的非冗余性关系。如果主体拥有由非冗余性联系所形成的结构洞，就意味着洞之间的资源流动和信息流动必须通过该主体才能实现。占据结构洞的主体具有信息优势和控制优势
Nan Lin 的社会资源理论	在 Granovetter 的"弱关系强度假设"下，提出那些嵌入于个人社会网络中的社会资源（权力、财富和声望），并不被个人直接占有，而是通过个人直接或间接的社会关系来获取的。当行动者采取工具性行动时，如果弱关系的对象处于比行动者更高的地位，他所拥有的弱关系将比强关系给他带来更多的社会资源

资料来源：本研究整理。

社会资本理论的经典框架认为，行动者所嵌入的社会结构为行动者提供了不同类型的资源，从而有利于行动者目标的实现。但是这一逻辑也表明，"社会资本"本身就意味着网络嵌入与网络资源。前者是指行动者在特定网络中的嵌入特征,具体可以从关系和结构两个维度进行把握;后者是指特定的网络嵌入模式可能提供的资源优势。社会资本的作用机制是以企业的社会网络为基础,在行动者相互间建立可重复的持续性的交换关系,同时依靠企业社会资本而不是组织的权威来促进行动者的合作和解决交换过程中的冲突(Podolny和Page,1998)。信任机制是社会资本的重要作用机制(Fukuyama,1995)。具体表现为:一是通过建立组织规范来限制网络成员的行动方向(Porters,1998),信任、声誉和互惠的规范都会促使网络成员重复良性行为的发生;二是网络中存在着大量的信息流、资金流和声誉流,这些都提高了网络成员败德行为的机会成本,网络关系通过提高社会惩罚水平得到维系(Coleman,1990)。这些机制对分析我国中小企业融资问题具有一定的启发作用。近年来,已经有学者在社会资本的框架下讨论企业融资方面的问题。

二、国外文献回顾

产业集群是一种网络组织形式(Becattini,1992)。国外关于网络化组织内的中小企业融资机制的研究散见于有关产业集群的研究文献中,关于产业集群中企业融资问题的专门研究非常少见。

少数学者分析了产业集群内的中小企业融资所具有的优势。Becattini(1990)指出产业区内的公司对小企业来说也是一个重要的信贷资金来源,同时强调地方银行在缓解集群中小企业融资约束方面的重要意义[①];Gianluca和Baldoni(1998)在对意大利的皮革等中小企业集群的实地调研中发现,在产业集群的发展过程中,信用体系的建设和完备是必不可少的重要环节。而中小企业公会,包括担保协会、出口协会等组织,为信用风险较高、惩罚机制不健全的中小企业提供了重要的信用增级,它们形成的多主体集群关系也有效地促进了集群内中小企业获取外部资金的能力;Altenburg和Meyer-stamer(1999)从拉丁美洲的中小企业集群发展现状的实证检验结果中发现,在以传统落后产业为主的中小企业集群中,由于集群内的中小企业之间保持有产业链关系、产品竞争关系、技术合作关系或者是融资借贷关系,使得企业在生产要素的流动方面形成了制度化的合作机制,资金运营方面当然也不例外,这也为集群企业间的联合担保行为打下了坚实的基础。运用集合担保的形式,可以通过促进区内企业间的网际关系合作来提高集群

[①] 地方银行扎根于本地社区,与社区居民和企业的长期互动使得它具有信息优势,有利于减少信贷过程中的事前逆向选择和事后道德风险,增加社区内企业的信贷供给。

内企业的竞争力，获得外部金融服务。这种联合担保可以从本质上克服单个中小企业的融资担保抵押不足的障碍，整体提高企业的金融契约签订能力。并且因为集群内独特的"信任"和"惩罚"并重的内部环境，使得集群内中小企业之间存在风险共担的现状，鼓励和迫使企业间形成严格的横向监督机制；Fabiani、Pellegrini、Romagnano 和 Signorini（2000）通过实证分析比较了集群内外企业在融资表现上的差异，研究发现：同行业的集群企业比非集群企业的融资条件要好，融资成本更低[①]。Paolo Finaldi Russo 和 Paola Russi（2001）在对意大利1700多家公司1989~1995年的面板数据进行实证分析的基础上指出，与孤立的中小企业相比，产业区内围绕一种最终产品所形成的企业生产网络有利于改善企业融资过程中的信息和信用约束条件。Frederic Boissay（2006）通过对上下游企业信誉链融资的机理分析及模拟仿真，揭示了中小企业集群融资的风险分摊和系统效益增加的结论，为产业集群融资渠道建设提供了新的研究范式。

不过，也有些研究认为产业集群环境对企业融资的影响是复杂的，有时甚至是负面的。产业集群环境虽然有利于小型合作金融组织的运作，但对本地业务的过分依赖也会导致金融机构的系统性风险增加（Conti 和 Ferri，1997）。金融机构在考察产业区内贷款申请企业的状况时，不仅要考察企业自身经营情况，而且要考察该企业的关联企业的经营情况，这些都会增加金融机构的风险甄别和监督成本，从而降低金融机构的贷款意愿（卢亚娟、褚保金，2011）。

三、国内文献回顾

关于产业集群对企业融资机制的影响在国内也未受到应有的关注。现有的文献基本上都是定性地认为产业集群环境具有融资优势，研究大多集中于银行信贷渠道方面，但均未就此进行深入的探讨。

陈晓红（2000、2003、2008）是目前对于中小企业集群融资研究最为全面的国内学者之一，她将中小企业融资理论与中小企业集群理论结合起来，深入剖析了中小企业集群提高中小企业融资能力的经济机理。具体对中小企业信用行为特征、中小企业集群融资模式、风险度量以及政府的作用等诸多问题进行了实证分析和理论阐述。

张震宇、刘守谦和陈明衡（2003）以浙江温州的柳市、龙港和萧江三镇的产

---

① Fabiani、Pellegrini、Romagnano 和 Signorini（2000）在一般地讨论产业集群环境对企业经营能力和经营绩效的影响时，研究发现：集群企业的债务成本平均约为7.84%，而非集群企业则为8.03%；集群内企业支付利息总额占其生产利润的比重为29.52%，而非集群企业的同类指标为31.78%。集群企业在融资上的良好表现是集群企业获得较高利润率的重要因素之一。

业集群为例，发现："产业集群的地区根植性有利于克服银行面临的信息不对称、道德风险以及逆向选择等问题，促进集群内企业与银行形成良好的银企关系，从而增加了银行对集群企业的金融支持。"

赵秀芳、周利军（2003）以及庄永强、王元月和葛燕燕（2004）从信息不对称理论出发，认为："由于中小企业集群相对固定的空间布局、稳定的经营利润和较高的企业间信任度，使得银行更便于收集和共享企业信息，解释了中小企业集群在缓解银企双方信息不对称、减少逆向选择和克服道德风险方面，对降低银行交易成本和促进中小企业银行信贷融资能力的作用。"

魏守华、刘光海、邵东涛（2004）认为："产业集群内的中小企业由于地理接近性和产业专业化的特性，在间接融资方面具有不同于一般单个游离的中小企业的特点，即产业集群环境增加了银企之间的信息对称性、降低了信贷交易成本和信贷风险，提高了银行信贷收益。此外，集群企业与银行之间的重复动态博弈，有利于银企之间形成以'信用与承诺'为基础的长期合作关系，从而增加对企业的信用贷款，有助于缓解集群内中小企业信用担保不足的问题。"

刘彪文（2004）认为："产业集群在间接融资和直接融资方面都有利于解决中小企业融资难的问题。中小企业集聚成群后，可以在一定程度上增加银行信贷收益，降低银行信贷成本和信贷风险，增加了中小企业获取抵押担保贷款的可能，因此加大了银行对中小企业信贷的倾向。此外，产业集群还有助于企业进入资本市场进行直接融资和获得地方政府的金融支持。"

任志安、李梅（2004）认为："集群企业在银行信贷中具有信用优势。这种信用优势一方面有利于集群企业信贷中的主办银行制度的形成；另一方面也有利于集群企业获得长期性贷款。"

楼瑜、程璐（2006）也对浙江绍兴的集群企业信贷融资可获性进行了实证研究，发现："集群内完整的产业链以及长期积累的社会资本不仅弱化了银行与企业之间的信息不对称，而且降低了集群融资的交易成本，使银行与企业形成长期动态博弈关系，创造出银企互赢、互动的现状。"

张淑焕、陈志莲（2006）运用定性分析的方法探讨了集群内企业实现信誉链和融资链的流程，重点研究了中小企业集群的融资优势特征。

罗正英（2010）在已有研究的基础上，分析得出："中小企业集群的地域根植性可缓解事前的逆向选择与事后的道德风险，克服了单个中小企业融资规模小所引发的金融机构交易成本高的问题，并把单个企业的信贷风险转化为整个行业的系统风险，从而有效降低金融机构的信贷风险；而集群融资优势的发挥需要信贷技术、政策环境与多层次金融市场结构的支持。"

四、现有研究文献评述

与丰富的产业集群发展现实相比，现有的产业集群理论研究则显得不足，而且对产业集群内企业融资机制的专门研究更是少见。国际上只有少数学者在进行产业集群的实证和政策研究的过程中曾涉及企业融资问题[①]。

国内现有的研究大部分都围绕着集群融资的优势、具体模式展开讨论，缺少实证数据的论证，缺乏具有普遍实用性的研究工具，研究方法也主要依赖定性分析，定量分析很少，普遍缺乏一整套实证的数据来做支撑。

产业集群融资优势在于信息的优势。集群内企业之间经过长期重复博弈，形成了群体声誉，减少了群内企业的逆向选择和道德风险，减少了银行的信贷交易成本，这一优势的根源在于产业集群的地方根植性，集群内企业之间的关系主要是基于地缘和血缘关系。随着世界分工的发展，中小企业越来越成为全球价值链中的重要一环。企业之间的关系更多的是经济交易关系以及各类由政府产业政策等外力推动下形成的高新技术产业集群、地方工业园区，甚至类似"美国硅谷—印度班加罗尔"这样通过电子信息技术而连接形成的新形态关系。这样原本基于地方根植性所带来的集群融资优势是否依然存在？如果存在的话，其融资机制又是如何？企业到底是"关系"重要还是"结构"重要？关系的种类、强度以及数量哪个更重要？占据网络的中心位置还是关注网络的范围？各种网络嵌入的状态，以及网络嵌入后对企业行为和能力的影响，更重要的是网络嵌入影响企业能力的路径又是怎样？这些都是需要我们进一步研究的问题。

第四节 本章小结

本章对国内外有关中小企业信贷融资的理论基础和研究文献进行了全面回顾，并且分别从宏观层面、中观层面以及微观层面对相关理论和文献进行了梳理。

中小企业信贷融资问题研究的宏观层面分析主要是基于金融抑制与金融深化理论、金融中介理论、关系型融资理论。通过对非正规金融、银行市场结构以及

---

① 分析其原因，可能是由于经济发达国家的金融服务体系较之国内更为完善，产业集群地区往往具有更为灵活有效的产业政策用于扶持中小企业，因此集群内中小企业的金融环境更为宽松，其融资需求能得到较好的满足而未引起学者的更多关注。

关系型融资有关研究成果的总结，发现中小企业的融资处境并未因为金融自由化的发展而有实质性的改善。非正规金融的主流不是民间互助性的金融组织，而是与地下经济紧密相关的高利贷、地下钱庄等地下金融组织，缺乏监管，存在巨大的信用危机隐患。由于我国特殊的"人情"文化，关系型融资成为广受诟病的融资方式。而我国现存的中小民营金融机构迫于生存的压力，依然具有大项目和大企业偏好，结果导致其收集信息的途径和方法与国有大银行无异。

中小企业信贷融资问题研究的微观层面分析主要是基于信贷配给理论、金融成长周期理论。信贷配给理论是国内学者进行中小企业融资问题研究的理论基础。信息不对称导致的逆向选择和道德风险是企业信贷配给的理论根源。金融成长周期理论说明中小企业对信贷资金的需求是其成长周期的客观需求。越是处于早期成长阶段的企业，外部融资约束越紧、渠道越窄；反之，越是后期成长阶段的企业外部融资约束越松，融资渠道越宽，主要原因在于企业信息约束条件的改变。

相比宏观和微观层面的研究，中小企业信贷融资问题研究的中观层面研究基础就比较薄弱。中观层面研究主要是基于产业集群理论以及社会资本理论，对产业集群内企业融资机制的专门研究很少引起国外学者的关注。国内现有的研究大都是规范分析和案例分析，缺乏有力的实证检验。

网络化成长模式已成为我国沿海经济的一大特色，并成为经济快速发展的主流模式之一。从大型跨国公司到中小企业，从新兴产业（如生物科技产业）到传统产业（如汽车），从地区经济（如硅谷）到整个国民经济，越来越多的组织采用网络化形式（Nohri 和 Garcia-Pont，1991）。那么具体到融资问题的研究，嵌入网络中的中小企业的融资机制有何不同、其实施路径又是怎样等问题成为极具理论意义和现实意义的研究课题。在接下来的章节中，本书将从网络嵌入这个中观层面的视角，对中小企业信贷融资进行深入研究。

第三章 网络嵌入与中小企业信贷融资关系

第一节 理论基础

一、社会资本理论：社会学的解释

行动者所嵌入的网络特征以及从网络中获取的资源就构成了行动者的社会资本。社会资本可以分为两个彼此的相关概念：网络嵌入与网络资源。前者是指行动者在特定网络中的嵌入特征；后者是指特定的网络嵌入模式可能提供的资源优势。有关社会资本的经典理论和观点已经在第二章中进行了详细阐述，在此不再赘述。

"嵌入性"作为社会资本理论的核心概念，主要的研究发展如图3-1所示。

从嵌入性概念发展的图中可以了解到，波兰尼（Polanyi）提出了"嵌入性"概念；格兰诺维特（Granovetter）则明确提出"社会结构影响经济行为与绩效"这一命题。从此以后，"嵌入性"成为新经济社会学的一个基础性概念，从嵌入性的视角研究社会经济问题得到广泛的重视；而乌兹（Uzzi，1996）提出的"嵌入性悖论"的观点，将Granovetter的嵌入性观点发展成一个明确的理论命题。朱金和迪马吉奥（Zukin和DiMaggio，1990）从结构、认知、政治与文化四个维度对Granovetter（1985、1992）的嵌入性概念进行了延展，它丰富了网络嵌入性研究的内涵；哈格杜恩（Hagedoorn，2006）分别从宏观环境嵌入性、中观组织间嵌入性与微观双边嵌入性，考虑了不同层次网络嵌入性作用机制的差异及这三个层面之间的交互作用，是在当今日益复杂的网络环境下对网络嵌入性研究的梳理和补充。在关于网络嵌入性的诸多分类方法中，结构嵌入性与关系嵌入性的二分法（Granovetter，1985、1992）可以说是最基础的，其他的分类方法大都是由此

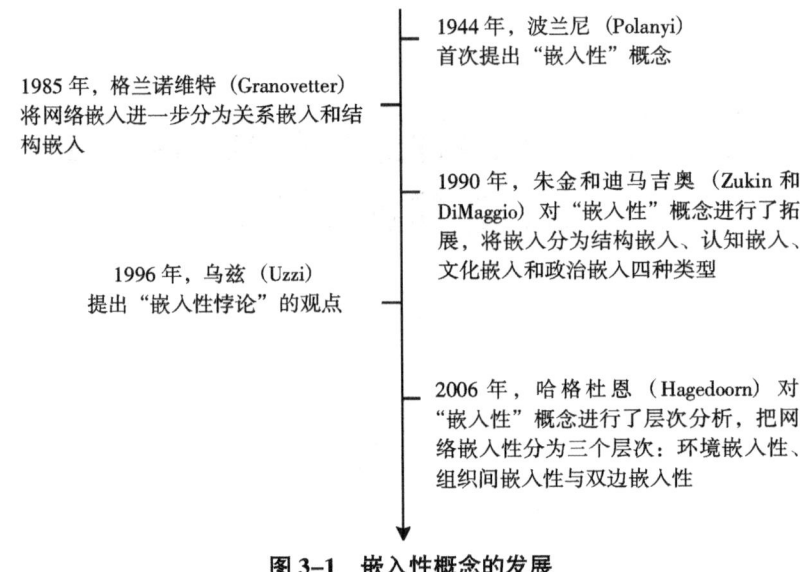

图 3-1 嵌入性概念的发展

资料来源：本研究整理。

演化而来的。几乎所有的研究一致表明，在企业网络中，无论是关系嵌入性还是结构嵌入性，都能够给企业带来信息与知识、市场机会等网络资源，进而实现企业竞争优势与绩效。但是，企业应采用何种模式嵌入网络，才更有利于企业获取、整合与利用网络资源，从而赢得持续竞争力，仍是当前研究的热点和难点。

二、交易费用理论：经济学的解释

科斯（Coase，1937）在《企业的性质》一文中首创性地提出"交易费用"概念。科斯认为市场交易费用与组织协调管理费用相等的均衡水平确定了企业的边界，企业组织是市场机制的替代物。

但是科斯还是忽视了在企业和市场之间还存在着其他可以降低市场交易费用的组织制度或治理结构。交易费用经济学的集大成者威廉姆森（Wiliamson，1975）对此进行了开创性研究，为企业采取网络组织安排提供了有力的理论解释。他认为，选择具有混合治理特征的中间体组织，既可以消除或减弱市场协调组织之间分工的风险以及科斯意义上的其他交易成本，又可以充分发挥和利用组织之间专业化分工的潜在收益。虽然威廉姆森没有明确使用企业网络这个词，但是他揭示了网络是一种介于企业和市场之间的中间治理结构。

按照交易费用理论，当企业在网络化生产模式下进行某项交易的费用低于大批量生产模式下的市场交易费用时，该项交易活动就要从企业中剥离出来，在企业组织外部及市场中进行。根据市场机遇理论，这些企业与具有互补能力的其他企业结成联盟，企业组织结构的网络化，既可以减少市场存在的交易费用，又克服了随着纵向一体化扩展而产生的组织费用，实现了交易费用的降低（Thorelli，1986；Johanson 和 Mattson，1987；Jarillo，1988；Zenger 和 Hesterly，1997；Carney，1998；许冠男，2008）。

虽然许多学者从不同视角研究了网络组织降低交易费用的机理，但是研究成果大都一致认为：网络成员间存在的相互信任是网络组织降低交易费用的实质（Jarillo，1988；Osborn 和 Baughn，1990；Ring 和 Van De Ven，1994；Jarillo，1995；Carney，1998；Todeva，2000；卢福财、周鹏，2004）。

新制度经济学用交易成本理论解释了网络的出现与发展。但这种基于交易成本理论的分析是一种静态的分析，没有对嵌入性关系的动态性对交易的现在与将来的影响进行阐释（Granovetter，1985）。另外，交易费用理论过于重视单方的、成本最小化的结构分析（Zajac 和 Olsen，1993）。但是在经济全球化的背景下，企业间结成网络的目的不仅仅在于交易费用的节约，更重要的是企业借助网络达成基于信任的战略合作和互动学习，进而促进合作交易各方竞争能力的提升，这样就需要超越交易费用的局限来阐释企业网络。

三、资源依赖理论：管理学的解释

随着市场分工和专业化的发展，一个企业不可能生产其所需的所有资源，因此与其他企业结网是必然的。企业间网络的构建首先是出于资源依赖的原因。企业网络化成长思想可以追溯到马歇尔（Marshal，1920）经济理论中的"外部经济"问题，理查德森（Richardson，1972）对此进行了深入研究，并开创了资源依赖理论；布菲尔和萨莱恩斯克（Pfeffer 和 Salancik，1978）在批判科斯（Coase）和威廉姆森（Wiliamson）将交易作为分析的基本单位的基础上，分析了网络组织存在的原因。总之，企业通过网络获取成长资源是资源依赖理论的主题。

随着全球制造网络的发展以及竞争环境的不确定性不断加强，学者们越来越深刻地认识到，企业必须跨越自身的边界，参与网络，进而实现企业间资源的共享和优势互补，这种外部的网络资源具有 Barney（1991）所阐述的"价值性、稀缺性、难以模仿性和难以替代性"异质性资源的四个属性。关系网络是产生不可模仿、难以替代竞争优势的源泉，以及获得异质性资源和能力的途径（Dyer，1996；Dyer 和 Singh，1998；Gulati，1999b；Gulati 等，2000；Dyer 和 Nobeoka，2000；Kale 等，2000；Anand 和 Khanna，2000；Ahuja，2000；Afuah，2000；

Kogut，2000；Lavie，2007）。

四、合法性理论：制度学的解释

制度理论认为，建构企业间网络的另外一个更重要的原因是获得组织合法性。所谓合法性，就是"一个企业或组织的形式或行为能够符合法律、惯例以及社会习俗，得到其他企业、组织和个人认可"（Scott W. R.，1995）。根据制度理论，如果一个还没有被同行认可的企业与一个在同行中具有崇高声誉或者是具有良好网络的组织建立联系，将会为自身产生显著的经济效益（如企业的成活率、市场价值等）（邓学军、夏洪胜，2008），如可以通过参与慈善事业、通过某种认证体系、建立政治联系等行为，其目的都是为了提升本企业在社会上的合法性地位。企业的社会网络不仅直接提供稀有的资源，也能够提供企业在市场中的合法地位（Johannisson，1986）。

第二节 网络嵌入与中小企业信贷融资关系研究

一、基于网络嵌入动因的视角

企业何以会结成网络？从嵌入动因的角度来看，可分为获取资源、降低不确定性、提高合法性和达成集体目标组织间合作四种动机（Galaskiewicz，1985）。C.Oliver（1990）则进一步归纳了形成组织间关系的六种动机：必要性、非对称性、互惠、效率、稳定性和合法性。实际上，诸多答案之间有很大的共同之处，在此本书侧重介绍通过嵌入网络获取资源、提高合法性以及降低不确定性、节约交易成本等动因。

1. 获取资源

资源是企业成长的关键因素。网络化成长是企业获取外部资源以实现企业成长的重要模式。现实中，企业为了生存与发展必须致力于如何从其他组织或个体手中获取其发展所必需的资源（如资金、市场信息、原材料、技术或经营管理经验等）。企业嵌入网络的主要目的是获取所需的资源（Harrigan，1988；Hagedoorn 和 Schakenraad，1990；Nohria 和 Garcia-Pont，1991）。Powell（1994）等通过对美国生物技术产业内的 400 家企业进行为期 10 年的观察后发现，企业与其他组织之间的联系是获取企业所需要的各种资源①的通道；Hite（2005）与 Jack（2005、2010）指出，"网络关系为企业提供获取机会和资源的渠道、桥梁和途径"；Shipilov 和 Li（2008）研究发现，"开放的网络有助于获取商业机会方面的信息"。

对于中小企业而言，网络具有至关重要的意义。如何构建社会网络并随网络的演进进行实时互动，是中小企业获取资源、产生竞争优势，进而实现可持续成长的一个重要过程（Powell，1994）；按照 Cromie 等（1994）的观点，"企业所建立的契约数目越多，它能以最小的成本获得所需资源和信息的机会就越大"。外部资源对于小企业改进生产过程和进行市场扩张是很有帮助的（Falemo，1989）。小企业通过网络所提供给企业的不同类型的信息资源，不仅是企业家在识别发展机会时所需要的，还是决定企业成功与否的关键因素（Humphrey 和 Schmitz，1996）；Premaratne（2001）曾对斯里兰卡 300 多家小企业的发展与其拥有的网络关系之间的相关性做了实证研究，结果表明：小企业所拥有的关系网络（社会网络、支持网络和企业间网络）与它所能获得的资源（资金、信息和其他非物质支持）数量之间呈正相关关系。

另外，中小企业嵌入网络不仅可以获取信息和知识，还可以发生声誉流，即规章制度、理念和信仰、语言和符号会从高声誉的企业流向低声誉的企业。一些弱势企业与强势企业的合作，就是为了获取其规章和理念等隐性知识。声誉流反过来又激励网络内各节点企业对于规范和制度的遵守和服从，削弱网络对于正式制度的依赖，从而在一定程度上实现通过共同治理替代单边治理。

具体到融资的研究背景，大多数中小企业没有信用评级，内部治理结构不完善，财会制度也不健全，加之中小企业大多没有信用记录，致使其信息透明度差，受到严重的信贷约束。

随着全球化的发展，竞争迫使企业在价值链的每一个环节寻求最低成本，专注核心能力的培养，将非核心资产、低附加值的环节外包给外围的中小企业，形成供应链。中小企业由于嵌入供应链网络，可以获得更多可以显示自身信用的"软信息"资源，例如，在供应链融资模式中，银行可以将中小企业通过供应链获得的支持性资产，如货物质押、应收账款受让等流动资产，作为中小企业的信用支持。同时，嵌入供应链中的中小企业可以享受到核心企业提供的排他性的特殊优惠政策，如订单保障、排产优先等资源，这些都使供应链网络内的中小企业具有丰富的信号来显示自己的质量，为银行进行信贷决策提供信息依据，从而增加对中小企业信贷资金的供给。

---

① 网络资源不仅包括资金、特殊技能、市场渠道、商标、知识订单保障、涨价跌价补偿、销售返点等显性资源，还包括信息、社会支持、品牌支持以及企业信誉度等隐性资源。

声誉是信用市场形成的基础（Fehr 和 Zehnder，2006）。Matinelli（1997）研究表明："小企业通过培养自己的声誉可以帮助其获得信贷。"从理论上讲，企业声誉并不附着于企业本身，而是企业的整个利益相关者网络。声誉资产产生于企业与网络内其他成员的互动和累积。因此，中小企业嵌入网络不仅可以获取有形资产，而且可以获取声誉无形资产，从而实现自身成长，提高融资能力。

2. 提高合法性和地位

根据合法性理论，提高企业自身的合法性和地位是企业形成网络的重要原因之一。声誉和合法性被学者们认为是重合的、密不可分的（Branco 和 Rodrigues，2008a）。当一个组织不为人所知、人们对其品质不确定的时候，人们往往通过与之有关系的伙伴的社会声望和地位来评价它（Podolny，1993），因为有声望的伙伴能起到一个信号或保证的作用（Stuart，2000）。

中小企业同市场领导者或高声望的企业，如知名的投资公司、市场内的领先企业以及信誉卓著的客户等，建立网络联系，能够提升自身的声誉或带来重要的市场信号效果（Stuart 等，1999；Gulati 等，2003；Deeds 等，2004）。中小企业嵌入网络所引起的自身声誉的提升能够为中小企业带来社会和经济信任度（Larson，1992）。同时，声誉网络的建立也能弥补中小企业经验和经历的缺乏（Stuart 等，1999）。

具体到融资的研究背景，中小企业如果能够与富有声望的企业建立关系，就有利于其进行融资（Fabiani、Pellegrini、Romagnano 和 Signorini，2000）。因为人们在面临复杂的决策时，会简单地根据声誉的好与坏作出判断（Ferris 等，2003）。例如，在供应链网络中，核心企业往往有明确的交易伙伴准入和退出制度[①]。核心企业的供应链准入体系是传递供应链网络内中小企业能力的信号。供应链准入资格是一种将高能力中小企业与低能力中小企业区分开来的甄别机制。同时，为了维护整个供应链的信誉，核心企业会利用中小企业对其的附属性，实施成员资格排斥。对中小企业来说，进入大企业的供应链系统是一个传递自身质量的信号，通过信誉链[②]的建立，处于该链条上的所有厂商的"边际信誉度"被提高到同一水平（罗正英等，2003）。中小企业依附于核心企业的信誉链的形成，提升了供应链网络内中小企业成员的信用水平。

[①] 这些制度具体包括商务合同的准确性、及时性、结算的信用、服务承诺的兑现等。
[②] 罗正英等（2003）指出，由价值链维系的企业集群引致了信誉链的建立，集群内企业间关系的维持是以承诺、信任和相互利益为基础的。信誉链是价值链和供应链的衍生产品，是上下游企业之间的信誉连接体系，其核心是厂商信誉的共建与共享。

3. 降低不确定性

网络关系是企业减少环境不确定性的有效手段（Kogut，1988；Thomas 和 Trevino，1993；Morgan 和 Hunt，1994；Peng 和 Heath，1996；Chan，2000）。当外部市场需求发生变动以及在进入新领域时，单个企业将面临越来越大的经营风险，而网络可以帮助企业管理竞争的不确定性（Pfeffer 和 Salancik，1978），减少环境对企业的冲击（Harrigan，1988；Miner、Amburgey 和 Stearns，1990；Hill 和 Kim，1993）。

具体到融资的研究背景，嵌入网络中的中小企业作为价值链中的一个环节，围绕核心企业形成了虚拟的企业联合体，投资者对非核心中小企业的经营风险的评价在很大程度上参考了核心企业的经营风险状况。一般情况下，嵌入网络内的中小企业的平均风险要比单个的中小企业的风险水平低（张淑焕、陈志莲，2006）。再者，由于核心企业对供应链成员企业往往建立了筛选机制，所以供应链成员也是经营、财务和信用层面评估之下的优胜者。因此，供应链网络中的中小企业成员的平均信用风险相对低于中小企业整体的信用风险，保证了银行的信贷资金安全。

4. 节约交易成本

企业网络是企业减少交易费用的重要途径（Wiliamson，1985；Hannart，1988）。交易费用可分为事前和事后的交易费用。稳定而可靠的合作伙伴使得企业避免了事前的搜寻费用，合作中产生的信任和承诺又可以有效地减少合约的签订费用和事后的监督费用等。此外，网络的协调机制也可以减少因意外事件而导致的协调费用。

具体到融资的研究背景，传统银行信贷看重的是中小企业的信用水平、财务实力、健康程度及担保方式等可以形成文字或明确表达出来的"显性信息"[①]，对于信息问题严重的中小企业来说，这将中小企业排斥在信贷市场之外。银行在无法有效获取中小企业的"显性信息"或者其信息甄别成本很高时，中小企业的"隐性信息"对中小企业获取信贷融资来说就非常关键，比如商业信用记录、企业的贸易背景、经营动态等。这类信息往往是"无形的"隐性信息，是通过与网络内成员企业互动产生的交互信息，是嵌入在某个特定的网络之中，无法被编码文本化，也无法明确表述出来。而且这类信息的传播也有个相对明确的边界，那就是在嵌入网络内的成员间进行传播，非网络成员是很难得到的。

中小企业通过嵌入网络，丰富了自身的信号数量和质量，为银行的贷前和贷

---

① 这里采用的是对知识分类的方法，比喻性地将信息分为隐性信息和显性信息。

后提供了关键性的信贷决策依据。一方面，银行通过占有企业的网络性客户，使得银行信息获取渠道多元化，并能够建立有效的信息甄别机制。银行借此掌握了企业的信用情况，节约了贷前的审核成本，大幅降低了中小企业单独申请授信的成本。银行通过向网络内的众多中小企业贷款可以获得规模经济效应，这样降低了银行从事信贷业务的交易成本。另一方面，对中小企业来说，进入大企业的供应链系统是需要支付成本的。由于进入成本的存在，中小企业就会非常珍惜和积极维护这种关系，避免因为贷款违约等问题影响自身在供应链中的地位，这种机制降低了中小企业信贷的道德风险，同时减少了银行的监督成本（李勤，2010）。

二、基于网络嵌入特征的视角

关系嵌入性和结构嵌入性的分类是对网络嵌入性最初始、最传统、最主流的分类。关系嵌入性是基于互惠预期而发生的双向关系，主要从关系的内容、范围及强度等方面来度量；结构嵌入性则是互动双方各自成为更大的结构中的一部分，主要从关系联结在整个网络中的位置、规模及密度等方面来测度（Granovetter，1985、1992）。

1. 关系嵌入

网络关系也有许多不同的类型，这主要是由研究者根据研究需要而确定的。但在众多的网络关系分类中，1973 年 Granovetter 在其发表的著名论文《The Strength of Weak Ties》中，将社会关系根据主体间相互作用在关系时间、情感强度、亲密程度、互惠程度四个维度上的高低程度不同，分为强关系（Strong Ties）和弱关系（Weak Ties），这种分类是至今为止最有力的概念工具。

根据网络组织相关研究文献，网络关系强度是关系所交换的资源数量和组织之间接触频率的函数（Granovetter，1973；Zhao 和 Aram，1995；Uzzi，1997；Batjargal，2001）。强弱关系在关系网络的形成与运行过程中扮演着不同角色。强关系通常表现为在小范围内形成的闭合网络或小团体（Coleman，1988、1990；Burt，1992）。在这类小团体中，成员间普遍存在着直接联系，相似的信息会在小圈子里被重复传递和深度分享，这种闭合的网络结构具有高度的冗余性与内聚性（Coleman，1990），通常存在着成员共同认可与遵守的制度与规则安排。同时，强关系中通常包含成员间的情感契约，这些均有助于降低特定关系中的交易成本，形成成员企业高度的内聚性与行动协调性，即"强关系优势"假说（Granovetter，1973；Powell，1990；Zhao 和 Aram，1995；Gulati，1995a；Uzzi，1996、1997；Ostgaard 和 Birley，1996；Rowley 等，2000；Batjargal，2001；Lee 和 Cavusgil，2006；姚姗、吴波，2007）。而弱关系则通常形成非闭合性网络，这种开放性网络结构的结构冗余度与内聚性通常较低（Granovetter，1973；Burt，1992），可以将更多成员节点连接成更为广泛与松散的社会网络，有助于企业在更大范围内获取更多冗余度更低的信息（Granovetter，1973；Burt，1997），即"弱关系优势"假说（Granovetter，1973、1985；Galunic 和 Moran，1990；Gulati，1995b；Uzzi，1996、1997；Hansen，1998；Hite 和 Hesterly，2001；Liao 和 Welsch，2001；Hoang 和 Rothaermel，2005）。

关于关系强度的讨论，还有第三种观点，那就是网络的强弱关系都可能有助于促进企业成长，这与企业所处的内外部环境条件存在密切关系（Rowley 等，2000；Liao 和 Welsch，2001；Hoang 和 Rothaermel，2005）。影响关系强度效应的因素可能有企业所处的产业类型（Rowley，2000）、制度和文化（Hamilton 和 Biggart，1988；Xin 和 Pearce，1996；Peng 和 Luo，2000）等。

2. 结构嵌入

社会资源分布在网络结构中，资源在网络中的流动受到网络结构的影响。不同企业在网络中的不同位置为企业带来的接近稀缺资源的机会不同，影响企业行为和绩效水平（Granovetter，1985；Burt，1992）。在网络中，网络的中心位置非常关键。网络中心位置通常用网络中心度来反映。关于网络中心度与企业成长之间关系的研究结果基本一致：二者显著正相关[①]（Wellman，1983；Burt，1992；Powell 等，1996；Krackhardt，1998）。

具体到融资的研究背景，中小企业由于受规模小、发展资源不足等不利条件的影响，在资源获取上尤其是金融资源获取方面会遇到更大的困难，能够并且愿意提供这些资源的，只能是中小企业赖以维系生存和发展的关系网络。Berger、Miller、Pertersen、Rajan 和 Stein（2001）通过考察中小企业贷款，认为中小企业贷款是一种典型依赖"软"信息的业务。这个特征使得中小企业需要通过网络中的各种高嵌入、强关系，将与自身生存和发展有关的信息和资源传递给信贷资源供给方。这种关系更多的是建立在基于地缘、血缘以及亲缘基础之上的私人的人际关系、社会关系上的（边燕杰、丘海雄，2000）。这种社会关系网络对于处于创立期、脆弱的中小企业来讲是至关重要的，而且企业未来的不确定性越大，企业越依赖内聚性企业网络[②]来获取资源。

[①] 关于网络中心度与企业成长之间的关系分析具体有以下几点：其一，居于网络中心的网络成员起着联结其他网络成员的作用，更可能方便及时地得到各方的资源支持；其二，处于中心位置的成员拥有更多的信息，对网络有更全面的理解，而且具有网络内更高的可见度、更大的吸引力；其三，处于两个关系稠密地带的焦点企业有能力控制流经的信息和资源，具有明显的嵌入性和带动性特征。

[②] 内聚性网络使人们遵守规则，强规则的存在使群体中的人们在不具有法律契约的情况下能够便利交易（Coleman，1998）。

一般意义上说，强关系产生的高度信任和依赖正是小组贷款成功的关键。关于小组贷款的研究表明，有高凝聚力的群体有明显的高偿还率（Zeller，1998；Karlan，2007）。但关系强弱对小组贷款还款率的影响也存在着争议。Wydick（1999）通过对 Guatemala 地区实施的小组贷款的研究表明：如果存在成员不还款也不会被其他成员逐出群体的规则，社会关系就不会成为还款的动力，这一研究结论也得到了 Bastelaer 和 Leathers（2006）在赞比亚和泰国等地开展的研究的印证。

除了网络关系的强度外，网络群体规模也被视为影响还款率的一个重要因素，但对于小组贷款的群体规模到底多大才合适并没有普遍的结论[①]。Mosly 和 Dahal（1985）关于尼泊尔小组贷款的研究表明，当成员超过 20 人时，小组内的互信程度就降低了；Bastelaer（2006）在对种子借贷小组的研究中发现，群体成员数量的大小（12 个或者更少）对还款的影响是相当显著的，越小的群体还款表现越好。总之，当群体大到超过可以管理的程度后，协调难度就会增加，道德风险增大，"搭便车"的问题也会相应出现；另外，适当的群体大小应该跟当地的社会经济、农业条件相关；群体成员的社会关系的强度可能会影响成员之间的熟悉程度和社会惩罚力度，从而影响信贷的还款绩效。

最后，网络中心位置会直接影响企业声誉、非正式影响力的获取（Krackhardt，1998）。因此，如果中小企业处于网络中心位置，越能获得更多的资源、信息和知识，其积累的声誉也越高，且潜在的未来声誉带来的资源越多（如获得更多的银行关注），其在企业网络中获得声誉越大，声誉价值越高，也就越值得和需要珍惜，从而减少信贷市场上的逆向选择和道德风险，缓解信贷配给。

三、基于网络嵌入效应的视角

1. 学习效应

网络的信息传递和学习收益被许多学者所强调，他们认为，企业可通过这种具有更多样化的搜寻路径的组织形式来获取蕴含于其他组织中的诀窍和新技能。网络是一种通过促进信息（包括诀窍、技术能力、特定的方法或生产风格、创新或实验精神等）的快速传递而激励学习的管道（Podolny 和 Page，1998）。之后，学者们通过更多的实证研究来探讨企业间关系网络有利于学习和知识转移的机

[①] 小组贷款成员的数量在很多地方实施起来不尽相同，例如，格莱珉银行采用 4~5 个人组成一个小组（Zaman，2004）；玻利维亚的 Bancoso 则采用 4~7 个成员（Bastelaer，2006）；中国宁夏盐池地区实施的小组贷款的小组人数为 5~6 个（苟天来、左停，2007）；中国云南省山地生态系统生物多样性保护示范项目（YUEP）所实施的小额信贷以 6~8 人为一个联保小组（赵俊臣，2009）。

制。主要有 Beckman 和 Haunschild（2002）、Muthusamy 等（2005）、Faems 等（2007），等等。

由于网络促进了来自不同参与者的信息的新综合，而且实现了参与者的资源互补，所以网络能够增进创新（Helper，1990；Larson，1992；Shan，1994；Lazerson，1995；Powell，1996；Stuart 和 Podolny，1997；Stuart，2000；Ahuja，2000）。

具体到融资的研究背景，由于中小企业缺乏规范的财务报表等可以显示自身信用能力的"硬信息"，所以银行在对中小企业进行信贷资金供给决策时，主要关注其未来的成长潜力。在实务界中，成长性是进行中小企业板投资的重要依据。在中小企业成长性评价的指标体系中，技术创新能力是重要的评价指标，而创新能力的提升正是网络嵌入的效应之一。

2. 经济效应

组织的网络形式除了通过促进学习和创新可以为参与者带来间接经济收益外，还可以带来直接经济收益，比如降低交易成本（Hennart，1991；Zajac 和 Olson，1993；金祥荣、2002）、提高生存可能性（Baum 等，2000；Powell 等，2005）、增加销量（Rowley 和 Baum，2004）、提高利润（S. Fabiani、G. Pellegrini、E.Romagnano 和 L. F. Signorini，2000；Lavie，2008），等等。

具体到融资的研究背景，由于网络可以为嵌入其中的企业带来直接的经济效益，如销量的增加、利润的提高等，而这些反映企业经营状况的指标也是银行信贷决策的主要依据，所以中小企业嵌入网络有利于其进行信贷融资。

3. 宣告效应

在信息不对称的市场中，声誉作为一种市场信号，是解决信息不对称的一种手段。中小企业由于嵌入高声誉的网络组织内，而使自身的声誉水平得到提升，这种信号传递到市场上，使市场上的其他经济主体对其形成一个稳定的预期，良好的声誉可以为其拥有者带来长远的利益。正如 Vendelo（1998）认为的："当顾客不愿意或无法取得某家公司的产品或过去绩效的详细资料时，企业声誉就成为顾客在做决策时一项有价值、有意义的指标。"

具体到融资的研究背景，企业声誉是投资者评价企业投资价值的一个标准。因此，好声誉能够吸引投资者。企业的信誉不同，对银行信贷资金获得的可能性和贷款成本（包括利率、承诺费、期限等）也不同。在经济交易中，网络关系可以起到抵押品的作用，使得经济交易按照交易各方达成的协议来实现。这种抵押品化的网络关系在金融市场上的应用便是金融机构对借款人的信用贷款增加而抵押、质押贷款减少（Biggart 和 Castanias，2001）。因此，银行对嵌入网络内的中小企业的信用能力评价与对单个中小企业的信用能力的评价会不同。一方面，银行对处于网络内的中小企业信用水平的考察，以分工合作体系中所形成的整体信誉为基础，银行关心的将是整个信誉链的信誉水平，中小企业的个体信誉被降到了次要的位置；另一方面，银行作为信贷资金供给方，通常难以观察到中小企业作为资金需求方所提供的财务信息的真实性，也难以把握中小企业资金运作项目的流程、风险及行业的前景。而中小企业嵌入网络后，银行通过对网络内的许多企业贷款，从规模经济中受益，降低了银行从事信贷业务的交易成本，增加了中小企业的信贷供给。

第三节 研究结论

嵌入动因是企业网络嵌入的预期目的，而嵌入效应就是实际达到的效果。只有证实了网络嵌入的效应，才能证明嵌入动因分析的合理性。通过以上的理论分析和研究总结发现，中小企业通过嵌入网络，促进了学习和创新，增强了竞争优势，提高了声誉地位，特别是在中小企业信贷市场上，上述网络嵌入效应丰富了中小企业自身的信号数量和质量，为银行的贷前和贷后提供了关键性的信贷决策依据，从理论上阐释了网络嵌入与中小企业信贷融资的关系。

关于网络嵌入的分类，学者们根据研究的目的进行了不同的分类，但最主流也是最基础的分类是将其分为关系嵌入和结构嵌入。几乎所有的研究一致表明，在企业网络中，无论是关系嵌入还是结构嵌入，都能够给企业带来信息与知识，促进实现技术创新，实现企业竞争优势与绩效。但是，企业应采用何种模式嵌入网络，才更有利于企业获取、整合与利用网络资源，从而赢得持续竞争力，仍是当前学者热衷研究却存有较多争议的话题。

在关系嵌入的讨论中，主要是围绕嵌入强度的讨论。从目前的学术研究成果来看，主要有"强关系优势"、"弱关系优势"以及"网络的强弱关系都可能具有优势"三种观点。在一定范围内，关系嵌入的增强有利于企业绩效提升，但是如果超过一定限度，关系嵌入加强反而会导致企业绩效下降。关系的嵌入程度与企业绩效的关系呈倒"U"形分布，主要与企业所处的内外部环境条件和企业自身特征（如企业规模）存在密切关系。在不同的外部环境下，关系嵌入对企业的影响有所不同，呈现出"关系嵌入悖论"。关系嵌入对企业影响机制的"黑箱"有待进一步打开（Burt，1997；Barden，2007）。

关系嵌入描述的是一个单一的关系的质量，而结构嵌入研究的主要是企业在网络中的位置给企业的行为和绩效带来的影响（Granovetter，1992；Uzzi，1996；

Gulati，1998；Nahapiet 和 Ghoshal，1998；Rowley 等，2000）。在网络中，两种位置非常关键，一是网络的中心位置，二是网络的结构位置。关于网络中心位置与企业成长之间关系的研究结果基本一致：二者显著正相关。关于嵌入网络的结构位置的讨论出现了相反的观点，分别是：Coleman 所强调的封闭网络理论认为封闭网络能够为行动者带来价值，而 Burt 的结构洞理论则认为开放网络能够为行动者带来价值。面对这两种不同的观点，Adler 和 Kwon（2002）指出，同样的网络结构对不同的参与者而言具有不同的价值，所以特定的网络结构能否为参与者创造价值就取决于特定的情景。可见，网络嵌入的情景性和两面性。所以，具体的网络结构对参与者的价值就取决于参与者的目标以及实现目标所处的具体场景，未来的研究将会着重于网络嵌入的权变研究，即分析不同的网络嵌入形式在什么情景下能够带来什么样的收益（或风险）。

目前从网络嵌入的中观视角探讨中小企业融资问题的研究很少见，现有的少数文献只是定性地分析了产业集群环境所具有的融资优势，普遍认为集群有助于解决我国中小企业融资难问题（魏守华、刘光海和邵东涛，2002；张震宇，2004；任志安和李梅，2004；罗正英，2010）。但这些研究普遍缺乏一套实证的数据来作支撑，因而产业集聚是否具有融资效应并未得到真正检验。

产业集群是一种网络组织形式（Becattini，1992），是一种地域性很强的本地网络（地域集中性），从结构嵌入性的角度来定义，是一个封闭型网络。由于网络内的强关系，信息传递途径是面对面的非正式交流，信息传播效率高，关于中小企业声誉等的"软信息"在网络内可以得到迅速传递，所以一定程度上克服了银企之间的信息不对称，有利于集群内中小企业进行信贷融资。随着市场化和全球化的深入，中小企业逐渐开始"走出去"，加入到全球供应链分工体系中，这样基于地缘和血缘等社会关系的封闭型网络逐渐演变为基于生产交易等经济关系的开放型网络，这样集群融资的信息优势是否依然存在？如果存在的话，其内部运行机制是否依然存在？这些都是值得探讨的有趣的话题。

网络关系描述的是单一关系的质量，而网络结构描述的是自我的相互联结和互相联结的程度。以前的相关研究集中于网络关系方面，很少有实证研究从网络结构角度进行研究，更不用说从网络关系和网络结构两方面进行比较和整合开展相关研究，而这正是本书的切入点。在接下来的研究中，本书将以中小企业信贷融资为研究对象，从网络嵌入的视角，分别研究企业关系嵌入特征和结构嵌入特征对中小企业信贷约束缓解的影响和作用机理，并且进一步基于环境、组织和制度等因素对网络嵌入缓解中小企业信贷约束机制进行动态考察，展示网络嵌入缓解中小企业信贷约束机理的全景。

第四节 本章小结

本章首先分别从管理学、经济学、社会学以及制度学的相关理论对网络嵌入进行了多学科解释，然后分别从网络嵌入动因、嵌入特征以及嵌入效应，具体到融资研究的背景，对网络嵌入与中小企业信贷融资关系进行了理论阐释，最后形成了研究结论。

第四章　网络嵌入视角下的中小企业信贷融资模型构建与假设推演

本章在前面对网络嵌入与中小企业信贷融资关系研究的基础上，沿着"网络嵌入—资源获取—信贷约束缓解"这一思路，通过博弈模型、理论演绎及路径分析等方法，揭示网络嵌入缓解中小企业信贷约束的机理，构建本书的理论模型并进行假设推演。

第一节　网络嵌入与中小企业：一个群体博弈的均衡分析

一、声誉机制是一种节约交易费用的工具

对声誉的理论关注和解释最早出现在经济学文献中。在经济学中，声誉作为保证合约实施机制的思想由来已久。早在距今200多年前，经济学的鼻祖亚当·斯密已经意识到了声誉的作用，并对此做了一些简单的分析与解释，但并未形成成熟的思想，也没有给出完备的分析框架。真正把声誉纳入现代经济学分析框架的研究是在20世纪80年代初期，以米尔格罗姆（Milgrom）、诺思（North）、维恩格斯特（Weingast）、格雷夫（Greif）、坎多里（Kandori）等为代表的经济学家吸收了现代博弈理论和新制度经济学的研究成果，形成了有关声誉制度研究的丰富文献。

建立在博弈论、交易理论和信息理论基础上的声誉模型构成了声誉理论的主要框架（余津津，2003）。其中，声誉交易理论把声誉看成企业的可交易的资产（Kreps，1990；Tadelis，1998）。就企业声誉本质而言，企业声誉属于一项专用

性资产[①]。作为专用性资产的企业声誉,其作用主要表现为降低交易成本(Sulman,1978),即声誉越好的经济主体与其他经济主体达成交易所需耗费的时间和费用更低。具体表现在三个方面:第一,声誉以"说真话"的形式出现,可以减少事前的信息搜集、信号显示、信息甄别、合约签订从而达成"合作"的信息费用与谈判费用;第二,声誉以"做实事"的形式出现,可以减少合约实施和行为监督的履约成本及考核成本,是保证合约实施的一种节约交易费用的工具;第三,经济主体的声誉可以使其他市场参与者对它的行为形成一种长期稳定的预期,使得长期契约代替短期契约成为可能,从而减少了谈判的次数和签约的频率,这也促使了谈判成本和签约成本的节约。

良好的声誉使得各方有理由相信另一方会以可预见或可信赖的方式行事,有利于增加交易频次与数量,提高交易效率。供应商更愿意与那些信誉良好的企业洽谈供货合同,愿意以比一般公司低的价格供应质量可靠的货源,并及时送达。Macaulay(1963)在其关于商业合同订立的初步研究中,强调了公司之间的信息交流能够替代正式的合同以及公共法律关系。在一个重复的博弈中,一个人的行为是可以影响他人选择的,别人可以从他的行动中来判断他履约的能力,了解他的声誉情况,并由此决定与他的合作关系。可见,如果一个经济主体在此之前具有声誉表现,则在未来的缔约中,就能以较低的费用签订契约,相反,现在的违约将增加未来的缔约成本。

二、网络是声誉机制的重要载体

声誉机制来源于重复博弈所产生的可置信威胁,因此,重复博弈所形成的可置信威胁的强度和力度越大,声誉机制的功效就越高。网络是声誉机制发挥作用的重要载体,网络产生并传播企业声誉信息(Bromley,1993)。从经济学的视角来看,网络的形成是人们理性选择行为的结果,重复博弈理论的发展为我们认识网络嵌入效应提供了便利。重复博弈是指个体的交易活动不止发生一次,个体之间在长期内保持交易关系,这意味着个体的交易对象比较固定,合作的长期收益

---

① 资产专用性是制度经济学中的一个基本概念,"没有资产专用性概念,交易成本理论就没有说服力"(Williamson,1985)。最早的资产专用性概念见于马歇尔(1948)的《经济学原理》。正式的"资产专用性"概念是威廉姆森(1971)在分析纵向一体化问题时提出的,他认为资产专用性是指"资产在没有价值损失的前提下能够被不同的使用者用于不同投资场合的能力"。根据这一说法,专用性资产是指具有特殊用途、具备资产专用性特征的资产。如果另作他用,资产就不能充分发挥其应有的效能。威廉姆森认为,资产专用性通过影响人的行为属性影响交易成本的高低。因为经济活动中人具有有限理性和机会主义倾向,人类收集和处理信息的能力有限,同时趋利避害的人在利益的驱动下可能会做出损人利己的行为。人的这两种行为特征因资产专用性的强弱而有不同程度的表现,从而影响到交易成本的高低和交易方式的选择。

遏制了个体成员的机会主义行为,促进合作的相互信任便得以形成。

为了更具体地考察网络组织内的声誉机制,本书采用 Akerlof-Kranton (2000) 式的效用函数①。假设一个网络内成员企业 i 的效用采取如下形式:

$$U_i = U_i(a_i, a_{-i}, E_i)$$

其中 $a_i = (a_{i1}, a_{i2}, \cdots, a_{ij})$ 表示成员企业自己的行动向量,$a_{-i} = (a_{-i1}, a_{-i2}, \cdots, a_{-ij})$ 表示网络内其他企业的行动向量,E_i 则表示网络群体声誉对企业 i 的影响。这个效用函数表明,网络内企业的效用不仅受自身行为的影响,还受其他企业行为和群体声誉的影响。

更进一步,E_i 采取以下形式②:

$$E_i = E_i(a_i, a_{-i}, (\sum_{j=1}^{J}(a_{ij} - a_j)^2)^{\frac{1}{2}})$$

这个函数形式说明,群体声誉受三个因素的影响——自己的行动、网络组织中其他人的行动和自己的行动与理想之间偏差程度的影响。将如上两式结合起来,成员 i 的效用函数为:

$$U_i = U_i(a_i, a_{-i}, E_i(a_i, a_{-i}, (\sum_{j=1}^{J}(a_{ij} - a_j)^2)^{\frac{1}{2}}))$$

这个效用函数区别于一般效用函数的地方在于 E_i,它刻画了网络内个体成员和其他成员的行为首先影响到群体声誉,而群体声誉的加强或者破坏又会影响到网络内个体企业成员的效用水平。如果群体声誉 E_i 是一个可以量化的标量,并且是可微的,可以得出如下关系:

$$\frac{\partial U_i}{\partial E_i} > 0$$

即群体声誉的强化会提高效用,而群体声誉的弱化会降低效用。而且,如果自己的实际行动与理想之间偏差较多,群体声誉就受到弱化和破坏,即

$$\frac{\partial E_i}{\partial (\sum_{j=1}^{J}(a_{ij} - a_j)^2)^{\frac{1}{2}}} < 0$$

结合 $\frac{\partial U_i}{\partial E_i} > 0$,可得:

---

① Akerlof, George, Rachel E.Kranton. Economics and Identity [J]. Quarterly Journal of Economics, 2000 (3): 715-753.
② 王永钦. 声誉、承诺与组织形式——一个比较制度分析 [M]. 上海: 上海人民出版社, 2005: 56.

$$\frac{\partial U_i}{\partial (\sum_{j=1}^{J}(a_{ij}-a_j)^2)^{\frac{1}{2}}} < 0$$

注意在引入群体声誉 E_i 的效用函数中，企业自身和网络内其他成员的行动不仅直接影响自己的效用，还通过影响网络群体声誉来影响效用。自己和他人违反群体认同的行为都会降低效用，并且会降低群体的声誉租金，因此，网络群体就有必要通过某种机制来维持群体的声誉租金。下面我们就来考察一种网络内对违规成员的排斥机制。

为了简单起见，本书将在 Akerlof-Kranton（2000）效用函数的基础上分析网络组织内成员之间的互动。假设企业 A 和企业 B 都遵守网络组织内的行为规范而不违约，它们的效用分别为 $U_A > 0$ 和 $U_B > 0$，假设现在对于企业 B 而言，存在一个违约的外部机会，给它带来的收益为 $U_B' > U_B$，但是由于这种行为破坏了网络群体内企业的声誉而导致企业 B 被网络群体"抛弃"，由此带来的损失为 $L_B > 0$，而且它的行为也会给企业 A 带来一种负的外部性，即网络群体的声誉损失 $L_A > 0$。不妨假设，如果企业 A 采取相应措施（如对企业 B 进行排斥，惩罚）可以恢复企业 A 的效用 U_A，但是要付出成本 $C > 0$，这种措施还会给企业 B 带来 $L > 0$ 的损失。这个简单的博弈可以用图 4-1 表示：

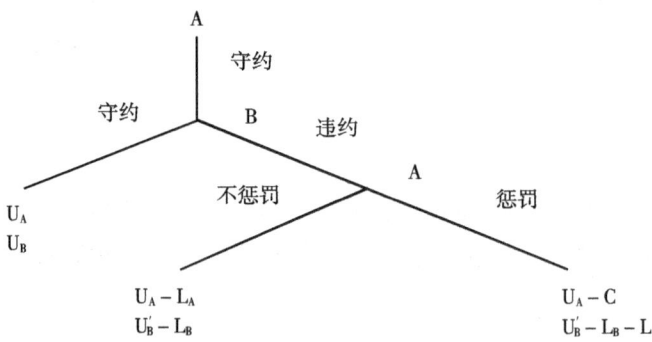

图 4-1 网络内的违约博弈①

在完全信息的情形下，这个博弈有如下几种子博弈完美纳什均衡解：

（1）如果 $U_B' - L_B - L > U_B$，且 $C < L_A$，那么子博弈完美纳什均衡为（守约，违约，惩罚）；

（2）如果 $U_B' - L_B - L > U_B$，且 $C > L_A$，那么子博弈完美纳什均衡为（守约，

---

① 王永钦. 声誉、承诺与组织形式——一个比较制度分析 [M]. 上海：上海人民出版社，2005：57.

违约，不惩罚）；

（3）如果 $U_B' - L_B - L < U_B < U_B' - L_B$，且 $C < L_A$，那么子博弈完美纳什均衡为（守约，守约，不惩罚）；

（4）如果 $U_B' - L_B - L < U_B < U_B' - L_B$，且 $C > L_A$，那么子博弈完美纳什均衡为（守约，违约，不惩罚）；

（5）如果 $U_B' - L_B < U_B$，那么子博弈完美纳什均衡为（守约，守约，不惩罚）。

以上的均衡都是比较直观的。特别当网络内某企业违约对自己和其他企业造成心理损害和声誉损失时，人们就越发没有激励来违约。具体而言，对于企业 B，不论企业 A 采取措施如何，违约对它的心理损害越大，它违约的激励就越小，即：

$\partial((U_B' - L_B - L) - U_B)/\partial L_B = -1 < 0$

且 $\partial((U_B' - L_B) - U_B)/\partial L_B = -1 < 0$

对于 A 而言，如果 B 违约对它的心理损害越深，在 B 违约的情况下，它就越有激励来采取措施干预，即：$\dfrac{\partial((U_A - C) - (U_A - L_A))}{\partial L_A} = 1 > 0$。

从以上分析可见，网络群体内在长期的重复博弈中形成了比较稳定的关系，而且这种关系能够带来收益，形成网络特有的群体声誉。一旦某个成员违反规则，它就可能被逐出这种关系或受到内心的谴责导致自身效用降低。同时群内企业为了维护组织声誉，也会对违约成员实施惩罚，这种网络内的互动机制内生出优质信用，减少了逆向选择和道德风险。

具体对信贷市场而言，中小企业通过嵌入网络与其他群体成员在长期的交往中形成了比较稳定的合作关系，相互之间的信息能够很快地传递，尤其是不好的消息（例如某件欺诈事件）能够在比较短的时间内被市场中许多人获知，这种信息传递机制降低了市场欺诈和故意违约的概率，降低了信贷合同监督成本。如果中小企业在项目成功后采取策略性违约，那么其声誉就会受到损害，会被网络群体所抛弃。而且由于个体的违约破坏了网络群体的声誉，群内其他成员也会对其采取惩罚措施维护群体的声誉。

作为声誉载体的网络组织可以克服信贷市场上由于信息不对称而产生的逆向选择和道德风险问题。贷款人可以利用网络内生的信用优势对借款人进行贷前甄别、贷中监督和贷后执行信贷合同，从而降低风险、节约费用。

（1）贷前甄别。贷款人需要在贷款合同签订前甄别借款人的类型。例如，产业集群网络内的信贷风险更多地体现在产业风险上。集群的产业发展方向明确，一批生产经营及配套服务的上下游相关企业，主要是围绕某一产品系列发展，产业风险具有一定的可预测性。银行可以在长期经营中积累大量行业专门性知识，更容易把握申请贷款企业的发展前景。每个企业在产业链条上的位置都很明确，银行容易从企业在产业链条中的地位、关联企业的状况等方面判断企业的实际经营状况，其规模庞大的员工、供应商、消费者群体也可以成为银行获取信息的来源。所有这些都增加了银行和企业之间的信息对称性，使得银行能有效地对申请贷款企业进行事前的风险甄别，减少了逆向选择的发生。出于维护群体声誉的考虑，群内企业由于具有处于同一关系网络而相互了解的优势排除了高风险的成员，这种甄别机制的作用就是团队小组成员都是同质的。Wenner（1995）对哥斯达黎加25个信贷团队进行的调查发现，能够有效地对成员进行甄别的团队的还款率要更高些。

（2）贷中监督。由于网络内中小企业之间承担"声誉"连带责任，违约的机会成本极大，因此它们会相互监督。贷款人可以通过终止再贷款这个威胁使博弈转化为无限期重复博弈。在贷款人垄断信贷市场的情况下，该威胁是可信的，这保证了贷款的偿还（Bolton 和 Scharfstein，1996）。此外，实践中，贷款人还经常运用一些方法来强化这个机制，如逐步增加贷款额度等。

（3）贷后执行。贷款项目完成，贷款到期后，借款人需要按信贷合同的约定将贷款本息偿还给贷款人，这就是信贷合同执行的问题。在这个问题上，网络内的"社会实施"（Community Enforcement）机制起到了重要作用。如果网络内部分企业项目失败无法偿还贷款，或者即使不失败部分企业选择策略性违约时，要受到其他群体成员今后不和它交易的惩罚，就加重了它的违约成本；而且通过网络，这种关于个体成员企业的违约行为能够及时地被其他成员获悉，从而使某个成员的不守约行为成为网络内部的公共知识，并使它们通过不与违约者交易的方式实施惩罚，这样使得网络成员仍有较强的鼓励去建立和维持合作的声誉。一般情况下，由于中小企业的业务稳定性较差，还没有形成明确的中长期发展战略，在向银行贷款后较容易更改贷款用途，转而从事高风险的项目，导致贷款风险上升，企业的还贷可能性降低。但是嵌入网络中的中小企业的经营活动依赖网络内部的产业网络，它们一般处在产业链条的中间环节上，其发展离不开当地的专业化市场、协作配套商和熟悉的客户，更离不开当地特有的产业文化背景和制度环境。而且嵌入供应链网络体系中的中小企业一般都进行了大量的基于链内分工的人力、设备等专用资产投资，从某种程度上说企业也被这些专用投资锁定在链内，降低了其道德风险行为的发生频率，因为大量的专用资产如果要转换用途，会给贷款企业造成巨大的价值损失，因此，企业的贷款契约通常都能得到较好的履行。

可见，基于网络内群体长期重复博弈内生的声誉机制是一种节约交易费用的工具。嵌入网络是中小企业缓解其融资约束的可行选择。

第二节 网络嵌入视角下的中小企业信贷约束缓解

一、中小企业信用分析的核心是企业的成长能力

银行贷款客观上存在着信用风险，即借款人到期不愿或不能偿还贷款本息而使银行遭受损失的可能性。为了减少或避免信用风险的发生，银行就会在贷款发放之前以企业的信息为基础，对企业进行信用分析，对企业未来的还款意愿和还款能力进行分析与评价。

1. 企业信用分析要素

银行对企业的信用分析主要包括三个方面：一是企业的基本状况分析，二是企业的财务因素分析，三是企业的非财务因素分析。具体有"C"要素学说（从"3C"到"6C"）、"3F"要素学说[①]、"5P"要素学说[②]、"10M"要素学说[③]，等等。除了以上几种主流的信用要素学说外，还有美国国际复兴开发银行的"6A"要素学说、CAMPARI 学说。以上各种信用要素学说，虽然各有特色，但共同点是都以"3F"和"6C"要素为基础，并辅以独特要素。虽然各有侧重，但都无一例外地从企业的信用意愿和信用能力两方面加以考察。下面对各学说提出的要素加以统一梳理和归纳（见表 4-1）。

[①] 随着征信业的发展，美国学者米尔顿·德里克根据"6C"要素的不同性质，又将"6C"要素重新归纳分类。具体为：将品格、能力归纳为管理要素（Management Factor），把资本、担保品归纳为财务要素（Financial Factor），把环境状况、保险归纳为经济要素（Economic Factor），即形成了"3F"学说。

[②] 该学说是企业信用管理中较新、更具实用性和完整性的一种学说。其内容主要包括：人的因素（Personal Factor）、目的因素（Purpose Factor）、还款因素（Payment Factor）、保障因素（Protection Factor）和展望因素（Perspective Factor）。

[③] 主要从以下十个方面来分析授信客户的信用状况，分别是人力因素（Man）、财力因素（Money）、设备能力因素（Machinery）、销售能力因素（Market）、管理能力因素（Management）、原材料供应能力因素（Material）、计划能力因素（Making Plan）、制造能力因素（Manufacturing）、方法（Method）、获利能力（Margin）。

表4-1 信用分析要素汇总

信用要素学说		要素结构	
		企业信用意愿	企业信用能力
"C"学说	"3C"学说	品格	能力、资本
	"4C"学说	品格	能力、资本、担保
	"5C"学说	品格、社会环境	能力、资本、担保、社会环境
	"6C"学说	品格、社会环境	能力、资本、担保、社会环境、保险
"F"学说	"3F"学说	管理要素	管理要素、财务要素、经济要素
"A"学说	"6A"学说	管理因素、组织因素	经济因素、技术因素、管理因素、商业因素、财务因素
"P"学说	"5P"学说	人的因素、目的因素	人的因素、还款因素、保障因素、展望因素
"M"学说	"10M"学说	人力	人力、财力、设备、销售和市场、管理、规划、原材料、制造、方法、收益
其他	CAMPARI学说	品德	偿还能力、保险及抵押

资料来源：本研究整理。

不论是"3F"还是"6C"，本质上考察企业信用的方面都是一样的，无非不同的学者从不同的角度对考察要素进行不同的分类而已。这些要素最后所传递的反映企业信用水平的信息主要是财务信息、非财务信息、担保信息。银行根据这些信息作出信贷决策。

从学术讨论的角度讲，担保品的提供本质上体现了企业的品质（Character）和能力（Capacity），只不过是更具体地体现了企业的信用品质和能力而已。事实上，许多信用交易都是在担保品作为信用媒体的情况下顺利完成的，担保品成为这些交易的首要考虑因素。然而，毋庸置疑的是，虽然担保品可以减少商业银行的潜在风险，但企业本身的信用状况不会因此改变。商业银行都希望通过正常途径收回债务，而不是处理担保品。因此，担保品只起到降低银行风险的作用，并不是授信的必要条件；从信用分析的实际操作角度，中小企业正是由于缺乏必要的担保品和抵押品而难以获得信贷资金。可见，不论是从理论探讨还是实践处理中，担保品不能成为企业信贷资金可获性的充要条件。

财务因素分析是各种信用分析假说的主要要素。一般来说，银行对企业进行信用分析主要看企业的财务信息。银行作为信贷资金的供给方，会根据企业提供的财务报表，分析企业的财务状况，具体包括企业资本结构、资本安全性、流动性、获利能力等财务指标。但是这些信用评价和分析均是针对具有健全规范的财务信息系统的大企业而言的，中小企业由于其经营特点和存在的财务制度的缺陷，会计环境不规范，财务报表不完整，会计信息不真实，无法向银行提供所需的财务信息。而非财务因素分析不受会计信息局限性的影响，因此可对借款人经营行为进行直接的"描述",这样使得银行对中小企业信用状况的考察要更多地从非财务因素的角度去衡量。

2. 中小企业信用分析要素

在现代金融体系中,非财务因素因其信息量大、隐含信息丰富和动态发展等特点,已经成为信用风险分析中重要的一个方面,有助于信贷人把握贷款质量,更好地对企业的发展态势进行即时跟踪。非财务因素分析的具体作用如下:第一,全面、动态地判断借款人的还款能力。未来的财务状况则是过去、目前和将来种种非财务因素影响和作用的结果。借款人的财务状况受其行业风险、经营风险和管理水平等各种因素的影响,始终处于不断变化之中。这些当前影响借款人还款能力的非财务因素就是未来贷款风险的预警信号。因此,非财务因素分析有利于对借款人的还款能力做出更加全面、客观的预测和动态的评估。第二,全面评估贷款偿还的可能性。还款能力是决定贷款偿还的根本性因素,但并不是唯一的因素。所以,在贷款风险分析中,我们不仅要关注借款人的还款能力,而且要对借款人还款意愿等其他影响贷款偿还可能性的诸多非财务因素进行分析,只有这样,才能全面评估贷款偿还的可能性,得出正确的分析结果。

与大企业相比,中小企业规模较小,抗风险能力较弱,但经营方式较为灵活,发展潜力较大,成长速度较快。中小企业一般处于细分行业,依靠核心产品和技术实现持续增长,行业变动及替代产品的出现将直接对其经营构成威胁。因此,对中小企业信用分析不仅要关注企业经营现状,更应关注未来发展潜力和成长速度,重点预测企业未来的经营状况,未来一个发展时期内企业通过经营活动获得的自由现金流才是增强偿债能力的重要保障(侯红卫、李雪峰,2010)。

对于作为信贷资金的供给方的银行而言,任何一家大企业都是由中小企业发展而来的,评价中小企业信用能力时注重中小企业的发展能力评价,也是银行培育客户的一种体现。因此,在中小企业的信用分析中,应重点关注对其成长性的评价。许多实证研究分析的结果也验证了中小企业成长和发展指标对判别企业违约与否具有重要的影响。

中小企业的成长是一个隐性的概念,是对企业所拥有的资源现状和能力的综合评价,也是对企业未来发展潜力的判断(林莉、奚秀岩等,2012),而且暂时可能并不能彰显为市场优势、销售利润、财务增长等具体的财务指标。中小企业的成长性是其潜在发展能力的体现,所以基于对中小企业所拥有的资源以及能力的综合评价是中小企业信用分析的核心要素。

二、网络化成长是中小企业主要的成长模式

企业成长理论表明,资源是企业成长的关键要素,对中小企业而言,面临的问题不仅仅是如何去识别内部的特质资源,更重要的是如何从外部获取成长过程中所需的资源,如富有经验的管理人员、能力强的技术人员、高素质的员工、发展资金、经营管理信息、产品销售渠道等,这是中小企业成长模式与大企业的主要区别。

网络化成长是企业获取外部资源以实现企业成长的重要模式。企业网络是提升中小企业存活率和成长性的重要组织发展模式(Richardson,1972;Johannisson,1998)。Macmillan(1983)提出,网络的建立是任何企业成功必不可少的条件。企业间通过关系网络建立的稠密网络或稀疏网络可能在企业的组织能力、市场能力、动态能力、创新能力等方面有积极作用;Saxenian(1991)认为,集群网络中包含着丰富的资源,包括物质、市场、人力、资本、政策、技术、信息等,可以为集群网络内企业的成长提供有力的支撑;Burt(1992)强调,构建有效的网络关系有助于企业获得支持其快速成长的资源和资本。

声誉网络是企业其他类型网络形成的基础(Larson,1992)。声誉网络是指企业以声誉获取为目的与声誉主体[①]间形成的网络联系。这种声誉联系能够提升中小企业自身的声誉或带来重要的市场信号效果(Larson,1992;Stuart 等,1999;Stuart 等,1999;Gulati 等,2003;Deeds 等,2004)。企业的声誉网络向市场上的其他企业传递了这样一个信号:该企业是一个值得合作的伙伴,因为其提供的产品或服务的质量很高。另外,声誉网络能够通过在未来创造更多丰富网络联系的选择权而加速中小企业的成长(Larson,1992;Lechner 等,2003)。声誉的获取是克服中小企业早期成长障碍和提升企业成长绩效的有效方式(Larson,1992;Gulati 等,2003)。

当需要有效的、可靠的信息时,网络是特别实用的一个工具(Powell,1990)。企业所在的网络是其获取信息和知识资源的平台。企业以网络为工具获取资源并与环境中其他成员交流信息。企业通过嵌入网络可以直接获取网络伙伴的资源,管理才能和智力、能力等互补性资源以更好地开发、生产和营销产品,以提升企业的经营能力(魏江等,2005)。Jarillo(1989)的实证研究表明,高成长的中小企业利用了更多的外部资源。

---

① 声誉主体是指那些能够带给中小企业声誉的市场领导者或高声望的企业,如知名的风险投资公司、市场内的领先企业、富有声望的客户等。

网络中的学习活动主要涉及两种类型知识的获取：一是信息，二是专有知识或技能。信息易编码化，能被复制和传递，且不丧失完整性，包括事实、不需证明的公理和符号。而专有知识大部分是隐性知识，不易编码化，这类知识通常蕴含在组织实践和文化中，具有高度的黏性，无法用简单的语言进行描述。只有面对面地自由交流，在一种没有沟通限制和障碍的工作关系中才能共享这类知识。因而，组织间员工个体的紧密交互作用是通过网络界面转移或学习隐性知识的一种有效机制。基于信任的强大的关系资本才能够有利于在网络中营造自由开放的交流氛围，促使网络成员企业紧密接触，从而推动信息与专有知识的交流与转移。Hotz-Hart（2000）认为，网络能够更好地接近知识、信息、技能和经验，对网络内的企业具有许多潜在收益；张伟峰等（2004）认为，在网络中的知识交流与学习成为企业提升的有效途径；李志刚（2007）认为，集群网络的地方根植性和网络内企业的频繁交互有助于隐性知识的传播，有助于网络内企业对发展方向做出准确的预见和把握。

第三节　网络嵌入视角下的中小企业信贷约束缓解的路径分析

通过文献梳理以及群体博弈模型的构建，发现网络嵌入能够缓解中小企业信贷融资约束。然而揭示网络嵌入与信贷约束缓解的关系是一项复杂工作，定量研究二者之间的关系更是难上加难，借助中介变量将二者关系关联起来是学者通常采取的方法，如 Kapasuwan（2004）的研究，通过组织学习研究企业网络与企业绩效间的关系。本书也将采用这种学术界的规范研究方法，继续探讨网络嵌入通过何种路径实现对中小企业信贷约束的缓解。

正如前文分析，信用意愿和信用能力是企业信用分析的核心要素。信用能力的分析具体包括财务分析和非财务分析。由于中小企业无法提供正式的财务报表等"显信息"，所以银行对中小企业的信用评价主要是根据反映其成长性的"隐信息"进行的非财务分析。有关中小企业的成长性评价主要是对企业的资源获取状况和能力的综合评价。所以，在本书看来：中小企业通过嵌入网络，实现了对声誉资源、市场机会以及创新知识的获取，反映了中小企业良好的信用意愿和可持续的发展潜力，为银行的信贷决策提供了依据，进而增加了对中小企业的信贷供给，使中小企业信贷约束得到缓解。基于以上分析，网络嵌入缓解中小企业信贷约束并非直接进行，而是一个对声誉、信息和知识等资源的获取过程。本书根据相关理论，将这一有利于缓解信贷约束的资源获取过程定义为：组织合法、信息共享、组织学习，这三者就是网络嵌入缓解中小企业信贷约束的实现路径。

一、路径之一：组织合法

建立社会声誉是经济主体在博弈行动中最为重要的信号发送行为。为了解决不确定选择所可能导致的低效率行为，个体有时候必须向雇主或者商业伙伴"展示"自己的一些个人特质，例如学历、家庭和社会关系等。西方有一句著名的谚语："重要的不是你是谁，而是你认识谁。"其背后的经济逻辑在于，我不知道你是谁，但是我了解推荐你的人，因此从推荐之人的信用和水平我可以大概了解被推荐人的状态。与市场领导者或行业内影响力高的企业建立关系，可以增强中小企业自身的可信度，可以为本企业带来声誉或信号提示效果，为自身带来社会和经济的绩效。组织声誉和组织合法性被学者们认为具有相同的前因、社会建构过程和结果（Deephouse 和 Carter，2007），有学者认为两者是部分重合的，密不可分的（Branco 和 Rodrigues，2008a）。

组织合法性是制度学派的一个核心概念。它来源于 Weber（1958）在《新教伦理与资本主义精神》中对官僚型组织的研究。随后的制度学者 Parsons（1960）拓展了合法性的内涵，认为组织合法性是组织价值观与组织所嵌入社会情境的价值观的一致性，突出强调了社会认知系统，认为人们往往依据组织与既有制度的一致性（如是否符合公认的认证标准、管制以及社会认知等）判断组织的合法性（Ruef 和 Scott，1995；Tornikoski 和 Newbert，2007）。组织寻求提高人们感知企业合法性水平的过程，即合法化（Maurer，1971）。20 世纪 70 年代后期战略管理学派迅速崛起，与新制度学派相比，战略管理学派将合法性视为一种能够帮助组织获得其他资源的重要资源。

合法性是企业经营的"通行证"，对企业的长期生存发展至关重要。在组织研究的文献中，学者们一致认为组织合法性是组织的隐形资产，它决定了组织获取关键资源，如人才和资本的能力，从而影响企业的生存和成功（Dowling 和 Pfeffer，1975；Hannah 和 Freeman，1977；Meyer 和 Rowan，1977；Suchman，1995）。已有研究发现：组织合法性有利于降低企业经营的风险（Emery 和 Hrist，1965；Terreberry，1968）。组织获取合法性有利于帮助企业提高可信性与可靠性（Tornikoski 和 Newbert，2007），获取合法性是企业获得其他资源的重要基础（Stinchcombe，1965；Terreberry，1968）。合法性可以为企业带来可信度，外部利益相关者都愿意把自己拥有的资源提供给那些看起来非常符合社会规范和期望的组织。合法性能够帮助企业赢得公众信任，使得企业活动更易被接受，降低了企业的交易成本。组织合法性越高的企业，投资者越会认为其有可能获得较高的财务绩效（Trevis Certo 和 Frank Hodge，2008）。

缺乏必要合法性的组织更容易被公众认为是非理性的、不必要的和不值得信任的（Meyer 和 Rowan，1977）。组织合法性是中小企业的生存和发展的决定因素（Ahlstrom 和 Bruton，2001）。由于中小企业经营历史短且不规范，外部资源拥有者一般不愿轻易投入资源。而合法性则可以代替经营业绩记录作为中小企业的显示信号，向外部资源拥有者表明它们是值得信任的。合法性能够帮助中小企业赢得外部资源拥有者的信任从而获得它们成长所必需的资源。

信贷约束是目前制约中小企业发展的主要因素之一。由于组织合法性决定着其利益相关者对组织的行为，外部利益相关者更愿意为那些看起来更合理、更符合期望、更有意义或价值和更值得信赖的组织提供资源（Parsons，1960；Suchman，1995）。组织合法性有助于外部利益相关者认识到企业更具有投资价值，从而提高组织吸引（Selznick，1949）和获取资源的能力（Hirsch，1975a）。因此，转型期中国企业除了通过亲朋好友进行"关系融资"（陈伟鸿，2004）、地下钱庄等方式弥补资本市场的不足外，组织合法性也是改善其融资困境的重要路径之一。

受合法性机制驱动，企业常常采取一定的合法性战略，改变环境，获取资源使组织的生存和发展更为有利。关于获取组织合法性的途径的研究，国内外学者提出可以通过以下途径获得合法性，如战略联盟（Daein 等，2007），社会网络（Carlisle 和 Flynn，2005），包容性的符号语言、行为和集体行动（Aldrich 和 Fiol，1994），制度同形（Deephouse，1996），企业慈善捐赠（Dowling 和 Pfeffer，1975；Ashforth 和 Gibbs，1990；Sanchez，2000；Chela，2008），企业社会责任信息披露（Branco 和 Rodrigues，2008a），企业环保信息披露（Milne 和 Patten，2002），政治联系（Chert，2007；冯天丽、井润田，2009）等。可见，社会网络是组织获取合法性的途径之一。

中小企业组织的社会合法性的获取依托于社会网络，中小企业社会网络的扩散有助于提高组织合法性，吸引外部资源。长期以来，银行总是将单个中小企业作为其放贷的对象，它们往往更关心单个企业的治理结构、资产质量及信息披露方式等变量，而忽略中小企业的市场潜力和前景。而中小企业习惯于单枪匹马地与银行进行交易，千方百计地创造银行所需的信贷条件。中小企业通过嵌入网络可以获取组织合法性，共享群体声誉。网络中的中小企业的个体声誉被降到次要位置，其所处的群体声誉是银行信用分析的主要要素。企业所处群体的群体声誉有助于群体中的成员获得信贷供给（Scalera 和 Zazzaro，2001）。基于以上分析得出，组织合法是网络嵌入缓解中小企业信贷约束的重要路径之一。

二、路径之二：信息共享

网络是中小企业的重要信息来源，信息对于中小企业来说意味着成长的机会，信息的获取能力也是机会的识别能力。信息量越大，可选择的机会集合就越大，进而可以通过提高企业获利机会改变市场地位。

基于网络的信息优势是一种重要的网络资源。企业的社会网络关系会对企业的机会识别和信息获取产生一定的影响。通过构建市场信息网络，企业能够更容易地进入新市场、发现新客户，从而促进企业快速成长（Shane，2002）。网络中的中小企业可以与其他企业共享大量的网络资源，特别是信息资源，中小企业可以利用这些信息识别和获得商业机会，构建和执行它们的战略，形成战略优势。网络联系双方通过广泛频繁的社会联系有效地解决信息交换问题，可以起到信息资源共享的作用（Uzzi，1997）。

网络是企业之间交流生产技术信息、经济信息、市场信息等信息的有效途径。网络的构建是信息共享的技术基础。信息共享是网络内的一个重要活动。信息共享是指网络内组织相互分享彼此有用的信息的过程，这些信息包括市场需求、产品设计、生产成本、发展计划等。McEvily 和 Marcus（2005）认为："信息共享是合作各方超出合同与协议规定来主动交换信息的程度，而所交流的信息于双方有益。"网络组织内的信息共享是跨组织信息共享，是合作伙伴间共享资源的一种形式。在这里需要区别的是，知识共享和信息共享是两个相关联的概念，但二者的出发点有所不同：信息共享的出发点是为了降低交易成本，知识共享的出发点则是为了创造新的信息或知识，知识共享可以视为高层次的信息共享（孙凯，2012）。

中小企业相对于大企业而言，市场机会较少。如果与其他企业建立联盟网络，可以共享网络内多个企业的客户资源，市场范围扩大，发展机会大大增加。中小企业通过嵌入网络，能够接触到更多、更广、更新的市场需求信息、技术信息和政府政策信息等信息资源，获得现实的成长机会。尤其对新创企业而言，这类企业往往拥有较少的市场认可度和成功的营销经验，在实际营销时，创业者往往更依赖网络关系来开拓营销渠道、获取营销信息和市场机会、提升市场经营绩效。

网络是中小企业重要的产品、市场或客户信息源。网络能够帮助企业更好地改进产品或服务以适应市场需求，能够帮助企业进入新市场、更好地理解现有市场，给企业带来持续的现金流，使企业的偿债能力增强。基于以上分析得出，信息共享是网络嵌入缓解中小企业信贷约束的重要路径之一。

三、路径之三：组织学习

随着知识经济时代的到来，知识开始成为企业成长的核心要素。正如前文关于学习资源的分类，按性质可以分为显性知识（信息）和隐性知识（专有知识）。对于企业来说，信息虽然能够带来短期竞争优势，但不可能带来持续的竞争优势，长久的竞争优势需要建立在隐性知识（专有知识）的基础上（蔡玮，2010）。正如众多学者所认为的，任何通过轻易获得的资源所挖掘到的竞争力，都终将因为资源的易获性和快速模仿性而难以长久维持。隐性知识作为一种重要的战略资源，是有价值的、稀缺的、难以模仿的和难以替代的异质性资源（Barney，1991），在拉开企业间绩效距离中起着重要的作用（Neslihan 和 Aydogan，2004）。隐性知识具有高度个体化、难以编码和不可言传等特征，这些特性要求企业更多地通过面对面的接触获得，而且具有一定的根植性和黏性，很难流出一定的范围之外，成为非网络企业不能获得的企业内部独特的资源。

网络是中小企业获取隐性知识实现学习和创新的重要来源地。嵌入网络中的中小企业通过合作和学习，获得多样化的系统利益。为了有效完成交易订单，全球价值链上的主导企业通过产品的设计图纸、生产和质量管理手册以及培训讲义等方式，帮助链上中小企业提高技术能力，而且全球价值链领导企业也会通过组织培训、派遣工程师或者人力资源流动来实现知识转移（Ernst 和 Kim，2002，转引自包玉泽、谭力文和刘林青，2009）。中小企业通过全球价值链合作伙伴了解到国际市场上先进的工艺流程、制造设备以及市场制度与规则等相关知识，从而为企业能力培育奠定基础。

组织学习是企业网络的重要机制。网络由于能促进技巧在企业间的有效转移来学习（Hamel，1991）或能对知识产生新综合，加快了知识产品创新，提高了学习能力和效率，因此被认为是学习的潜在来源（Powell，1990；Uzzi，1996；KaPasuwan，2004）。企业网络的目标就是为实现明晰知识和默会知识的共享以及有效转换提供途径（任志安，2004）。

中小企业通过嵌入网络，获得网络以外难以获得的隐性知识，通过组织学习过程，有效整合外部所提供的技术知识，培育技术创新能力，增强发展潜力，从而提高其融资能力。基于以上分析可以得出，组织学习是网络嵌入缓解中小企业信贷约束的重要路径之一。

综上所述，现代经济是不同规模的企业共同建立的网络经济体系。在专业化分工条件下，单个企业只有通过与其他企业的协作来谋求生存，尤其是对规模小、抗风险能力低的中小企业而言，嵌入网络是其增强经营稳定性，获得可持续成长的主要途径。作为网络成员，可以共享网络内的声誉资源、信息资源和知识资源，通过组织合法、信息共享以及组织学习过程，可以带来现实的经营现金流和未来的持续发展潜力，改变其在融资市场中的不利地位，嵌入网络对中小企业提升其在信贷市场中的地位具有重要意义（见图4-2）。

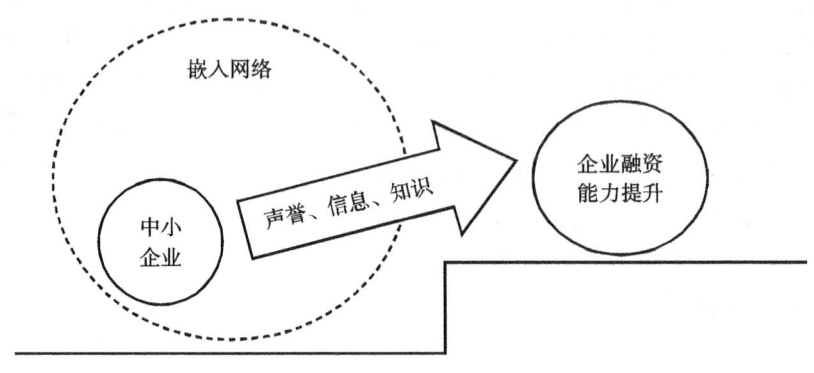

图4-2 中小企业融资的网络机制

第四节 理论模型构建及假设推演

一、网络嵌入的维度划分

网络嵌入研究的一个重要方面就是探讨网络的研究方向和路径，即网络嵌入的研究维度问题。关于维度的研究，不同学者选取的角度和研究的目的不同，导致了衡量的标准有一些差异。不过从国内外学者关于网络嵌入的研究维度可以看出，网络结构和网络关系是社会网络研究中最基本的维度。结构维度主要指网络联系关系的外显状况，包括网络中的位置、规模、密度、集聚性以及网络成员的角色等；关系维度主要指网络彼此结合的特征，包括关系类型、强度、稳定性、互惠状况等。

个人或组织都是嵌入在一定的社会网络中进行活动的，关系嵌入（Relational Embeddedness）和结构嵌入（Structual Embeddedness）是两种最基本的网络嵌入形式（Gulati，1998）。网络内成员间联结的关系为关系嵌入，常用的具体分析指标有：关系强度、关系质量、关系持久度等（Mitchell，1969；周立新、李传昭、

2003；邬爱其，2004）；网络成员在网络中所处的位置就是结构嵌入，常用的具体分析指标有：网络范围、网络中心度、网络开放度等（Uzzi，1997；McEvily 和 Marcus，2005；Echols 和 Tsai，2005；李贞，2011；辛晴，2011）。本书也将在遵从传统经典的网络嵌入分析维度以及参考国内外相关研究成果的基础上，结合中小企业的网络嵌入现状观察，分别从结构嵌入和关系嵌入两个维度开展分析，其中：关系嵌入维度将从关系质量、关系强度、关系持久度三个子维度进行考察；结构嵌入将从网络中心度、网络范围、网络开放度三个子维度进行考察。

二、网络嵌入、组织合法与中小企业信贷融资

基于对意大利和美国硅谷的中小企业集群网络和银行的关系的实践观察，我们可以看到，银行与集群网络组织的关系非常密切。银行为中小企业提供贷款时，声誉，即中小企业的合法性，是其关注的一个重要指标。在网络组织中，组织合法性发挥的作用如下：

（1）中小企业的合法性来源于其外部利益相关者网络根据特定的社会制度环境，对企业行为的认知、评价和社会期待。外部利益相关者都愿意把自己拥有的资源提供给那些看起来非常符合社会规范和期望的中小企业。组织合法性即声誉，是信任的一种外化表现。良好的声誉，可以快速有效地帮助中小企业找到合作伙伴。

（2）中小企业的合法性可以在一定程度上克服由于事前信息不对称造成的逆向选择问题。中小企业通过嵌入网络获得组织合法性，从而有效地将本企业与同行业中其他企业区别开来。当组织合法性信息传递给其潜在的交易对象时，就降低了双方的信息不对称程度，每一个理性人都会选择与得到社会认可，即具有组织合法性的企业合作，从而企业能够得到更多的交易机会，获得长期收益。

（3）中小企业的合法性可以抑制机会主义行为。当网络组织中的任何企业采取欺诈行为时，其"非合作"的不良声誉会在网络中迅速地传播开来，并将会被其他组织成员孤立，甚至失去成员身份和获取网络资源的资格，即失去组织合法性。因此，合法性将会抑制合作者的机会主义行为。

信贷合约可以通过声誉机制执行。如果借款人违约可能面临市场和社会的惩罚，那么违约率就会得到控制（Pyle，2002）。这种观点在发展中国家非正式信贷市场上得到了很好的印证。因为在非正式市场上，信贷合约很少通过正式的法律机构执行（Ghosh 和 Ray，2000）。他们通过建立一个重复信贷博弈模型，论述了"如果缺乏信用信息网络，信贷市场竞争性的增加并不能缓解信贷配给"。

中小企业通过网络机制，可与社会声望高的组织建立强关系网络，获得社会

认可和声誉，即获得组织合法性，有利于企业接近新顾客或新的合作伙伴。而且有关中小企业声誉的信息在各利益相关者之间传递，形成了声誉信息网络，从而反映了经济主体在一系列商业交易中的历史记录与特征。网络范围越广，企业的声誉信息可得到更快、更广的传播。同时，社会网络理论指出：网络中心位置直接影响企业声誉、非正式影响力的获取（Krackhardt，1998）。因此，如果处于网络中心位置，则能获得更多的资源、信息和知识，其积累的声誉较高，且潜在的未来声誉带来的资源越多（如获得更多的银行关注），其在企业网络中获得声誉越大，声誉价值越高，也就越值得和需要珍惜。这样，处于网络中心位置的企业就越会珍惜声誉，监督动机就会越强，会更有动力、更加严格地监督其他企业，避免合法性损失。基于以上的理论推演，本书提出如下假设：

H1：结构嵌入与组织合法呈显著的正相关关系

H1a：网络中心度与组织合法呈显著的正相关关系

H1b：网络范围与组织合法呈显著的正相关关系

H1c：网络开放度与组织合法呈显著的正相关关系

H2：关系嵌入与组织合法呈显著的正相关关系

H2a：关系质量与组织合法呈显著的正相关关系

H2b：关系强度与组织合法呈显著的正相关关系

H2c：关系持久度与组织合法呈显著的正相关关系

H3：组织合法与中小企业信贷约束缓解呈显著的正相关关系

H4：组织合法在网络嵌入缓解中小企业信贷约束过程中起到显著的中介作用

H4a：组织合法在结构嵌入缓解中小企业信贷约束过程中起到显著的中介作用

H4b：组织合法在关系嵌入缓解中小企业信贷约束过程中起到显著的中介作用

三、网络嵌入、信息共享与中小企业信贷融资

Shane（2002）研究指出，企业的社会网络关系会对企业的机会识别和信息获取产生一定的影响。网络联系双方通过广泛频繁的社会联系有效地解决信息交换问题，可以达到信息资源共享的目的（Uzzi，1997）。网络中心度高的企业拥有多重的信息渠道和信息源（Burt，1992）。网络范围对中小企业资源获取具有正向影响，网络范围越大，网络参与主体越多，嵌入在网络中的信息资源越丰富（Coleman，1994；Uzzi，1999；Rowley，2000；Premaratne，2001），越有利于中

小企业通过多种渠道从各种网络主体获取信息资源和运营资源。例如，与大学等科研机构建立网络联系有利于获取技术资源和人力资源；与顾客、供应商及大企业的联系会增加其市场资源，如分销渠道的建立；等等。差异大的网络比差异小的网络蕴含了更高质量的社会资本（边燕杰，2000）。网络的异质性，即拥有多样性和流动性成员特点的网络，能够在促进产品开发和创造市场知识中具有获得更广泛范围的信息和资源的优势，越有可能满足企业成长过程中的多样化的资源需求（Burt，1992；Breschi 和 Malerba，2001；林南，2005；Andrew V. Shipilov 和 Stan Xiao Li，2008）。

如果网络资源有限，网络的深度与网络的范围之间则是一种替代平衡的关系。至于"强关系"还是"弱关系"更具有优势，不同的学者从不同的角度得出了相悖的结论。如果弱关系之间搭起某种形式的桥梁，就可以传递多种多样的资源，即弱关系是增加新价值，获取新资源的重要通道（Granovetter，1973）。弱联结能够帮助网络成员在面对外部机会和威胁时作出更为有效的反应（Uzzi，1999）。然而，Bian Y.（1997）通过对天津地区职业流动中的影响因素调查，认为尽管弱关系在信息传播方面的作用非常大，但强关系在获取影响力较高的帮助方面有更大的作用，在中国特定情境下，强关系更为重要。

关系质量是关系双方进行深层次合作的前提。与合作伙伴的良好关系，有助于企业通过它们发现潜在的合作伙伴，及时获得真实可靠的市场和技术信息（Dyer 和 Singh，1998；Kaufman，2000）。关系质量越好，资源传递行为越易发生，资源传递过程中的不信任、恐惧和不满就越少。企业社会网络中的关系质量会影响信息的流动和获取（Putnam，1993）。基于以上的理论推演，本书提出如下假设：

H5：结构嵌入与信息共享呈显著的正相关关系

H5a：网络中心度与信息共享呈显著的正相关关系

H5b：网络范围与信息共享呈显著的正相关关系

H5c：网络开放度与信息共享呈显著的正相关关系

H6：关系嵌入与信息共享呈显著的正相关关系

H6a：关系质量与信息共享呈显著的正相关关系

H6b：关系强度与信息共享呈显著的正相关关系

H6c：关系持久度与信息共享呈显著的正相关关系

H7：信息共享与中小企业信贷约束缓解呈显著的正相关关系

H8：信息共享在网络嵌入缓解中小企业信贷约束过程中起到显著的中介作用

H8a：信息共享在结构嵌入缓解中小企业信贷约束过程中起到显著的中介作用

H8b：信息共享在关系嵌入缓解中小企业信贷约束过程中起到显著的中介作用

四、网络嵌入、组织学习与中小企业信贷融资

基于网络的组织学习理论认为,企业间的联盟网络是学习和创新的重要来源地。中小企业可以建立广泛的战略联盟网络,通过合作和学习实现知识转移和新知识创造,发现新的机会,获得多样化的系统利益。

很多关于网络结构的研究是从网络中心性探讨对创新绩效或竞争优势的影响。Powell 等(1996)认为,位居网络中心地位的公司能即时接触到新机会。Rowley 等(2004)认为,如果企业位居网络中心可视为一种信号资产,可以吸引更多的合作伙伴。网络中心度越高的企业越容易汇聚不同企业的互补技能,越能争取到与优秀企业合作的机会(Powell 等,1996),从而分享到创新带来的好处。

网络范围对网络企业知识资源的获取有正向影响。Aldrich 和 Reese(1993)认为网络范围越大,社会资本越丰富,蕴含的可利用资源就越多,意味着企业可以从网络中获取更多数量和更多样化的资源或知识。特别对于网络中的中小企业来说,在发展过程中面临着诸多的不确定因素,通过广泛的社会网络关系更能获得稳定、持久的知识资源和环境支持;Freel(2000)在研究英格兰中西部制造业基地的实证研究中发现,企业广泛多元化的社会网络关系能够使企业获得大量的知识资源和专业技能。同时,宽范围的网络能够使网络企业有更多的机会与其他企业或组织交流合作,有助于其知识广度的提高和实践经验的积累,从而有助于企业吸收各种高复杂性隐性知识。网络范围还对网络企业知识资源创新有正向影响;邬爱其(2004)认为广大中小企业由于自身的市场能力、知识获取能力、技术创新能力都较弱,与网络内多家企业或组织建立广泛的联系就可以灵活地应对各种变动,同时可以获取更多的有价值知识,从而为技术创新积累基础和经验;马刚(2005)研究证明,网络规模与创新能力显著正相关,企业的网络规模越大,就越具有创新的可能。

网络开放度提高有助于网络企业知识的转移效率。封闭的网络可能会带来思维的僵化,从而导致网络知识积累陷入惰性并被锁定在低水平环节(Kern,1996)。网络开放度的提高还有助于提高网络企业知识的开发效率;Hargadon 和 Sutton(1997)基于访谈发现,企业拥有较开放的网络,增进了跨产业的企业间的交流和合作,提升了企业知识的开发绩效;Haribapu(2003)认为,通过与网络外部企业或组织的广泛联结,外部知识源能够有助于网络内的企业更好地利用其内部知识并开发出新的知识和技术。

随着关于信息和知识的获取、传递与利用的研究不断深入,网络关系越来越受到人们的重视。Granovetter(1973)认为,具有较强嵌入式关系的网络将会拥

有很强的社会关系，可以共享相似的态度和行为模式，网络中的企业会积极参与网络沟通进而共同分享信息和见解（Gulati，1998）。强联结的有效沟通和配合会减少互动双方在知识理解、知识表达和知识吸收方面的障碍，并通过频繁的交流、充分的信任与互惠合作来提高知识传递与扩散的效率。此外，拥有相同或近似的知识背景、理念、价值观和处事态度都会使强联结双方缩短熟悉与理解的时间，知识发送方能够准确地表达需要扩散的知识，知识接受方也会因为相同或近似的文化背景而更容易吸收和消化知识。强联结企业间会形成共享态度、主张及信念（Simsek 等，2003），这就会提高网络内知识的深度沟通、有价值知识的交换（Thorelli，1986；Hsu，1997；Uzzi，1997）。强关系能够有效促进彼此的信任与深度合作，进而获得更多高质量的缄默知识。Uzzi（1996、1997）通过对纽约服装产业的研究发现，强关系对获取复杂知识、发现新方法有直接影响，可以提升技术型企业的成长；Hsu（1997）通过研究台湾新竹高技术企业发现，在产业技术转移过程中，强关系导致的组织间的深度互动，使得接受技术的企业不仅获得了所需要的技术资源，还对其生产管理方式和技术创新能力产生了有益的影响。此外，强关系比弱关系更倾向于为缺乏合法性的中小企业提供资源，使中小企业获取资源的成本相对较低（Coleman，1994）。关系强度越高，企业可能获得资源提供者的知识越多，从而越有利于进一步识别资源所有者性质，以获取生存和发展所需的金融资源、生产性和辅助性技术资源、分销渠道等运营资源（Chrisman 等，1998）。

质量高的网络关系可以减少资源传递过程中的不信任、恐惧和不满。信任可以加强资源流动，有利于中小企业克服新生性劣势，获取外部知识与运营性资源（Gulati，1999）。这种具有信任、忠诚和承诺特征的关系资源具有持久性，有助于企业产生持续竞争优势（Morgan，1999）。Kale 等（2000）的研究发现，信任程度越高越容易稳固个体间的关系，也越能够促进彼此之间的学习和知识的流动；Philip 等（2002）研究了信任与知识转移之间的关系，认为组织间信任程度越高，越有利于知识的转移和组织学习；Weber 和 Christiana（2007）的经验研究也支持了关系质量与知识转移绩效之间的正相关关系。所以，网络内企业之间的信任关系是企业组织学习顺利进行的润滑剂，影响网络内企业知识的学习和转移。特别是对于那些难以转移和传播的隐性知识，高质量的关系具有很强的有效性。Podolny 和 Page（1998）认为，新知识通常在企业或机构之间的高度信任的网络联系中产生；Helmsing（2001）认为，稳定的网络关系可以实现企业间的长期合作和知识共享，有利于企业绩效的提升。

持久的关系可以降低关系双方交流互动环境的不确定性，提高主体之间知识等资源共享的倾向性，促进长期的相互合作和知识共享，进而产生新的知识

(Buttle, 1997)。Helmsing (2001) 认为, 通过长期稳定的合作关系提高了知识共享的可能性, 使网络成员更愿意与彼此分享有价值的知识, 并愿意承担由此引发的知识转移风险。

通过以上分析发现, 中小企业可以通过网络内的组织学习活动, 提升其技术创新能力, 实现自身可持续成长, 增强在信贷市场的融资能力。基于以上的理论推演, 本书提出如下假设:

H9: 结构嵌入与组织学习呈显著的正相关关系

H9a: 网络中心度与组织学习呈显著的正相关关系

H9b: 网络范围与组织学习呈显著的正相关关系

H9c: 网络开放度与组织学习呈显著的正相关关系

H10: 关系嵌入与组织学习呈显著的正相关关系

H10a: 关系质量与组织学习呈显著的正相关关系

H10b: 关系强度与组织学习呈显著的正相关关系

H10c: 关系持久度与组织学习呈显著的正相关关系

H11: 组织学习与中小企业信贷约束缓解呈显著的正相关关系

H12: 组织学习在网络嵌入缓解中小企业信贷约束过程中起到显著的中介作用

H12a: 组织学习在结构嵌入缓解中小企业信贷约束过程中起到显著的中介作用

H12b: 组织学习在关系嵌入缓解中小企业信贷约束过程中起到显著的中介作用

五、一级维度理论模型及假设结构

本书在综述以上研究成果的基础之上, 构建"网络嵌入—资源获取—信贷约束缓解"三者间关系的理论模型, 在一级维度理论模型中, 自变量为网络嵌入, 中介变量为资源获取 (组织合法、信息共享、组织学习), 因变量为中小企业信贷约束缓解, 如图 4-3 所示。此外, 该理论模型所包含的各项假设结构如图 4-4 所示。

六、二级维度理论模型及假设结构

在一级维度理论模型的基础上, 本书将进行二级维度理论模型的构建及假设。将自变量"网络嵌入"中"结构嵌入"一级维度具体细分为"网络中心度"、

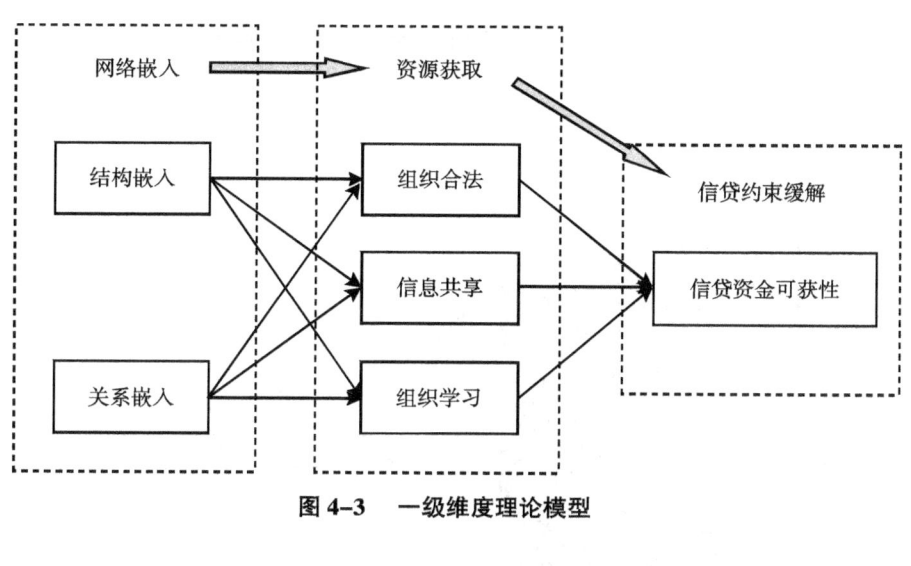

图 4-3　一级维度理论模型

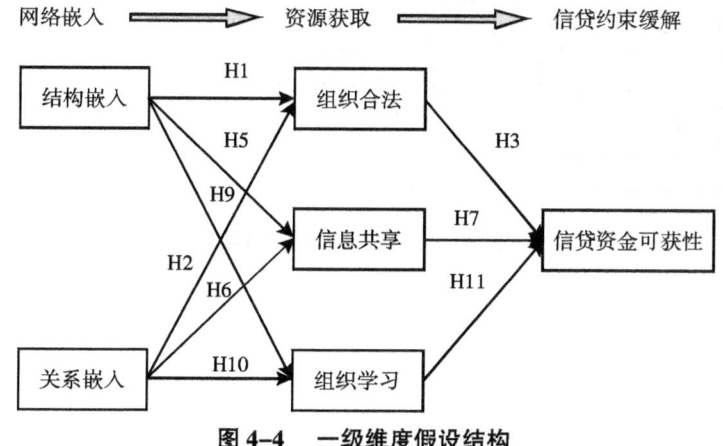

图 4-4　一级维度假设结构

"网络范围"、"网络开放度"三个二级维度，将"关系嵌入"一级维度具体细分为"关系质量"、"关系强度"、"关系持久度"三个二级维度，将中介变量"资源获取"一级维度具体细分为"组织合法"、"信息共享"、"组织学习"三个二级维度，因变量为中小企业信贷约束缓解。具体二级维度理论模型如图 4-5 所示。此外，该理论模型所包含的各项假设结构如图 4-6、图 4-7、图 4-8 所示。

此外，为了更深入地考察网络嵌入二级维度对信贷约束缓解的路径，同时进一步深入检验"网络嵌入—资源获取—信贷约束缓解"的理论模型，提出如下假设：

H13：资源获取在结构嵌入缓解中小企业信贷约束过程中起到显著的中介作用

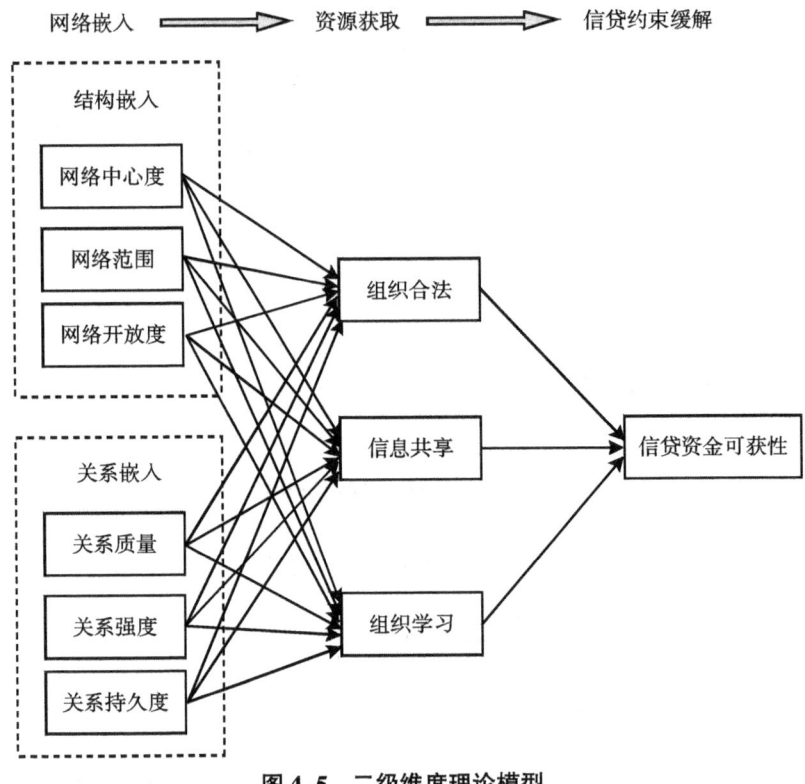

图 4-5　二级维度理论模型

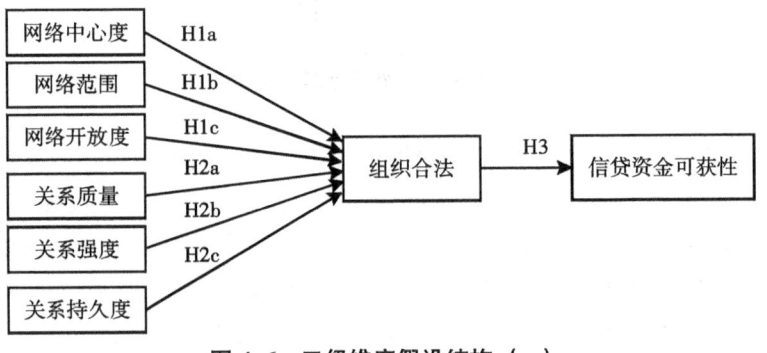

图 4-6　二级维度假设结构（一）

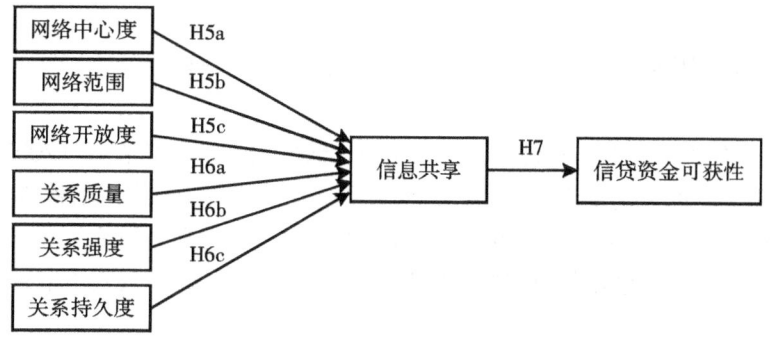

图 4-7　二级维度假设结构（二）

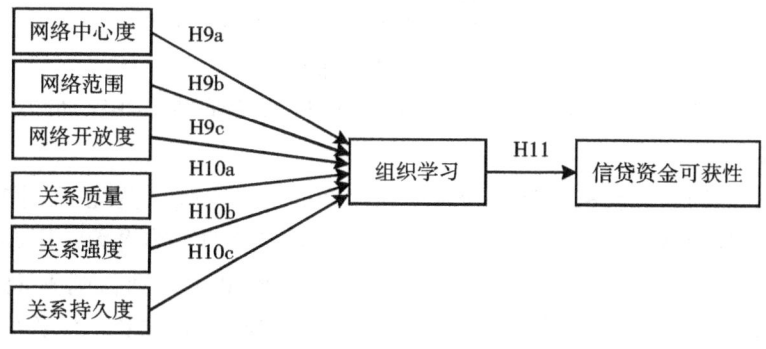

图 4-8　二级维度假设结构（三）

　　H13a：资源获取在网络中心度缓解中小企业信贷约束过程中起到显著的中介作用

　　H13b：资源获取在网络范围缓解中小企业信贷约束过程中起到显著的中介作用

　　H13c：资源获取在网络开放度缓解中小企业信贷约束过程中起到显著的中介作用

　　H14：资源获取在关系嵌入缓解中小企业信贷约束过程中起到显著的中介作用

　　H14a：资源获取在关系质量缓解中小企业信贷约束过程中起到显著的中介作用

　　H14b：资源获取在关系强度缓解中小企业信贷约束过程中起到显著的中介作用

　　H14c：资源获取在关系持久度缓解中小企业信贷约束过程中起到显著的中介作用

七、环境因素、组织因素、制度因素的调节作用

关于调节变量作用的具体解释,根据温忠麟、侯杰泰和张雷(2005)对调节效应的分析,"如果变量 Y 与变量 X 的关系是变量 M 的函数,则称 M 为调节变量"(见图 4-9)。调节效应表明,Y 与 X 的关系的方向或强弱受到第三个变量 M 的影响,而调节变量的研究目的是弄清 X 何时影响 Y,或何时对 Y 的影响较大。

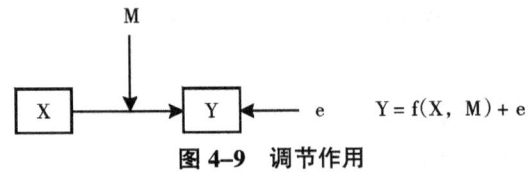

图 4-9 调节作用

资料来源:温忠麟等.调节效应与中介效应的比较与应用[J].心理学报,2005,36(2):186-194.

结合本书的研究目标,调节变量应该这样表述:在什么情况下,网络嵌入能够更好地缓解信贷约束,或网络嵌入对信贷约束缓解的影响更大?用数学语言表达为:如果信贷约束缓解与网络嵌入的关系是变量 M 的函数,则 M 是网络嵌入与信贷约束缓解关系的调节变量,进一步地表达为当 M 高时,网络嵌入对缓解信贷约束有正面(负面)影响。

组织要生存和发展必须使其内部管理制度和外部环境相匹配(Porter,1981;Venkatraman,1990)。企业的外部环境是组织在决策过程中必须考虑的组织边界以外的物质和社会因素(Duncan,1972)。在下面的研究中,本书将把外部动态性的视角引入网络嵌入对缓解信贷约束机制的研究中,分别考察在不同的环境因素(动态性、竞争强度)、组织因素(生命周期、战略导向)、制度因素(银企关系)下,网络嵌入对信贷约束缓解影响的差异。

1. 环境因素的调节作用假设

在诸多关于环境的组织理论研究中,环境动态性是一个非常重要的概念,它意味着外部环境带来的不确定性的大小(Baum 和 Wally,2003)。企业面对这种复杂的不确定性,必须调整自己的战略行为以适应环境(Lang 和 Lockhart,1990),尤其是对于快速成长的中小企业来说,对环境的动态性更为敏感,更应该密切关注外部环境动态性给自身带来的影响。除了环境动态性以外,外部竞争强度也为企业带来了挑战,为企业提供了更快发展的机会(Koka 等,2006)。

环境动态性和竞争性反映了行业中存在的成长机会(Miller,1987)。环境的变化为处于网络边缘的企业提供了占据网络中有利地位的可能性,使企业所嵌入

的网络活动、联结方式和伙伴间的互动模式都发生了变化（Dess 和 Beard，1984；Lang 和 Lockhart，1990；Madhavan 等，1998；Anderson 和 Tushman，2001），这会影响企业的网络嵌入行为及效应。基于以上的理论推演，本书提出如下假设：

H15：环境因素在网络嵌入缓解信贷约束过程中起到显著的调节作用

H15a：环境动态性在结构嵌入缓解信贷约束过程中起到显著的调节作用

H15b：环境动态性在关系嵌入缓解信贷约束过程中起到显著的调节作用

H15c：环境竞争性在结构嵌入缓解信贷约束过程中起到显著的调节作用

H15d：环境竞争性在关系嵌入缓解信贷约束过程中起到显著的调节作用

该部分研究假设结构如图 4-10 所示：

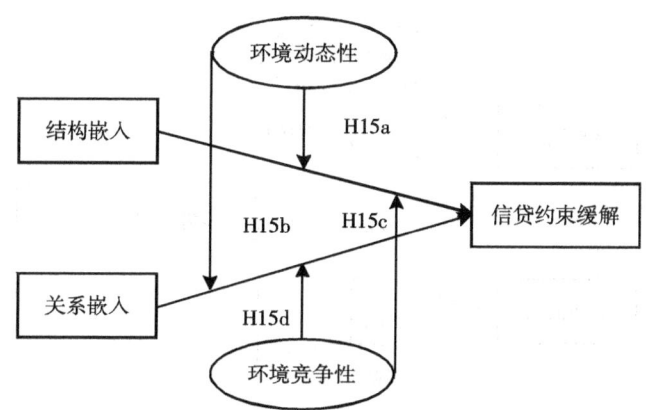

图 4-10　环境因素调节作用假设结构

2. 组织因素的调节作用假设

在管理学中，组织战略和生命周期是组织设计的主要因素。"战略决定结构"的观点认为：结构必须服从战略，随着战略从单一产品向纵向一体化，再向多样化经营的转变，结构必须从机械式变为有机式，即组织扁平化、虚拟化、网络化成为组织适应战略发展的客观选择。

处于生命周期不同阶段的中小企业具有各自独特的特点，相应的企业网络也具有不同的特征（黄江圳，2002）。处于创立期的中小企业由于缺乏搜寻、获取资源的能力以及声望，需要依靠其外部网络来获得资源和完成交易，其网络构成基本上是一个以个人的人际关系或者社会关系为基础的高度紧密关系嵌入的网络。进入成长期的中小企业已经在激烈的竞争中初步站稳脚跟，这时企业面临的战略任务是如何更好地得到发展，这就需要中小企业拓展网络范围和提升网络内涵。进入成长期的中小企业网络内聚性降低，网络开放度提高，网络范围进一步扩大。随着中小企业的成长，逐渐占据网络中心度，掌握网络内资源的控制权，可以获得更快的成长。企业网络演变的核心在于每种形式的企业网络都战略地适应不同的企业生命周期阶段，中小企业网络的演变也同样影响着中小企业将来获取资源的能力。基于以上的理论推演，本书提出如下假设：

H16：组织因素在网络嵌入缓解信贷约束过程中起到显著的调节作用

H16a：企业生命周期在结构嵌入缓解信贷约束过程中起到显著的调节作用

H16b：企业生命周期在关系嵌入缓解信贷约束过程中起到显著的调节作用

H16c：企业战略导向在结构嵌入缓解信贷约束过程中起到显著的调节作用

H16d：企业战略导向在关系嵌入缓解信贷约束过程中起到显著的调节作用

该部分研究假设结构如图4-11所示：

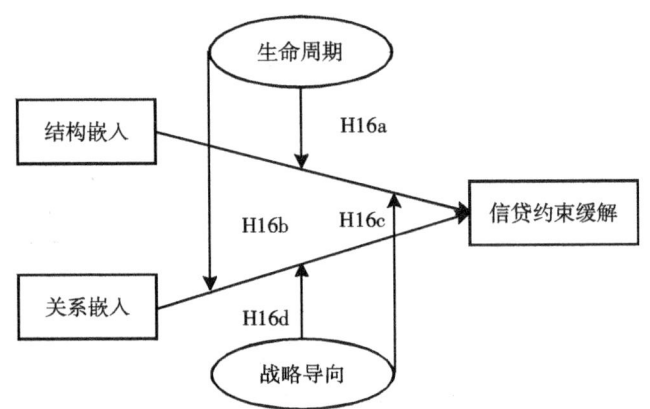

图 4-11 组织因素调节作用假设结构

3. 制度因素的调节作用假设

在经济学制度分析的实际进程中，"制度"一词被赋予了不同的含义，以迎合不同的研究需要[①]。诺斯（1995）的一个制度定义最具有代表性，可以作为我们分析形形色色制度概念的基础，即"制度是人类设计的对人们相互交往活动的约束，它们由正式的规则、非正式的约束（行为规范、惯例和自我限定的行为准则）和它们的强制性所构成"。

银企关系是中小企业融资研究文献中关注的一个焦点。在文献中关于银企关系没有统一的定义，但可以明确的一点是，银企关系不是通过银行与企业签订长期合同而实现的，银企关系是隐性的、不可观测的一种非正式制度。由于中小企

---

① 从15世纪以来，西方学者往往把习惯（Usage）、习俗（Custom）、惯例（Convention）、传统（Tradition）、社会规范（Norm）等都包含在"制度"这个词中（韦森，2001）。

业的信息具有强烈的人格化倾向，通常无法从公开市场渠道获得，是难以量化、检验及传递的"软信息"，这就需要同银行保持密切的联系，通过与银行信贷员的长期多渠道人际接触，银行通过与企业所在网络的利益相关者（客户和雇员等）多维度接触的信息累积了解企业。这些"软信息"可以在很大程度上替代财务数据等硬信息，部分弥补中小企业因无力提供合格财务信息和抵押品所产生的信贷缺口。所以中小企业所嵌入的网络是银行获取企业信息的重要来源。

在我国，银行业的市场结构具有"二元制"的特点，以四大国有商业银行[①]为代表的大型银行规模较大，资金实力雄厚，其组织结构擅长生产"硬信息"和发放市场交易性贷款，银企关系影响有限；而以股份制商业银行与城市商业银行等为代表的中小银行[②]具有区域性和社区性特征，其组织结构有利于生产"软信息"和发放关系型贷款，在贷款时更注重企业的利益相关者网络（客户和雇员等）多维度传递的关于中小企业的"软信息"，银企关系的影响较大。基于以上的理论推演，本书提出如下假设：

H17：制度因素在网络嵌入缓解信贷约束过程中起到显著的调节作用

H17a：与大银行关系在结构嵌入缓解信贷约束过程中起到显著的调节作用

H17b：与大银行关系在关系嵌入缓解信贷约束过程中起到显著的调节作用

H17c：与中小银行关系在结构嵌入缓解信贷约束过程中起到显著的调节作用

H17d：与中小银行关系在关系嵌入缓解信贷约束过程中起到显著的调节作用

该部分研究假设结构如图 4-12 所示：

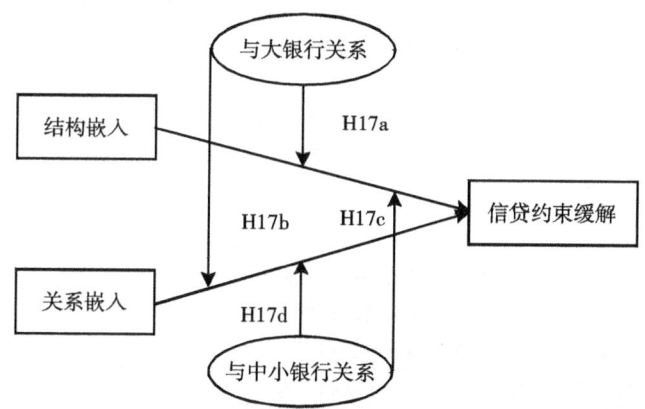

图 4-12 制度因素调节作用假设结构

[①] 主要指中国银行、中国建设银行、中国工商银行、中国农业银行，它们代表着国内最雄厚的金融资本力量。

[②] 主要指工、农、中、建四大商业银行以外的全国性商业银行、区域性股份制商业银行与城市商业银行（含城市信用社和农村信用社）。

第五节 本章小结

本章主要构建了"网络嵌入—资源获取—信贷约束缓解"的理论模型并提出研究假设。以经济学、管理学、社会学和制度学等相关理论为基础,运用博弈分析、文献推演等方法构建了本书的理论模型。

本章首先在 Akerlof-Kranton（2000）效用函数的基础上,运用博弈分析方法构建了网络的群体博弈模型,揭示网络内生的声誉机制可以降低交易费用。然后通过对银行关于企业信用分析要素的研究发现,中小企业的成长性是中小企业信用要素的核心,而网络化是中小企业的主要成长模式,所以中小企业可以通过嵌入网络,获得可持续成长,进而增强融资能力。接着继续探讨了网络嵌入通过何种路径实现对中小企业信贷约束的缓解。通过文献推演等方法发现：中小企业通过嵌入网络,可以提高组织合法性、实现信息共享、进行组织学习,实现融资能力的提升,缓解其信贷约束程度,进而构建了"网络嵌入—资源获取—信贷约束缓解"一级维度理论模型,进一步将网络嵌入分为结构嵌入和关系嵌入两个二级维度,资源获取分为组织合法、信息共享、组织学习三个二级维度,构建了二级维度模型,最后分别在环境因素、组织因素、制度因素作用下,对这些理论模型进行了动态考察。为了更好地理解该理论框架,该理论框架所包含的全部假设（共 59 个假设）在表 4-2 中列示出来。

表 4-2 研究假设汇总

标号	假 设
H1	结构嵌入与组织合法呈显著的正相关关系
H1a	网络中心度与组织合法呈显著的正相关关系
H1b	网络范围与组织合法呈显著的正相关关系
H1c	网络开放度与组织合法呈显著的正相关关系
H2	关系嵌入与组织合法呈显著的正相关关系
H2a	关系质量与组织合法呈显著的正相关关系
H2b	关系强度与组织合法呈显著的正相关关系
H2c	关系持久度与组织合法呈显著的正相关关系
H3	组织合法与中小企业信贷约束缓解呈显著的正相关关系
H4	组织合法在网络嵌入缓解中小企业信贷约束过程中起到显著的中介作用
H4a	组织合法在结构嵌入缓解中小企业信贷约束过程中起到显著的中介作用
H4b	组织合法在关系嵌入缓解中小企业信贷约束过程中起到显著的中介作用

续表

标号	假设
H5	结构嵌入与信息共享呈显著的正相关关系
H5a	网络中心度与信息共享呈显著的正相关关系
H5b	网络范围与信息共享呈显著的正相关关系
H5c	网络开放度与信息共享呈显著的正相关关系
H6	关系嵌入与信息共享呈显著的正相关关系
H6a	关系质量与信息共享呈显著的正相关关系
H6b	关系强度与信息共享呈显著的正相关关系
H6c	关系持久度与信息共享呈显著的正相关关系
H7	信息共享与中小企业信贷约束缓解呈显著的正相关关系
H8	信息共享在网络嵌入缓解中小企业信贷约束过程中起到显著的中介作用
H8a	信息共享在结构嵌入缓解中小企业信贷约束过程中起到显著的中介作用
H8b	信息共享在关系嵌入缓解中小企业信贷约束过程中起到显著的中介作用
H9	结构嵌入与组织学习呈显著的正相关关系
H9a	网络中心度与组织学习呈显著的正相关关系
H9b	网络范围与组织学习呈显著的正相关关系
H9c	网络开放度与组织学习呈显著的正相关关系
H10	关系嵌入与组织学习呈显著的正相关关系
H10a	关系质量与组织学习呈显著的正相关关系
H10b	关系强度与组织学习呈显著的正相关关系
H10c	关系持久度与组织学习呈显著的正相关关系
H11	组织学习与中小企业信贷约束缓解呈显著的正相关关系
H12	组织学习在网络嵌入缓解中小企业信贷约束过程中起到显著的中介作用
H12a	组织学习在结构嵌入缓解中小企业信贷约束过程中起到显著的中介作用
H12b	组织学习在关系嵌入缓解中小企业信贷约束过程中起到显著的中介作用
H13	资源获取在结构嵌入缓解中小企业信贷约束过程中起到显著的中介作用
H13a	资源获取在网络中心度缓解中小企业信贷约束过程中起到显著的中介作用
H13b	资源获取在网络范围缓解中小企业信贷约束过程中起到显著的中介作用
H13c	资源获取在网络开放度缓解中小企业信贷约束过程中起到显著的中介作用
H14	资源获取在关系嵌入缓解中小企业信贷约束过程中起到显著的中介作用
H14a	资源获取在关系质量缓解中小企业信贷约束过程中起到显著的中介作用
H14b	资源获取在关系强度缓解中小企业信贷约束过程中起到显著的中介作用
H14c	资源获取在关系持久度缓解中小企业信贷约束过程中起到显著的中介作用
H15	环境因素在网络嵌入缓解信贷约束过程中起到显著的调节作用
H15a	环境动态性在结构嵌入缓解信贷约束过程中起到显著的调节作用
H15b	环境动态性在关系嵌入缓解信贷约束过程中起到显著的调节作用
H15c	环境竞争性在结构嵌入缓解信贷约束过程中起到显著的调节作用
H15d	环境竞争性在关系嵌入缓解信贷约束过程中起到显著的调节作用

续表

标号	假　设
H16	组织因素在网络嵌入缓解信贷约束过程中起到显著的调节作用
H16a	企业生命周期在结构嵌入缓解信贷约束过程中起到显著的调节作用
H16b	企业生命周期在关系嵌入缓解信贷约束过程中起到显著的调节作用
H16c	企业战略导向在结构嵌入缓解信贷约束过程中起到显著的调节作用
H16d	企业战略导向在关系嵌入缓解信贷约束过程中起到显著的调节作用
H17	制度因素在网络嵌入缓解信贷约束过程中起到显著的调节作用
H17a	与大银行关系在结构嵌入缓解信贷约束过程中起到显著的调节作用
H17b	与大银行关系在关系嵌入缓解信贷约束过程中起到显著的调节作用
H17c	与中小银行关系在结构嵌入缓解信贷约束过程中起到显著的调节作用
H17d	与中小银行关系在关系嵌入缓解信贷约束过程中起到显著的调节作用

第五章 调查问卷设计与数据收集

第一节 调查问卷设计

为了保证本书的研究信度和效度,通过实地调研和大样本的问卷调查而进行的数据搜集是实证研究的关键步骤,同时也是进一步分析的基础。本章将对问卷的设计、发放和回收等情况进行介绍。

一、设计过程

本书的实证研究部分所需数据主要通过调查问卷的方式获取,调查问卷的设计是保证调查有效和准确的重要环节。本书调查问卷的设计经过了文献研究与初稿形成、专家评议调查问卷、面对面访谈调整调查问卷、量表预调查及调整几个步骤,最后确定调查问卷。

第一步,文献研究与初稿形成。通过梳理国内外文献以及借鉴国内外学者的相关研究的成熟量表,形成适合本书研究逻辑框架及中国背景的研究量表的初稿。在变量的测度设计中,每个变量都有 3~5 个指标,这种设计满足了多个题项比单一题项更能提高研究的信度的测度要求;在问卷问答项的形式设计中,由于考虑到本书的研究对象(网络嵌入、组织合法、信息共享,等等)都很难用绝对数量化,即使个别指标可以量化,但考虑到这些数据可能泄露被调研企业的商业机密而无法得到真实的回答,本书的所有变量均采用 Likert 七级量表打分法,也称为 Likert 七标度打分法。该方法为 1~7 分等级递进,1=完全不符、4=不能确定、7=完全符合,其他分数按符合程度在三者之间取值(1~7 程度递增)。综合考虑以上设计关键环节,最终形成量表的初稿。

第二步,专家评议调查问卷。对形成的问卷初稿征求相关专业领域专家的意见,请专家对调查问卷中涉及的题项、表述和格式等方面提出许多宝贵的修改意见和建议，然后将相关意见汇总，结合研究的需要对调查问卷进行初步的修改和补充。

第三步，面对面访谈调整调查问卷。为了确保问卷能够确实被调查者准确地理解和填写，需要通过面对面访谈进行验证和调整。本书对信贷资金的供求双方进行了焦点访谈。首先对四家银行（既有国有大银行，也有民营中小银行）的中小企业信贷业务部门进行了深入访谈，访谈的主要目的是了解银行在处理中小企业信贷业务时，看中企业的哪些方面，进而调整问卷量表中有关题项的内容和表述是否合理。同时，对几家典型样本企业的主管以上的职员进行深入交流，逐条讨论问卷内容，了解受访者对量表的各个题项的理解以及选择的依据，确保问卷能够被受访者准确理解和回答。根据受访者的建议对问卷内容和表述做出相应调整。

第四步，量表预调查及调整。在调查问卷基本确定以后，2012年4~5月，进行了小范围预调查，问卷发放数量为60份。随后对回收的36份有效问卷获得的数据进行初步的统计分析和检验。最后根据预调查的情况，对问卷的表述方式再次做了微调和进一步完善，形成本书最终使用的调查问卷。

二、问卷发放

（1）发放对象。改革开放以来，我国东部沿海地区经济取得了快速发展。主要表现为：一是民营经济扮演着日益重要的角色。相比较而言，凡是民营企业发展比较好的、民营经济规模较大的地区，其就业是比较充分的，收入增长是比较快的。浙江和江苏经济的较快发展印证了这一点。二是产业集群成为经济发展中的一种有效组织形式。考察我国20世纪80年代，特别是90年代中期以来的经济发展轨迹会发现，集群网络化发展成为我国地区之间拉开发展水平的一个重要因素。1995~2005年，凡是经济发展较快的地区，都是产业集群数量较多的地区。从我国各地区产业集群的分布来看，江浙沪地区是我国产业集群最密集的地区，占全国发展显著的产业集群总数的53%（见图5-1），同时也是我国经济发展水平相对较高的地区，在这里集聚了大量的中小企业。"集群网络化成长"模式已成为该地区的一大特色，并成为经济快速发展的主流模式之一，同时也是中小企业快速成长的主要模式。基于此，本书问卷发放范围确定为江浙沪地区，将这一地区的中小企业作为研究对象，使本书的研究结果极具理论意义和现实意义。

具体问卷的发放对象是中小企业的中高层管理人员，他们对企业的运营了解比较全面，认识比较深刻，是问卷调查的理想对象。

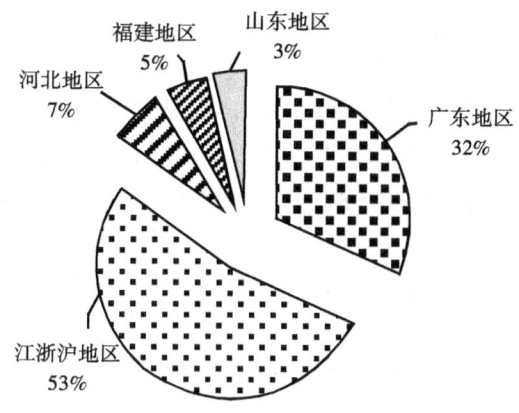

图 5-1 全国各地产业集群分布

资料来源：本研究整理。

（2）发放方式。问卷的发放主要有以下几种方式：①直接访谈方式，本次调研正值导师的国家自然基金项目的研究期间，借助导师的关系网络，并在有关银行的协作下完成；②集中代发方式，通过本人的关系网络，借助当地发改委等政府部门的力量，集中代发问卷；③电子邮件方式，根据企业名录，利用电子邮件将问卷发送给被调查对象；④当场发放方式，将问卷当场发放给某高校 MBA 学员进行现场填写。

第二节 调查问卷的变量设计

本书的变量主要包括网络嵌入（结构嵌入和关系嵌入）、组织合法、信息共享、组织学习、中小企业信贷融资以及环境等变量。本书的调查问卷采用 Likert 七点量表评价研究对象对各个题目的被试反映，调查问卷中界定了数字 1~7 以此表示非常不同意向非常同意过渡，3 表示中性标准既非不同意也非同意。

一、网络嵌入：解释变量

基于第四章中关于网络嵌入维度划分，分别从结构嵌入和关系嵌入两个维度开展分析，其中：结构嵌入将从网络中心度、网络范围、网络开放度三个子维度进行考察；关系嵌入维度将从关系质量、关系强度、关系持久度三个子维度进行考察。

1. 网络中心度（Centrality）

网络中心度是网络非常重要的结构特征。高权力中心性的企业在网络中关键的联系地带占有一种策略性的地位。Bavelas 最先对网络中心度进行了开创性分析，认识到它在网络分析中的重要意义。Wasserman 和 Faust（1994）指出："网络中心度是个体在网络中的位置，研究主体在网络中占据到重要战略位置的程度。"罗家德（2005）则认为："网络中心度体现了个体在社会网络中的权利和地位，是个体位置优越性和社会声望的代表。"企业在网络中的不同位置为企业带来接近产业中稀缺资源的机会不同，影响企业行为和绩效水平（Granovetter，1985；Burt，1992）。本书在研究网络中心度时，主要借鉴 Wellman（1983）的研究成果，用"很多企业都愿意与我们合作"等条款来测量。

2. 网络范围（Scope）

在很多研究中，也将网络范围称为网络规模，是网络特征的一个重要衡量指标。网络范围指网络成员企业可以动员和整合的目标资源可能性的大小，是网络资源丰裕程度的重要指标（Allen，2000；Boase 和 Wellman，2004）。不同的网络范围为企业提供异质性资源的机会不同。Burt（1983）认为，"网络规模是与研究主体直接相连的个体的种类数目，它主要体现研究主体能够获得的信息和资源的异质性程度"；Aldrich、Rosen 和 Woodward（1987）则认为，"网络规模是与研究主体直接联系的个体的数量"，它决定了网络中行动主体可以有效利用的关系数（Bourdieu，1986）；Landry 等（2002）对加拿大制造业企业的研究表明，网络规模越大，异质性资源越丰富，越可以为企业提供多样的资源，从而促进企业的技术创新，提升企业的绩效；Batjargal（2003）利用俄罗斯的纵向数据资源揭示，无论是强联系还是弱联系，企业拥有的关系数量越多，企业的绩效就越好。本书在研究网络范围时，选取了主要关系类型的数量来测度（Burt，1983；Marsden，1987、1990；Ibarra，1993；Zhao 和 Aram，1995；Renzulli、Aldrich 和 Moody，2000；Senjem 和 Reed，2002；黄洁，2006；邬爱其，2007），具体用反映样本企业与其他企业和机构建立关系的种类数来表示。

3. 网络开放度（Openness）

网络开放度是测量网络开放与封闭程度的一项重要指标（Schutjens、Stam，2003；邬爱其，2007）。Andreas B.等（2010）将网络开放度（Openness）定义为一个函数：①网络成员的多样性；②愿意接受新的成员；③拓展与网络以外组织联系的程度（Zaheer 和 George，2004；Romanelli 和 Khessina，2005）。从网络所处的整体环境来看，网络结构的开放性体现在网络对外部环境的开放性，即网络内行为主体之间的联结不限于本地区域内，通过与异地间的劳动力、技术和资金等生产要素的流动和交换，获得异质性的知识和互补性的资源，并不断向外部开拓新市场。黄洁（2006）研究认为网络开放度是网络中跨区域关系占所有关系的比例。本书借用这一思路，将网络开放度定义为研究主体对外地企业或机构建立的联系的种类及数量，具体采用企业与其他企业和机构交往的地理范围来测量。基于以上考察分析，结构嵌入维度量表具体设计如表5-1所示：

表5-1　解释变量测量表——结构嵌入维度

变量名称	测量指标	来源
网络中心度 （Centrality）	Cent1：很容易找到理想的合作伙伴 Cent2：其他企业经常希望我们提供一些帮助 Cent3：很多企业都愿意同我们合作 Cent4：经常介绍其他企业相互认识	Wellman（1982、1983） Batjargal（2001） Owen 和 Powell（2004） Tasi（2004） Giuliani（2005） Zaheer 和 Bell（2005） 王晓娟（2007）等
网络范围 （Scope）	Scop1：与政府部门、行业协会等公共部门的联系数量 Scop2：与中介机构、咨询机构等组织的联系数量 Scop3：与供应商、客户等上下游企业联系的数量 Scop4：与同行竞争对手企业联系的数量	Marsden（1990） Krackhardt（1992） Zhao 和 Aram（1995） Powell 等（1996） Schutjens 和 Stam（2000） Batjargal（2001） Senjem 和 Reed（2002） 邬爱其（2007） 黄洁（2006） 陈学光（2007）等
网络开放度 （Openness）	Open1：与我们联系的政府部门、行业协会都在外地 Open2：与我们联系的中介机构、咨询机构等组织都在外地 Open3：与我们联系的供应商、客户等上下游企业都在外地 Open4：与我们联系的同行竞争对手企业都在外地	Larson（1992） Uzzi（1997） Schutjens 和 Stam（2003） Giuliani 和 Bell（2005） 邬爱其（2007） 王晓娟（2007） Stefan（2010）等

4. 关系质量（Quality）

Hall（1977）首次用"关系质量"来表示组织间行为一致、默契的程度。关系质量是测度网络特征的一个重要指标（Kumar 等，1991、1995；Dorseh 等，1998）。在关系质量的测度指标研究方面，Walter 等（2003）在供应链管理研究中为关系质量的研究提供了经典的研究框架。他认为：信任、承诺和满意是关系质量特征的三个维度（具体内容见表5-2）。本书研究关系质量时，将遵循经典的研究框架，从信任、承诺和满意三方面进行测量。

表 5-2 关系质量的维度划分

变量名称		测量指标	来源
信任	信心	对合作方在其行为中表现出善意举动的信心	Anderson 等（1992）
	诚实	对合作方的可信赖程度的反应	Geyskens 等（1996）
	信息	对合作方实现双方关系利益程度的信息	Andaleeb（1992） Moorman 等（1992） Oanesan（1994）
承诺	情感承诺	对未来存在关系的积极态度	Anderson 等（1994）
	中介承诺	关系构建和维护随时需要的投入（例如时间和其他资源）	Walter（2003）
满意	积极的情感	通过评价合作方在关系中的表现而产生的一种良好积极的情感状态	Anderson（1984）

资料来源：本研究整理。

5. 关系强度（Intensity）

关系强度是表现网络特征的重要维度。根据组织间网络的相关文献，网络关系强度是两个因素的函数：一是关系所交换的资源数量；二是组织间接触的频率（Reid，1964；Marrett，1971；Granovetter，1973；Rogers，1974；Aldrich，1975；Shulman，1976；Van de、Van 和 Ferry，1980）。从表 5-3 可以看出，互动频率是网络关系强弱的重要标准。较高的互动频率会带来更多的资源交换的机会，从统计意义上，研究主体将可能交换到更多的资源，所以本书研究关系强度时，选取了互动频率作为其衡量指标。本问卷具体采用企业近两年与其他企业和机构的交往频率来测量，包括"没有交往"、"每年一次"、"半年一次"、"每季一次"、"每月一次"、"半月一次"、"每周一次及以上" 7 个等级，分别赋值 1~7，得分值越高，表明企业与其他企业和机构的关系越密切。

表 5-3 关系强度的衡量指标

主要学者	具体衡量指标
Granovetter（1973）	交换资源数量、接触频繁程度
Marsden 和 Campbell（1984）	亲密程度、关系久度、沟通频率
Uzzi（1997）	所有关系中强关系的比重
Rowley、Behrens 和 Krackhardt（2000）	关系资源投入的数量
Hoang 和 Kothaermel（2005）	企业之间联盟经验的丰富程度
Nooteboome 和 Gilsing（2004）	范围、持续性、互动频率、正式控制个人信任

资料来源：本研究整理。

6. 关系持久度（Last）

关系持久度是度量网络关系稳定程度的一项重要指标（Marsden，1990；邬爱其，2007），一般是指网络中关系的持续程度，用关系持续时间来衡量，也可称为关系稳定性。已有研究认为：关系持续时间越长，关系的稳定性越大；若网络中的关系寿命越短，个体经常更换合作伙伴，则个体网络的关系稳定性越低。本书在研究关系持久度时，选取了交往时间作为其衡量指标。基于以上的考察分析，关系嵌入维度量表具体设计如表5-4所示。

表5-4 解释变量测量表——关系嵌入维度

变量名称	测量指标	来源
关系质量 （Quality）	Qual1：容易获得政府部门、行业协会等公共部门的支持 Qual2：愿意信任并委托重要的工作给中介机构、咨询机构等组织 Qual3：与供应商、客户等上下游企业可交换机密信息 Qual4：与同行竞争对手企业能够履行承诺	Coleman（1988） Mayer 和 Schoorman（1995） Uzzi 和 Gillespie（2000） Inkpen 和 Tsang（2005） Weber 和 Christiana（2007）等
关系强度 （Intensity）	Inte1：与政府部门、行业协会等公共部门的联系密切 Inte2：与中介机构、咨询机构等组织的联系密切 Inte3：与供应商、客户等上下游企业联系密切 Inte4：与同行竞争对手企业联系密切	Granovetter（1973） VandeVan（1980） Zhao 和 Aram（1995） Uzzi（1997） Nahapiet 和 Ghoshal（1998） Yli-Renko 等（2001） Batjargal（2001）等
关系持久度 （Last）	Last1：与政府部门、行业协会等公共部门的交往时间长 Last2：与中介机构、咨询机构等组织的交往时间长 Last3：与供应商、客户等上下游企业的交往时间长 Last4：与同行竞争对手企业的交往时间长	Nahapiet 和 Ghoshal（1998） Helmsing（2001） Inkpen 和 Tsang（2005）等

二、中小企业信贷融资：被解释变量

中小企业信贷融资研究，也就是考察信贷约束的缓解程度。目前关于信贷约束的衡量主要从四个角度进行分析：融资需求、投融资行为、融资成本、融资渠道。信贷约束是指信贷实际获取数额不能满足需求方所需要贷款的一种情形。信贷约束和信贷配给是两个相关的概念，信贷约束是从金融需求方的角度来阐述金融市场上需求方面临的金融限制，而信贷配给则是从供给方的角度来说明银行和金融中介对金融供给的限制。所以本书拟从融资需求的角度测量信贷约束情况。从融资需求的角度测量中小企业的信贷约束，至少包括融资的可获性和融资成本两方面。本书具体考察信贷资金的可获性。在信贷资金可获性的测量方面，Mallick 和 Chakraborty（2002）将对以下三个问题给出肯定答案的企业界定为面临融资约束的企业：第一，企业最近一次申请贷款，是否遭到银行拒绝？第二，如果没有拒绝，企业是否获取所申请额度的贷款？第三，在过去的三年中，企业是否有需要贷款而没有申请的情形？他们进一步利用 Probit 模型分析了行业、企业规模、公司治理等因素对中小企业融资约束的影响，并估计了中小企业融资约束的程度。目前 Mallick 和 Chakraborty（2002）对于中小企业融资约束程度的度量分析可以说最具代表性，最具有借鉴意义。所以本书主要采用 Mallick 和 Chakraborty（2002）对于中小企业融资约束程度的度量分析。虽然客观数据比较可靠，但是得到真实数据难度很大，尤其是信息本就不透明的中小企业的财务数据，因此本书通过比较的方法搜集数据。中小企业信贷约束量表具体设计如表 5-5 所示。

表 5-5 被解释变量测量表——中小企业信贷融资

变量名称	测量指标	来源
中小企业信贷融资（Credit）	Cred1：与同行业其他企业相比，近三年从银行容易获得贷款 Cred2：与同行业其他企业相比，近三年从银行容易获得足额贷款 Cred3：与同行业其他企业相比，近三年企业资金来源主要是银行信贷 Cred4：与同行业其他企业相比，近三年在目前的利率水平上，企业可以获得更多的银行信贷资金 Cred5：与同行业其他企业相比，近三年在从银行贷款被要求的抵押、担保要求少 Cred6：与同行业其他企业相比，近三年企业银行贷款中，长期贷款比例高	Mallick 和 Chakraborty（2002）

三、组织合法：中介变量一

中介变量是介于原因和结果之间，自身隐而不显，起媒介作用的变量。中介变量通常是解释自变量和因变量关系的理论框架，反映研究者如何看待或说明自变量和因变量之间的关系，因此，探讨中介变量对最终形成理论具有重要意义。本书基于第四章理论模型的分析构建，以组织合法、信息共享、组织学习为中介变量进行研究。

关于合法化途径的已有研究发现，认证是提高组织合法性的重要途径（Zimmerma 和 Zeitz，2002；Boiral，2003）。Boiral（2003）指出，ISO9000 质量体系系列认证是企业获取合法性的重要途径，已经成为企业进入市场以及获得利益相关者认可的标准。中小企业通过 ISO 质量认证提高了获取供应商、销售商以及竞争者间商业合作的可能性，增加了进入国际市场的机会，提高了在顾客心中的认知与规范合法性（Boiral，2003）。

除了取得专业认证之外，企业的产品和服务的市场声誉以及承担社会责任的行为也是企业获取合法性的有效途径（Milne 和 Patten，2002；Branco 和 Rodrigues，2008）。也有学者则提出企业的社会慈善活动可能是企业获取社会合法性的重要策略（Ashforth 和 Gibbs，1990；Dowling 和 Pfeffer，1975；钟宏武，2007；Chen、Patten 和 Roberts，2008）。基于以上的考察分析，组织合法量表具体设计如表 5-6 所示：

表 5-6　中介变量测量表——组织合法

变量名称	测量指标	来源
组织合法 (Reputation)	Repu1：我们的企业在同行业具有良好的声誉 Repu2：我们的企业最高领导人在同行业内具有良好的声誉 Repu3：我们的产品或服务在同行业具有良好的声誉 Repu4：和同行相比，向教育和慈善机构捐款额大 Repu5：获得相关质量、环保等系列专业认证多	Zimmerma 和 Zeitz (2002) Boiral (2003) 钟宏武 (2007)

四、信息共享：中介变量二

信息共享是网络内的一个重要活动。信息共享是指网络内组织相互分享彼此有用的信息的过程，这些信息包括市场需求、产品设计、生产成本、发展计划等。嵌入在网络中的信息越丰富，这些信息越能够帮助新企业识别潜在资源所有者，并以优惠条件或合作协议获得所需资源，例如新型产业、产品、市场以及技术（Leff，1979）。与合作伙伴的良好关系，有助于企业通过它们发现潜在的合作伙伴，及时获得真实可靠的市场和技术信息、共享创新设施或设备、联合研发项目等（Dyer 和 Singh，1998；Kaufman，2000）。基于以上的考察分析，信息共享量表具体设计如表 5-7 所示：

表 5-7　中介变量测量表——信息共享

变量名称	测量指标	来源
信息共享 (Information)	Info1：我们能及时地从外部获取市场需求信息 Info2：我们能及时地从外部获取技术信息 Info3：我们能及时地从外部获取政府政策信息	Leff (1979) Dyer 和 Singh (1998) Kaufman (2000)

五、组织学习：中介变量三

组织学习是企业网络的重要机制。企业希望通过网络学习新的知识、技巧和技术，加快知识产品创新，提高学习能力和效率，共享价值链带来的好处

(KaPasuwan，2004)。中小企业在发展过程中面临着诸多的不确定因素，通过嵌入广泛的社会网络能获得稳定、持久的知识资源和环境支持，降低经营风险。邬爱其（2007）认为广大中小企业由于自身的市场能力、知识获取能力、技术创新能力都较弱，与网络内多家企业或组织建立广泛的联系就可以灵活地应对各种变动，同时可以获取更多的资源和知识，学习更多的有价值知识，从而为技术创新积累基础和经验。基于以上的考察分析，组织学习量表具体设计如表5-8所示：

表5-8 中介变量测量表——组织学习

变量名称	测量指标	来源
组织学习 (Intellection)	Inte1：我们能及时地获取有价值的产品或服务的知识和技能并用于产品或服务的创新 Inte2：我们能及时地获取有价值的企业经营管理知识并用于企业管理实践 Inte3：我们能及时地获取有价值的企业市场营销知识并用于市场开拓	KaPasuwan（2004） 邬爱其（2007）

六、环境、组织、制度：调节变量

根据Gulati等（2000）、Rowley等（2000）、Hite等（2001）、Lechner等（2006）、Acquaah（2007）、Koka等（2008）、Li等（2008）等的研究结论，本书将环境因素、组织因素、制度因素设计为三类调节变量，其中环境动态性、竞争强度构成环境调节变量；生命周期、战略导向构成组织调节变量；银企关系构成制度调节变量。调节变量量表具体设计如表5-9所示：

表5-9 调节变量测量表

变量名称		测量指标	来源
环境调节	环境动态性	测量企业所处环境变化速度	Dess和Beard（1984） Gulati等（2000） Rowley等（2000） Koka等（2008） Li等（2008）
	竞争强度	测量企业面临的外部竞争激烈程度	Li等（2008）
组织调节	生命周期	测量企业不同成长阶段	Hite等（2001） Lechner等（2006）
	战略导向	测量企业是否存在明确的战略	Acquaah（2007） Koka等（2008）
制度调节	银企关系	测量企业同银行的关系密切程度	Berlin和Mester（1998）

本书未将行业因素作为调节变量，主要是我国中小企业的行业类型大都为制造业，所以不考虑行业因素的调节作用，不会影响本书研究结果的代表性。

七、企业规模、年龄、性质：控制变量

控制变量是指与特定研究目标无关的非研究变量，在研究过程中加以控制、使之中立化，以提高研究结果可靠性的变量，可使解释变量和被解释变量的关系"凸显"、"纯化"。

企业规模是影响企业行为和决策的重要因素，企业规模越大，企业的规模效应和声誉优势就越明显，企业绩效可能越好（Lee等，2001）。企业成立年限会影响企业的学习能力和企业的绩效（Lane和Lubatkin，1998；Autio等，2000；Zahra和George，2002）。

基于以上的考察分析，本书采用企业规模、企业年龄及企业性质为控制变量。其中，企业年龄通过了解企业成立时间测定（Lane和Lubatkin，1998；Zahra等，2000）；企业规模通过了解企业的员工数量和总产值测定（Tasi，1998；Autio等，2000）；企业性质具体划分为"国有及国有控股"、"私营及私营控股"、"外商及港澳台"、"股份合作制"四类。

第三节　本章小结

本章的主要工作是结合理论模型设计调查问卷与数据收集，因此，首先，调查问卷的设计经过了文献研究与初稿形成、专家评议调查问卷、面对面访谈调整调查问卷、量表预调查及调整等几个步骤，最后确定调查问卷。其次，面向中国甚至是全球范围内中小企业网络化成长最活跃的地区之一——江浙沪地区，通过直接访谈、集中代发、电子邮件、当场发放等方式进行问卷发放与回收。最后，对问卷量表的设计过程和依据进行细致的描述分析。在网络嵌入量表设计部分，嵌入变量在调查问卷中包括两大维度、六个层面。这两大维度是结构嵌入维度、关系嵌入；六个层面包括网络中心度、网络范围、网络开放度、关系质量、关系强度、关系持久度。在调节变量设计部分，包括三个维度、五个层面。三个维度是环境调节、组织调节和制度调节；五个层面包括环境动态性、竞争强度、战略导向、生命周期、银企关系。在中介变量量表设计部分，由组织合法、信息共享、组织学习三部分组成。本问卷量表采用李克特（Likert-type）7级度量方法，形成了由结构嵌入、关系嵌入、环境调节、组织调节、制度调节、组织合法、信息共享、组织学习、控制变量9大部分构成的调查问卷测量体系。

第六章 调查数据的基本面分析

本书采用 SPSS16.0 及 AMOS16.0 等统计软件进行数据分析,并将实证分析分为数据描述性分析、测量模型评估及假设检验三个阶段。描述性分析主要针对数据的基本特征和样本分布与变量之间的关系进行初步分析;测量模型评估主要是对量表的信度及效度的检验预评估;假设检验则根据本书的研究假设,逐一验证与检验。

第一节 数据的描述性分析

一、问卷的基本情况

本书面向江浙沪地区的中小企业,共发放问卷 418 份。2012 年 6~9 月,通过当地政府部门、熟人关系、银行实务部门以及部分高校 MBA 学员等渠道发放问卷,同时部分问卷通过实地调研获取,问卷填写人要求是中小企业的总经理或者其他高层管理者。历时四个多月,共收回问卷 228 份,剔除未填答题过多的问卷 28 份,共收回有效问卷 200 份,有效问卷率为 47.8%。样本基本情况如表 6-1、表 6-2、表 6-3、表 6-4 所示。

表 6-1 样本企业的年龄分布

企业年龄	频次	百分比(%)	累计百分比(%)
0~2 年	12	6.0	6.0
3~5 年	75	37.5	43.5
6~10 年	72	36.0	79.5
10~15 年	23	11.5	91
15 年以上	18	9.0	100

从表 6-1 可以看出，样本企业年龄主要分布在 3~10 年的区间，这一区间的企业占样本总企业的 73.5%，这说明样本中的大部分企业是处于成长期的中小企业。

表 6-2　样本企业的性质分布

企业性质	频次	百分比（%）	累计百分比（%）
国有及国有控股	34	17.0	17.0
私营及私营控股	107	53.5	70.5
外商及港澳台	50	25.0	95.5
股份制企业	9	4.5	100

从表 6-2 可以看出，私营及私营控股企业占的比例最大，达到 53.5%，这也符合江浙沪地区企业的实际情况，即江浙沪地区是中国民营企业最为活跃的地区之一。

表 6-3　样本企业的行业分布[①]

所属行业	频次	百分比（%）	累计百分比（%）
农、林、牧、渔业	5	2.5	2.5
工业	143	71.5	74.0
建筑业	6	3.0	77.0
批发业	3	1.5	78.5
零售业	3	1.5	80.0
交通运输业	7	3.5	83.5
仓储业	2	1.0	84.5
信息传输业	10	5.0	89.5
软件和信息技术服务业	10	5.0	94.5
房地产开发经营	6	3.0	97.5
租赁和商务服务业	3	1.5	99.0
其他	2	1.0	100.0

---

① 行业划分标准是根据 2011 年 6 月 18 日为贯彻落实《中华人民共和国中小企业促进法》和《国务院关于进一步促进中小企业发展的若干意见》（国发〔2009〕36 号），工业和信息化部、国家统计局、发展改革委、财政部研究制定的《中小企业划型标准规定》。

从表 6-3 可以看出，绝大多数企业行业分布在制造类行业，这也符合江浙沪地区中小企业的产业结构特征。

在企业规模方面，从表 6-4 可以看出，从企业员工人数来看，样本企业员工人数大多处于 100~1000 人；从企业年营业收入来看，样本企业年营业收入大多处于 5000 万~40000 万元，这说明本次调查的中小型企业居多。

表 6-4　样本企业的规模分布[①]

企业员工人数（人）	频次	百分比（%）	累计百分比（%）
1~5	0	0.0	0.0
5~10	0	0.0	0.0
10~20	5	2.5	2.5
20~50	3	1.5	4.0
50~100	12	6.0	10.0
100~300	81	40.5	50.5
300~1000	99	49.5	100.0
企业年营业收入	频次	百分比（%）	累计百分比（%）
50 万元以下	1	0.5	0.5
50 万~100 万元	3	1.5	2.0
100 万~200 万元	5	2.5	4.5
200 万~300 万元	6	3.0	7.5
300 万~500 万元	3	1.5	9.0
500 万~1000 万元	5	2.5	11.5
1000 万~2000 万元	10	5.0	16.5
2000 万~3000 万元	20	10.0	26.5
3000 万~5000 万元	25	12.5	39.0
5000 万~6000 万元	60	30.0	69.0
6000 万~40000 万元	62	31.0	100.0

另外，本问卷还对中小企业企业家的情况进行了调查分析，分别从企业家性别、企业家年龄、企业家受教育程度、企业家从业年限等方面进行了描述分析。具体见表 6-5。

[①] 划分标准是根据 2011 年 6 月 18 日为贯彻落实《中华人民共和国中小企业促进法》和《国务院关于进一步促进中小企业发展的若干意见》（国发〔2009〕36 号），工业和信息化部、国家统计局、发展改革委、财政部研究制定的《中小企业划型标准规定》。

表 6-5 样本企业家情况

企业家性别	频次	百分比（%）	累计百分比（%）
男	182	91.0	91.0
女	18	9.0	100.0
企业家年龄	频次	百分比（%）	累计百分比（%）
30 岁以下	0	0.0	0.0
31~35 岁	10	5.0	5.0
36~40 岁	23	11.5	16.5
41~45 岁	49	24.5	41.0
46~56 岁	51	25.5	66.5
50 岁以上	67	33.5	100.0
企业家受教育程度	频次	百分比（%）	累计百分比（%）
初中及以下	1	0.5	0.5
高中	1	0.5	1.0
大专	16	8.0	9.0
大学本科	62	31.0	40.0
硕士研究生	81	40.5	80.5
博士研究生	39	19.5	100.0
企业家从业年限	频次	百分比（%）	累计百分比（%）
1~3 年	1	0.5	0.5
4~8 年	15	7.5	8.0
9~14 年	36	18.0	26.0
15 年以上	148	74.0	100.0

二、数据的描述性分析

吉斯利等（Ghiseli 等，1981）指出，要判断数据是否服从正态分布，主要检验数据的斜度（Skewness）和峰度（Kurtosis）两个指标。标准为：斜度值小于 2、峰度值小于 5 就可以认为该数据满足正态分布要求。更严格的判断是：如果峰度和斜度的绝对值超过 2，那么该数据就不满足正态分布的要求。本次样本调查的样本数据基本服从正态分布（见表 6-6），可以进行下一步分析。

表 6-6 数据的描述性分析

测量条款	最大值	最小值	平均值	标准差	斜度		峰度	
	统计	统计	统计	统计	统计	标准差	统计	标准差
Cent1	7	1	4.370	1.557	−0.189	0.176	−0.318	0.350
Cent2	7	1	4.530	1.486	−0.438	0.176	−0.162	0.351

续表

测量条款	最大值 统计	最小值 统计	平均值 统计	标准差 统计	斜度 统计	斜度 标准差	峰度 统计	峰度 标准差
Cent3	7	1	4.840	1.512	−0.351	0.176	−0.560	0.351
Cent4	7	1	4.220	1.519	−0.353	0.176	−0.322	0.351
Scop1	7	1	4.810	1.568	−0.453	0.176	−0.487	0.350
Scop2	7	1	3.930	1.512	−0.059	0.176	−0.783	0.350
Scop3	7	1	5.500	1.256	−0.735	0.176	0.705	0.350
Scop4	7	1	4.150	1.573	−0.097	0.176	−0.384	0.350
Open1	7	1	3.150	1.809	0.436	0.176	−0.900	0.351
Open2	7	1	3.200	1.770	0.386	0.176	−0.797	0.351
Open3	7	1	3.930	1.783	−0.075	0.176	−0.886	0.351
Open4	7	1	3.640	1.865	0.187	0.176	−1.081	0.351
Qual1	7	1	3.000	1.567	0.350	0.176	−0.866	0.351
Qual2	7	1	4.630	1.604	−0.424	0.176	−0.343	0.351
Qual3	7	1	3.930	1.726	−0.185	0.176	−0.942	0.351
Qual4	7	1	3.370	1.587	0.091	0.176	−1.006	0.351
Tigh1	7	1	4.600	1.636	−0.429	0.176	−0.740	0.351
Tigh2	7	1	3.950	1.605	−0.039	0.176	−0.847	0.351
Tigh3	7	1	5.240	1.453	−0.712	0.176	−0.188	0.351
Tigh4	7	1	4.120	1.518	−0.336	0.176	−0.517	0.351
Last1	7	1	4.790	1.609	−0.484	0.176	−0.566	0.351
Last2	7	1	3.990	1.623	−0.065	0.176	−0.648	0.351
Last3	7	1	5.290	1.427	−0.699	0.176	−0.051	0.351
Last4	7	1	4.060	1.507	−0.033	0.176	−0.641	0.351
Repu1	7	1	3.586	1.920	0.176	0.176	−1.168	0.350
Repu2	7	1	4.780	1.678	−0.432	0.176	−0.626	0.350
Repu3	7	1	5.346	1.225	−0.913	0.176	1.227	0.350
Repu4	7	1	5.377	1.363	−0.911	0.176	0.632	0.350
Repu5	7	1	5.450	1.288	−0.964	0.176	0.977	0.350
Info1	7	1	4.545	1.514	−0.463	0.176	−0.244	0.350
Info2	7	1	4.665	1.530	−0.455	0.176	−0.458	0.350
Info3	7	1	4.492	1.552	−0.220	0.176	−0.577	0.350
Inte1	7	1	4.702	1.673	−0.378	0.177	−0.484	0.353
Inte2	7	1	4.415	1.625	−0.194	0.177	−0.575	0.353
Inte3	7	1	4.399	1.685	−0.226	0.177	−0.611	0.353
Envi1	7	1	5.241	1.471	−0.906	0.176	0.473	0.350
Envi2	7	1	5.429	1.401	−0.962	0.176	0.546	0.350
Orga1	7	1	4.174	1.538	−0.084	0.176	−0.283	0.351

续表

测量条款	最大值 统计	最小值 统计	平均值 统计	标准差 统计	斜度 统计	斜度 标准差	峰度 统计	峰度 标准差
Orga2	7	1	3.768	1.580	0.087	0.176	−0.488	0.351
Mech1	7	1	5.487	1.239	−0.607	0.176	−0.148	0.350
Mech2	7	1	4.822	1.490	−0.481	0.176	−0.283	0.350
Cred1	7	1	3.220	1.567	0.981	0.176	−0.053	0.350
Cred2	7	1	3.592	1.702	0.534	0.176	−0.587	0.350
Cred3	7	1	3.801	1.560	0.310	0.176	−0.719	0.350
Cred4	7	1	4.136	1.693	−0.078	0.176	−1.073	0.350
Cred5	7	1	4.215	1.720	−0.281	0.176	−1.091	0.350
Cred6	7	1	4.068	1.664	0.071	0.176	−0.980	0.350

在此需要说明的是，在结构方程模型中，用于分析的变量通常要求是连续变量，但是显然，本书中所采用的数据是调查问卷的回收资料，其变量是定序变量。虽然将定序变量作为连续变量加以统计分析可能带来注入分析结果的有偏性等问题，但是吴明隆（2009）认为：当定序变量的类别数目大于 4 时，可以不用担心将定序变量用于结构方程模型分析所带来的问题。本书所采用的量表的类别均设置成 7。因此，直接将样本资料用于结构方程模型分析不会造成太大的问题。

第二节　信度和效度的检验

为保证数据的信度和效度，本书运用信度分析、探索性因子分析和验证性因子分析考察测量工具的信度和效度。

一、量表的信度检验

信度分析包括内在信度分析[①]和外在信度分析[②]。具体评估方法有 Cronbach's α

[①] 内在信度分析一般考察一组评估题项是否测量的是同一特征，并且题项之间是否具有较高的内在一致性。如果内在信度比较高则意味着一组评估题项的一致性程度高，所得评测结果可信。

[②] 外在信度分析是指在不同时间对同批被评估对象实施重复测量，评估前后结果是否存在一致性。如果两次评估结果相关性很强，则说明在评估对象没有故意隐瞒的前提下，评估题项的概念和内容是清晰的，所得评估结果是可信的。但是，由于重测方法实施起来比较困难，而且容易引起被调查者的反感，因此管理学研究中较少使用外在信度分析评估量表的信度（辛晴，2011）。

系数法、折半信度系数等，本书采用常用的 Cronbach's α 系数来评估，它是估计某一构念中测量条目所能表示的要测量的结构变量的内涵程度，表明量表中每一题项得分间的一致性。下面分别对各分量表的信度进行检验。

1. 结构嵌入量表信度分析

如表 6-7 所示，通过相关分析，各子维度题项之间的相关均在 0.40 以上，题项—总分相关系数均在 0.60 以上。网络中心度的 Cronbach's α 系数为 0.803，网络范围的 Cronbach's α 系数为 0.785，网络开放度的 Cronbach's α 系数为 0.845。因此各维度的信度均超过 0.70，达到农纳利（Nunnally，1978）建议的标准。同时，在各维度内，删除任何一个项目都不会提高信度。上述几个方面都显示出结构嵌入量表的可靠性。

表 6-7 结构嵌入量表信度分析

子维度	Cronbach's α 系数	题项数	题项	题项—总分相关系数	删除该题后的内部一致性系数
网络中心度	0.803	4	Cent3	0.763	0.662
			Cent2	0.681	0.731
			Cent4	0.634	0.759
			Cent1	0.613	0.761
网络范围	0.785	4	Scop1	0.681	0.689
			Scop2	0.675	0.702
			Scop4	0.652	0.723
			Scop3	0.628	0.774
网络开放度	0.845	4	Open2	0.784	0.768
			Open1	0.713	0.787
			Open4	0.632	0.801
			Open3	0.611	0.816

2. 关系嵌入量表信度分析

如表 6-8 所示，通过相关分析，各子维度题项之间的相关均在 0.40 以上，题项—总分相关系数均在 0.60 以上。关系质量的 Cronbach's α 系数为 0.771，关系强度的 Cronbach's α 系数为 0.827，关系持久度的 Cronbach's α 系数为 0.862，因此各维度的信度均超过 0.70，达到农纳利（Nunnally，1978）建议的标准。同时，在各维度内，删除任何一个项目都不会提高信度。上述几个方面都显示出关系嵌入量表的可靠性。

3. 组织合法、信息共享、组织学习量表信度分析

如表 6-9 所示，通过相关分析，各子维度内题项之间的相关均在 0.40 以上。

表 6-8 关系嵌入量表信度分析

子维度	Cronbach's α 系数	题项数	题项	题项—总分相关系数	删除该题后的内部一致性系数
关系质量	0.771	4	Qual2	0.749	0.685
			Qual1	0.732	0.692
			Qual4	0.626	0.728
			Qual3	0.621	0.722
关系强度	0.827	4	Tigh1	0.751	0.721
			Tigh2	0.734	0.789
			Tigh4	0.690	0.801
			Tigh3	0.687	0.814
关系持久度	0.862	4	Last3	0.776	0.784
			Last2	0.746	0.801
			Last1	0.732	0.812
			Last4	0.711	0.834

组织合法的 Cronbach's α 系数为 0.776，信息共享的 Cronbach's α 系数为 0.821，组织学习的 Cronbach's α 系数为 0.792。因此各维度的信度均超过 0.70，达到农纳利（Nunnally，1978）建议的标准。组织合法子维度中，Repu1 与 Repu2 的题项—总分相关系数较低，分别删除这两个项目后，内部一致性系数分别提高到 0.782 和 0.789，因此这两题予以删除。其余题项的题项—总分相关系数都在 0.60 以上，且删除任何一题都不会提高信度，因此都予以保留，上述几个方面显示了本量表较高的可靠性。

表 6-9 组织合法、信息共享、组织学习量表信度分析

子维度	Cronbach's α 系数	题项数	题项	题项—总分相关系数	删除该题后的内部一致性系数
组织合法	0.776	5	Repu3	0.771	0.684
			Repu4	0.769	0.695
			Repu5	0.672	0.735
			Repu1	0.483	0.782
			Repu2	0.453	0.789
信息共享	0.821	3	Info1	0.779	0.720
			Info3	0.734	0.754
			Info2	0.696	0.817
组织学习	0.792	3	Inte2	0.722	0.702
			Inte1	0.691	0.738
			Inte3	0.642	0.784

4. 信贷约束缓解量表信度分析

如表 6-10 所示,通过相关分析,各子维度内题项之间的相关均在 0.40 以上,题项—总分相关系数均在 0.60 以上。本量表的 Cronbach's α 系数为 0.854,超过 0.70,达到农纳利(Nunnally,1978)建议的标准。同时,删除任何一个项目都不会提高信度。上述几个方面都显示出信贷约束缓解量表的可靠性。

表 6–10 信贷约束缓解量表信度分析

Cronbach's α 系数	题项数	题项	题项—总分相关系数	删除该题后的内部一致性系数
0.854	6	Cred5	0.729	0.754
		Cred2	0.684	0.776
		Cred3	0.675	0.786
		Cred4	0.662	0.792
		Cred1	0.641	0.814
		Cred6	0.627	0.821

由各个分量表的信度分析结果可以看出,各分量表的 Cronbach's α 值均界于 0.725~0.862。参照李怀祖(2004)的标准,本书主要研究变量的量表信度都是比较高的,量表的稳定性和一致性程度得到充分验证。

二、量表的效度检验

效度检验被用来验证测量工具或者手段能够准确测出所需测量的事物的程度。在管理学量表开发中,内容效度和结构效度的检验最为重要。

为了开发出具有内容效度的量表,研究者需要在一定理论支撑的基础上,选择能够准确涵盖研究内容和研究范围的测量指标,并通过定性评估[①]方法评估这些测量指标是否符合设计构想(辛晴,2011)。本研究的问卷是在以往文献和国内外成熟量表等的基础上构建,并且紧密结合实地调研进行修正后确定的,因此本书认为所用的问卷具有较高的内容效度。

结构效度被用来证明从量表所获得的结果与设计该量表时所依据的理论之间的契合程度(Uma Sekaran,2005)。结构效度一般通过探索性因子分析和验证性因子分析来衡量。本书首先进行 KMO 样本测度和巴勒特球体检验,以确保探索

[①] 定性评估一般通过一组专家就某个概念的测量是否符合他们对此概念的认识进行主观判断。

性因子分析的有效性[①]。与探索性因子分析相比，验证性因子分析能够使研究者在相关理论基础上，通过具体的限制使理论与测量相互融合（McDonald 和 Marsh，1990）。因此，通过探索性因子分析后需要进一步经过验证性因子分析加以测量。

1. 结构嵌入量表因子分析

对结构嵌入的 12 个题项进行因子分析，如表 6-11 所示，巴勒特球体检验的相伴效率是 0.000，采样充足率为 76.0%，适合做探索性因子分析。12 个题项析出 3 个因子，解释了总变异量的 75.432%，各因子载荷见表 6-12。

表 6-11　结构嵌入量表探索性样本的充分性和巴勒特球体检验结果

取样足够度的 Kaiser-Meyer-Olkin 度量		0.760
巴勒特球体检验	近似卡方	805.065
	df	66.000
	Sig.	0.000

表 6-12　结构嵌入量表的因素分析

项目编号	网络开放度	网络中心度	网络范围
Open2	0.822		
Open1	0.809		
Open4	0.777		
Open3	0.765		
Cent3		0.796	
Cent2		0.714	
Cent4		0.692	
Cent1		0.616	
Scop1			0.752
Scop2			0.723
Scop4			0.565
Scop3			0.559
特征值	3.254	2.603	2.029
解释的变异（%）	30.113	25.163	20.156
累积解释的变异（%）	30.113	55.276	75.432

结构嵌入构念验证性因子分析结果如表 6-13 和图 6-1 所示。所有题项都对

[①] 一般认为 KMO 在 0.7 以上、巴勒特统计值显著时适合做因子分析（马庆国，2002）。

应于假设的因素，题项的标准化因子载荷都高于有关研究所建议的最低临界水平 0.60，而且在 p<0.001 水平上显著，显示了较高的聚合效度。

表 6-13 结构嵌入构念验证性因子分析参数估计

题项	变量间关系		Estimate	Estimate	S.E.	C.R.	P	Label
Cent1	<---	Cent	0.672	1.000				
Cent2	<---	Cent	0.763	0.823	0.082	10.042	***	par_4
Cent3	<---	Cent	0.847	1.113	0.096	10.298	***	par_5
Cent4	<---	Cent	0.746	0.818	0.086	11.931	***	par_6
Scop1	<---	Scop	0.804	1.000				
Scop2	<---	Scop	0.772	0.905	0.085	9.630	***	par_8
Scop3	<---	Scop	0.634	0.807	0.079	8.325	***	par_9
Scop4	<---	Scop	0.679	0.854	0.099	8.127	***	par_10
Open 1	<---	Open	0.861	1.000				
Open 2	<---	Open	0.873	1.207	0.102	7.105	***	par_11
Open 3	<---	Open	0.814	1.132	0.082	6.959	***	par_12
Open 4	<---	Open	0.824	0.978	0.079	5.698	***	par_13
Cent	<-->	Scop	0.532	1.214	0.215	4.108	***	par_1
Cent	<-->	Open	0.467	1.185	0.302	4.231	***	par_2
Scop	<-->	Open	0.562	1.264	0.224	4.438	***	par_3

注：***p<0.001。

拟合指标如表 6-14 所示，验证性因子分析的结果表明，结构嵌入模型有很好的拟合效度 [Chi-square（51）=114.565，p<0.001；Chi-square/df=2.250；RMSEA=0.058；NFI=0.845；IFI=0.907；TLI=0.885；CFI=0.902]。

表 6-14 结构嵌入构念验证性因子分析拟合指标

测量模型	Chi-square	df	Chi-square/df	RMSEA	NFI	IFI	TLI	CFI
验证模型	114.565	51	2.250	0.058	0.845	0.907	0.885	0.902
独立模型	690.415	78						

2. 关系嵌入量表因子分析

对关系嵌入的 12 个题项进行因子分析，如表 6-15 所示，巴勒特球体检验的相伴效率是 0.000，采样充足率为 75.1%，适合做因子分析。12 个题项析出 3 个因子，解释了总变异量的 75.973%，各因子载荷见表 6-16。

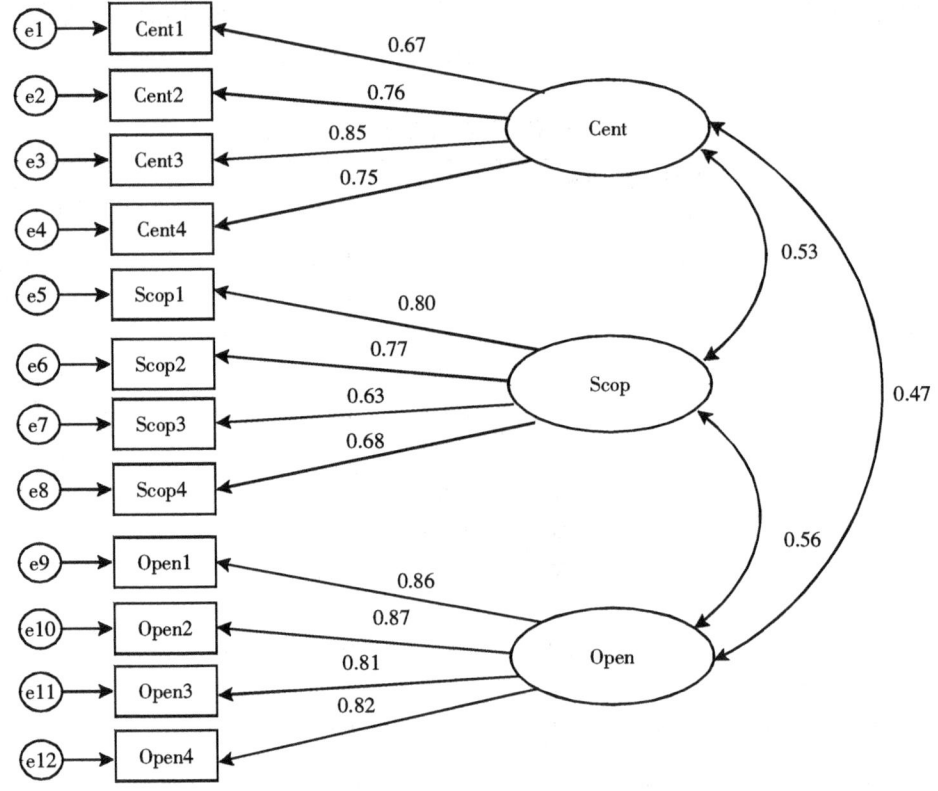

图 6-1 结构嵌入构念验证性因子分析结果

表 6-15 关系嵌入量表探索性样本的充分性和巴勒特球体检验结果

取样足够度的 Kaiser-Meyer-Olkin 度量		0.751
巴勒特球体检验	近似卡方	797.766
	df	66.000
	Sig.	0.000

表 6-16 关系嵌入量表的因素分析

项目编号	关系持久度	关系强度	关系质量
Last3	0.854		
Last2	0.752		
Last1	0.655		
Last4	0.603		
Tigh1		0.851	
Tigh 2		0.827	

续表

项目编号	关系持久度	关系强度	关系质量
Tigh 4		0.698	
Tigh3		0.414	
Qual2			0.851
Qual 1			0.835
Qual 4			0.540
Qual 3			0.442
特征值	3.034	2.742	2.438
解释的变异（%）	28.209	25.047	22.294
累积解释的变异（%）	28.209	53.679	75.973

关系嵌入构念验证性因子分析结果如表 6-17 和图 6-2 所示。所有题项都对应于假设的因素，题项的标准化因子载荷都高于有关研究所建议的最低临界水平 0.60，而且在 $p<0.001$ 水平上显著，显示了较高的聚合效度。

表 6-17 关系嵌入构念验证性因子分析参数估计

题项	变量间关系		Estimate	Estimate	S.E.	C.R.	P	Label
Qual 1	<---	Qual	0.843	1.000				
Qual 2	<---	Qual	0.860	1.274	0.087	12.421	***	par_4
Qual 3	<---	Qual	0.634	0.876	0.089	12.031	***	par_5
Qual 4	<---	Qual	0.697	0.890	0.110	12.468	***	par_6
Tigh1	<---	Tigh	0.896	1.000				
Tigh2	<---	Tigh	0.847	1.112	0.093	10.594	***	par_8
Tigh3	<---	Tigh	0.644	0.869	0.082	9.987	***	par_9
Tigh4	<---	Tigh	0.727	0.967	0.090	9.431	***	par_10
Last 1	<---	Last	0.690	1.000				
Last 2	<---	Last	0.802	1.056	0.107	9.505	***	par_11
Last 3	<---	Last	0.899	1.203	0.096	8.751	***	par_12
Last 4	<---	Last	0.664	0.913	0.107	7.408	***	par_13
Qual	<-->	Tigh	0.564	1.245	0.231	5.478	***	par_1
Qual	<-->	Last	0.465	1.178	0.207	5.327	***	par_2
Tigh	<-->	Last	0.447	1.154	0.243	5.374	***	par_3

注：***$p<0.001$。

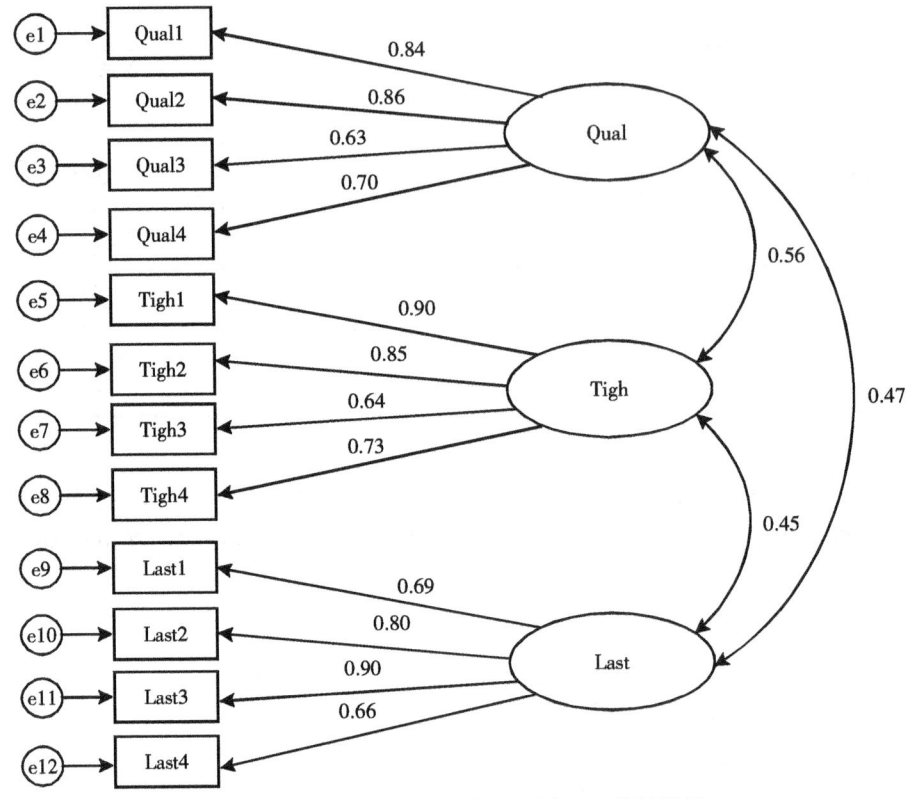

图 6-2 关系嵌入构念验证性因子分析结果

拟合指标如表 6-18 所示，验证性因子分析的结果表明关系嵌入模型有很好的拟合效度 [Chi-square (51) =96.492, p<0.001; Chi-square/df =1.892; RMSEA=0.052; NFI=0.897; IFI=0.923; TLI=0.904; CFI=0.932]。

表 6-18 关系嵌入构念验证性因子分析拟合指标

测量模型	Chi-square	df	Chi-square/df	RMSEA	NFI	IFI	TLI	CFI
验证模型	96.492	51	1.892	0.052	0.897	0.923	0.904	0.932
独立模型	683.433	78						

3. 资源获取量表的因子分析

对资源获取（组织合法、信息共享和组织学习）的 14 个题项进行因子分析，删除了 2 个交互负载的题项（Repu1 和 Repu2）。如表 6-19 所示，巴勒特球体检验的相伴效率是 0.000，采样充足率为 85.7%，适合做因子分析。14 个题项析出 3 个因子，解释了总变异量的 67.67%，各因子负载见表 6-20。

第六章 调查数据的基本面分析

表 6-19 资源获取量表探索性样本的充分性和巴勒特球体检验结果

取样足够度的 Kaiser-Meyer-Olkin 度量		0.857
巴勒特球体检验	近似卡方	1517.228
	df	55.000
	Sig.	0.000

表 6-20 资源获取量表的因素分析

项目编号	信息共享	组织学习	组织合法
Info1	0.840		
Info3	0.812		
Info2	0.788		
Inte2		0.779	
Inte1		0.771	
Inte3		0.733	
Repu3			0.705
Repu4			0.687
Repu5			0.678
特征值	2.994	2.446	1.912
解释的变异（%）	24.332	22.503	20.835
累积解释的变异（%）	24.332	46.835	67.670

资源获取构念的验证性因子分析结果如图 6-3 和表 6-21 所示。所有题项都对应于假设的因素，题项的标准化因子载荷都高于有关研究所建议的最低临界水平 0.60，而且在 p<0.001 水平上显著，显示了较高的聚合效度。

拟合指标如表 6-22 所示，验证性因子分析的结果表明资源获取模型有很好的拟合效度 [Chi-square（18）=42.336，p<0.001；Chi-square/df=2.325；RMSEA=0.059；NFI=0.881；IFI=0.914；TLI=0.896；CFI=0.918]。

4. 信贷融资量表的因素分析

对信贷融资量表的 6 个题项进行因子分析，如表 6-23 所示，巴勒特球体检验的相伴效率是 0.000，采样充足率为 75.3%，适合做因子分析。6 个题项析出 1 个因子，解释了总变异量的 55.732%，具体负载见表 6-24。

信贷融资构念验证性因子分析结果如图 6-4 和表 6-25 所示。所有题项都对应于假设的因素，题项的标准化因子载荷都高于有关研究所建议的最低临界水平 0.60，而且在 p<0.001 水平上显著，显示了较高的聚合效度。

拟合指标如表 6-26 所示，验证性因子分析的结果表明，信贷融资模型有很好的拟合效度 [Chi-square（8）=21.096，p<0.001；Chi-square/df=2.637；

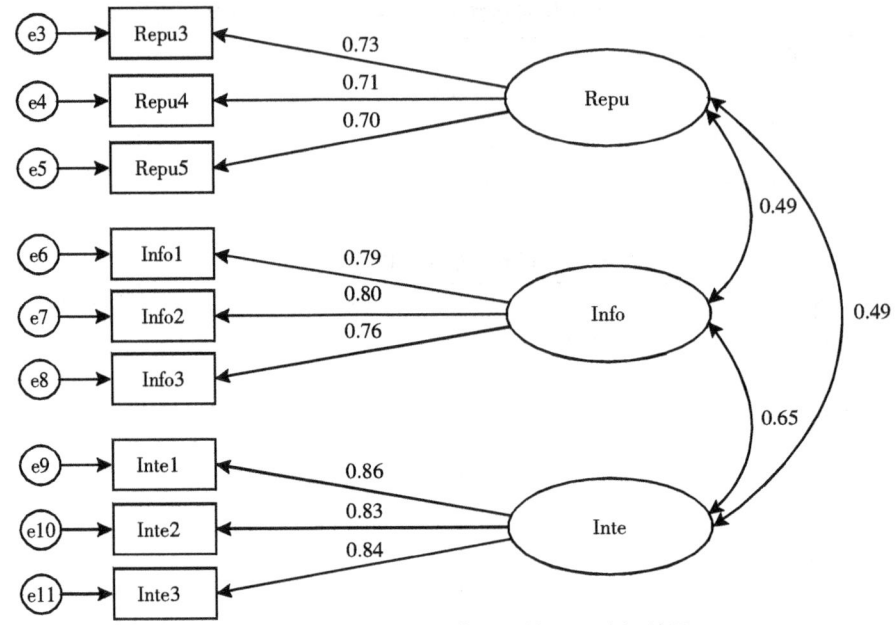

图 6-3　资源获取构念验证性因子分析结果

表 6-21　资源获取构念验证性因子分析参数估计

题项	变量间关系		Estimate	Estimate	S.E.	C.R.	P	Label
Repu 3	<---	Repu	0.732	1.000				
Repu 4	<---	Repu	0.714	0.954	0.082	12.433	***	par_5
Repu 5	<---	Repu	0.701	0.932	0.093	11.964	***	par_6
Info 1	<---	Info	0.793	1.000				
Info 2	<---	Info	0.804	1.012	0.086	10.273	***	par_7
Info 3	<---	Info	0.762	0.981	0.090	10.649	***	par_8
Inte 1	<---	Inte	0.860	1.000				
Inte 2	<---	Inte	0.825	1.147	0.097	9.258	***	par_9
Inte 3	<---	Inte	0.837	1.253	0.099	8.815	***	par_10
Repu	<-->	Info	0.487	1.167	0.239	5.384	***	par_1
Repu	<-->	Inte	0.492	1.235	0.215	5.469	***	par_2
Info	<-->	Inte	0.648	1.304	0.242	5.790	***	par_3

注：***$p<0.001$。

表 6-22　资源获取构念验证性因子分析拟合指标

测量模型	Chi-square	df	Chi-square/df	RMSEA	NFI	IFI	TLI	CFI
验证模型	42.336	18	2.325	0.059	0.881	0.914	0.896	0.918
独立模型	498.548	45						

第六章 调查数据的基本面分析

表 6-23 信贷融资量表探索性样本的充分性和巴勒特球体检验结果

取样足够度的 Kaiser-Meyer-Olkin 度量		0.753
巴勒特球体检验	近似卡方	190.077
	df	15.000
	Sig.	0.000

表 6-24 信贷融资量表的因素分析

项目编号	信贷约束缓解
Cred5	0.694
Cred2	0.691
Cred3	0.650
Cred4	0.643
Cred1	0.642
Cred6	0.603
特征值	2.504
解释的变异（%）	55.732

RMSEA=0.064；NFI=0.862；IFI=0.895；TLI=0.876；CFI=0.904]。

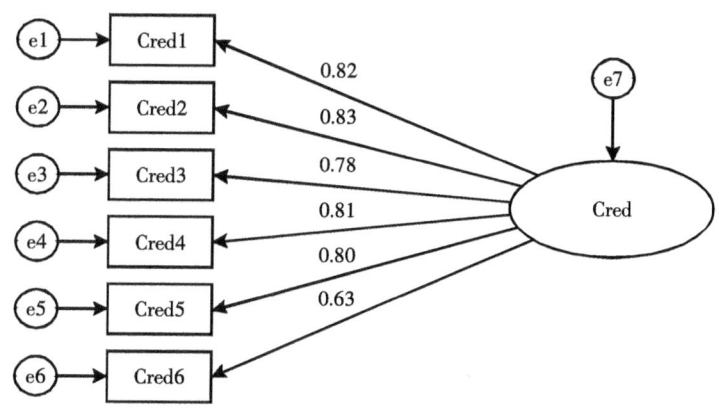

图 6-4 信贷融资构念验证性因子分析结果

表 6-25 信贷融资构念验证性因子分析参数估计

题项	变量间关系		Estimate	Estimate	S.E.	C.R.	P	Label
Cred 1	<---	Cred	0.816	1.000				
Cred 2	<---	Cred	0.832	1.274	0.087	12.421	***	par_1
Cred 3	<---	Cred	0.781	0.926	0.089	12.031	***	par_2
Cred 4	<---	Cred	0.806	1.190	0.110	12.468	***	par_3
Cred 5	<---	Cred	0.795	1.014	0.091	11.605	***	par_4
Cred 6	<---	Cred	0.627	0.812	0.093	10.594	***	par_5

注：***p<0.001。

表 6-26 信贷融资构念验证性因子分析拟合指标

测量模型	Chi-square	df	Chi-square/df	RMSEA	NFI	IFI	TLI	CFI
验证模型	21.096	8	2.637	0.064	0.862	0.895	0.876	0.904
独立模型	209.438	21						

第三节 本章小结

根据研究方案设计，本书分析分为数据描述性分析、测量模型评估及假设检验三个阶段。本章是理论模型验证的第一阶段和第二阶段，主要针对数据的基本特征和样本分布与变量之间的关系进行了描述性分析，并且对量表进行了信度及效度的检验。经检验，收集数据的数量与质量均满足研究要求，量表的信度和效度均符合标准要求。

第七章 研究假设的检验

第一节 网络嵌入对组织合法的影响

一、结构嵌入对组织合法的影响

1. 相关分析

相关分析是进行回归分析的前提。表 7-1 给出了研究中相关变量的皮尔逊相关系数。组织合法与网络中心度、网络范围和网络开放度均显著正相关（$p<0.01$）。

表 7-1 结构嵌入与组织合法相关分析

	Variable	1	2	3	4	5	6	7	8	9	10
1	Repu	1.000									
2	scale	0.029	1.000								
3	age	0.070	−0.041	1.000							
4	nationalized	0.067	0.141*	0.283***	1.000						
5	private	0.026	−0.057	−0.271***	−0.275***	1.000					
6	foreign	−0.106	−0.068	0.040	−0.536***	−0.570***	1.000				
7	stockholding	0.075	0.004	−0.103	−0.107	−0.113	−0.221***	1.000			
8	Cent	0.369***	−0.043	0.033	−0.054	0.205**	−0.156*	0.070	1.000		
9	Scop	0.415***	−0.012	0.077	−0.021	0.014	−0.014	0.048	0.524***	1.000	
10	Open	0.291***	−0.075	0.211**	0.070	−0.007	−0.110	0.147*	0.452***	0.543***	1.000

注：*$p<0.05$，**$p<0.01$，***$p<0.001$。

2. 分层多元回归

如表 7-2 所示，在控制了企业规模、年龄和性质等变量之后，网络范围对组织合法有显著的正向影响（$\beta=0.367$，$p<0.001$），网络中心度对组织合法有显著

的正向影响（β=0.191，p<0.01），因此 H1a 和 H1b 均得到了验证。然而网络开放度对组织合法的影响不显著，因此 H1c 没有得到支持，H1 得到部分支持。

表 7-2 结构嵌入对组织合法影响的分层多元回归

Variable	Model1	Model2
scale (log)	0.034	0.041
age (log)	0.038	0.040
nationlized (dummmy)	0.076	0.085
private (dummmy)	0.020	−0.022
foreign (dummmy)	−0.101	−0.072
stockholding (dummmy)	0.055	0.046
Open	0.093	0.046
Scop	0.499***	0.367***
Cent		0.191**
Ajusted R^2	0.168	0.195
R^2	0.415	0.451
R^2 Change	0.172	0.031
F Change	39.077	7.384
VIF 最大值	1.419	1.501

注：①因变量为组织合法；②*p<0.05，**p<0.01，***p<0.001；③本表报告的是标准化回归系数。

二、关系嵌入对组织合法的影响

1. 相关分析

表 7-3 给出了研究中相关变量的皮尔逊相关系数。组织合法与关系质量、关系强度和关系持久度均显著正相关。

2. 分层多元回归

如表 7-4 所示，在控制了企业规模、年龄和性质等变量之后，关系质量对组织合法有显著的正向影响（β=0.332，p<0.001），关系持久度对组织合法有显著的正向影响（β=0.175，p<0.05），因此 H2a 和 H2c 均得到了验证。然而关系强度对组织合法的影响不显著，因此 H2b 没有得到支持，H2 得到部分支持。

表 7-3 关系嵌入与组织合法相关分析

	Variable	1	2	3	4	5	6	7	8	9	10
1	Repu	1.000									
2	scale	0.030	1.000								

续表

	Variable	1	2	3	4	5	6	7	8	9	10
3	age	0.079	−0.045	1.000							
4	nationalized	0.070	0.141*	0.281***	1.000						
5	private	0.018	−0.055	−0.257***	−0.273***	1.000					
6	foreign	−0.102	−0.070	0.029	−0.540***	−0.567***	1.000				
7	stockholding	0.076	0.004	−0.106	−0.107	−0.112	−0.223**	1.000			
8	Qual	0.429***	−0.071	0.027	−0.117	0.144*	−0.047	0.054	1.000		
9	Tigh	0.358***	−0.058	0.054	−0.003	0.169*	−0.171**	0.081	0.552***	1.000	
10	Last	0.302***	−0.033	0.170*	0.052	0.021	−0.075	0.036	0.444***	0.430***	1.000

注：*p<0.05，**p<0.01，***p<0.001。

表 7-4 关系嵌入对组织合法影响的分层多元回归

Variable	Model1	Model2
scale（log）	0.061	0.064
age（log）	0.068	0.061
nationlized（dummmy）	0.121*	0.111*
private（dummmy）	−0.045	−0.061
foreign（dummmy）	−0.082	−0.058
stockholding（dummmy）	0.053	0.044
Tigh	0.139	0.105
Qual	0.429***	0.332***
Last		0.175*
Ajusted R^2	0.179	0.196
R^2	0.184	0.205
R^2 Change	0.184	0.021
F Change	42.064	4.958
VIF 最大值	1.245	1.327

注：①因变量为组织合法；②*p<0.05，**p<0.01，***p<0.001；③本表报告的是标准化回归系数。

第二节　网络嵌入对信息共享的影响

一、结构嵌入对信息共享的影响

1. 相关分析

表 7-5 给出了研究中相关变量的皮尔逊相关系数。信息共享与网络中心度、网络范围和网络开放度均显著正相关。

表 7-5　结构嵌入与信息共享相关分析

	Variable	1	2	3	4	5	6	7	8	9	10
1	Info	1.000									
2	scale	0.062	1.000								
3	age	−0.012	−0.041	1.000							
4	nationalized	0.012	0.141*	0.283***	1.000						
5	private	−0.026	−0.057	−0.271***	−0.275***	1.000					
6	foreign	−0.034	−0.068	0.040	−0.536***	−0.570***	1.000				
7	stockholding	0.115	0.004	−0.103	−0.107	−0.113	−0.221**	1.000			
8	Cent	0.394***	−0.043	0.033	−0.054	0.205*	−0.156*	0.070	1.000		
9	Scop	0.384***	−0.012	0.077	−0.021	0.014	−0.014	0.048	0.524***	1.000	
10	Open	0.422***	−0.075	0.211*	0.070	−0.007	−0.110	0.147*	0.452***	0.543***	1.000

注：*p<0.05，**p<0.01，***p<0.001。

2. 分层多元回归

如表 7-6 所示，在控制了企业规模、年龄和性质等变量之后，网络开放度对信息共享有显著的正向影响（β=0.306，p<0.001），网络中心度对信息共享有显著的正向影响（β=0.256，p<0.001），因此 H5a 和 H5c 均得到了验证。然而网络范围对信息共享的影响不显著，因此 H5b 没有得到支持，H5 得到部分支持。

表 7-6　结构嵌入对信息共享影响的分层多元回归

Variable	Model1	Model2
scale（log）	0.095	0.097
age（log）	−0.106	−0.090
nationlized（dummmy）	−0.018	0.004

续表

Variable	Model1	Model2
private (dummmy)	−0.023	−0.080
foreign (dummmy)	0.013	0.041
stockholding (dummmy)	0.054	0.053
Scop	0.202	0.138
Open	0.422***	0.306***
Cent		0.256***
Ajusted R^2	0.173	0.222
R^2	0.178	0.230
R^2 Change	0.178	0.052
F Change	40.665	12.632
VIF 最大值	1.419	1.648

注：①因变量为信息共享；②*p<0.05，**p<0.01，***p<0.001；③本表报告的是标准化回归系数。

二、关系嵌入对信息共享的影响

1. 相关分析

表 7-7 给出了研究中相关变量的皮尔逊相关系数。信息共享与关系质量、关系强度和关系持久度均显著正相关。

2. 分层多元回归

如表 7-8 所示，在控制了企业规模、年龄和性质等变量之后，关系持久度对信息共享有显著的正向影响（β=0.298，p<0.001），关系强度对信息共享有显著的正向影响（β=0.258，p<0.001），因此 H6b 和 H6c 均得到了验证。然而关系质量对信息共享的影响不显著，因此 H6a 没有得到支持，H6 得到部分支持。

表 7-7 关系嵌入与信息共享相关分析

	Variable	1	2	3	4	5	6	7	8	9	10
1	Info	1.000									
2	scale	0.064	1.000								
3	age	−0.002	−0.045	1.000							
4	nationalized	0.014	0.141*	0.281***	1.000						
5	private	−0.036	−0.055	−0.257***	−0.273***	1.000					
6	foreign	−0.028	−0.070	0.029	−0.540***	−0.567***	1.000				
7	stockholding	0.116	0.004	−0.106	−0.107	−0.112	−0.223**	1.000			

续表

Variable		1	2	3	4	5	6	7	8	9	10
8	Qual	0.278***	−0.071	0.027	−0.117	0.144*	−0.047	0.054	1.000		
9	Tigh	0.409***	−0.058	0.054	−0.003	0.169*	−0.171**	0.081	0.552***	1.000	
10	Last	0.386***	−0.033	0.170*	0.052	0.021	−0.075	0.036	0.444***	0.430***	1.000

注：*p<0.05，**p<0.01，***p<0.001。

表 7-8　关系嵌入对信息共享影响的分层多元回归

Variable	Model1	Model2
scale（log）	0.088	0.090
age（log）	−0.024	−0.064
nationlized（dummmy）	0.015	0.002
private（dummmy）	−0.108	−0.095
foreign（dummmy）	0.043	0.043
stockholding（dummmy）	0.084	0.083
Qual	0.076	0.040
Tigh	0.409***	0.298***
Last		0.258***
Ajusted R^2	0.163	0.213
R^2	0.167	0.221
R^2 Change	0.167	0.054
F Change	37.479	12.984
VIF 最大值	1.227	1.555

注：①因变量为信息共享；②*p<0.05，**p<0.01，***p<0.001；③本表报告的是标准化回归系数。

第三节　网络嵌入对组织学习的影响

一、结构嵌入对组织学习的影响

1. 相关分析

表 7-9 给出了研究中相关变量的皮尔逊相关系数。组织学习与网络中心度、网络范围和网络开放度均显著正相关。

表 7-9 结构嵌入与组织学习相关分析

	Variable	1	2	3	4	5	6	7	8	9	10
1	Inte	1.000									
2	scale	0.071	1.000								
3	age	−0.030	−0.042	1.000							
4	nationalized	−0.105	0.138*	0.283***	1.000						
5	private	−0.051	−0.063	−0.271***	−0.277***	1.000					
6	foreign	0.102	−0.059	0.040	−0.535***	−0.569***	1.000				
7	stockholding	0.065	0.002	−0.103	−0.107	−0.114	−0.220**	1.000			
8	Cent	0.284***	−0.054	0.032	−0.057	0.203**	−0.152*	0.069	1.000		
9	Scop	0.329***	−0.018	0.077	−0.023	0.012	−0.011	0.047	0.523***	1.000	
10	Open	0.308***	−0.083	0.211*	0.068	−0.009	−0.107	0.147*	0.450***	0.542***	1.000

注：*p<0.05，**p<0.01，***p<0.001。

2. 分层多元回归

如表 7-10 所示，在控制了企业规模、年龄和性质等变量之后，网络开放度对组织学习有显著的正向影响（β=0.229，p<0.01），网络范围对组织学习有显著的正向影响（β=0.184，p<0.05），因此 H9b 和 H9c 均得到了验证。然而网络中心度对组织学习的影响不显著，因此 H9a 没有得到支持，H9 得到部分支持。

表 7-10 结构嵌入对组织学习影响的分层多元回归

Variable	Model1	Model2
scale（log）	0.077	0.092
age（log）	−0.056	−0.091
nationlized（dummmy）	−0.098	−0.114*
private（dummmy）	−0.056	−0.053
foreign（dummmy）	0.106	0.126*
stockholding（dummmy）	0.050	0.028
Cent	0.154	0.119
Scop	0.329***	0.229**
Open		0.184*
Ajusted R^2	0.103	0.123
R^2	0.108	0.132
R^2 Change	0.108	0.024
F Change	22.694	5.104
VIF 最大值	1.417	1.455

注：①因变量为组织学习；②*p<0.05，**p<0.01，***p<0.001；③本表报告的是标准化回归系数。

二、关系嵌入对组织学习的影响

1. 相关分析

表 7-11 给出了研究中相关变量的皮尔逊相关系数。组织学习与关系质量、关系强度和关系持久度均显著正相关。

2. 分层多元回归

如表 7-12 所示,在控制了企业规模、年龄和性质等变量之后,关系质量对组织学习有显著的正向影响($\beta=0.214$,$p<0.05$),关系持久性对组织学习有显著的正向影响($\beta=0.244$,$p<0.01$),关系强度对组织学习有显著的正向影响($\beta=0.177$,$p<0.05$),H10a、H10b 和 H10c 均得到了验证。因此 H10 得到了支持。

表 7-11　关系嵌入与组织学习相关分析

	Variable	1	2	3	4	5	6	7	8	9	10
1	Inte	1.000									
2	scale	0.072	1.000								
3	age	−0.027	−0.046	1.000							
4	nationalized	−0.104	0.137*	0.281***	1.000						
5	private	−0.055	−0.061	−0.258***	−0.274***	1.000					
6	foreign	0.104	−0.061	0.030	−0.540***	−0.566***	1.000				
7	stockholding	0.066	0.002	−0.107	−0.108	−0.113	−0.222**	1.000			
8	Qual	0.270***	−0.076	0.027	−0.118	0.143*	−0.045	0.054	1.000		
9	Tigh	0.281***	−0.070	0.054	−0.006	0.166*	−0.167*	0.080	0.551***	1.000	
10	Last	0.319***	−0.044	0.170*	0.050	0.018	−0.070	0.035	0.443***	0.426***	1.000

注:*$p<0.05$,**$p<0.01$,***$p<0.001$。

表 7-12　关系嵌入对组织学习影响的分层多元回归

Variable	Model1	Model2	Model3
scale (log)	0.078	0.086	0.096
age (log)	−0.092	−0.084	−0.081
nationlized (dummmy)	−0.128*	−0.121*	−0.116*
private (dummmy)	−0.072	−0.061	−0.092
foreign (dummmy)	0.124*	0.127*	0.155*
stockholding (dummmy)	−0.062	0.054	0.043
Qual	0.238**	0.225*	0.214*
Last		0.319***	0.244**
Tigh			0.177*

续表

Variable	Model1	Model2	Model3
Adjusted R^2	0.108	0.207	0.315
R^2	0.114	0.235	0.336
R^2 Change	0.114	0.121	0.101
F Change	16.352	26.120	12.431
VIF 最大值	1.118	1.222	1.553

注：①因变量为组织学习；②$*p<0.05$，$**p<0.01$，$***p<0.001$；③本表报告的是标准化回归系数。

第四节 组织合法对中小企业信贷融资的影响

1. 相关分析

表 7-13 给出了研究中相关变量的皮尔逊相关系数。中小企业信贷约束缓解与组织合法显著正相关。

表 7-13 组织合法与中小企业信贷约束缓解相关分析

	Variable	1	2	3	4	5	6	7	8
1	Cred	1.000							
2	scale	−0.010	1.000						
3	age	−0.036	−0.045	1.000					
4	nationalized	−0.014	0.139*	0.285***	1.000				
5	private	0.030	−0.050	−0.278***	−0.277***	1.000			
6	foreign	−0.077	−0.072	0.045	−0.531***	−0.574***	1.000		
7	stockholding	0.157*	0.004	−0.102	−0.106	−0.114	−0.219***	1.000	
8	Repu	0.524***	0.025	0.075	0.070	0.017	−0.101	0.075	1.000

注：$*p<0.05$，$**p<0.01$，$***p<0.001$。

2. 分层多元回归

如表 7-14 所示，在控制了企业规模、年龄和性质等变量之后，组织合法对信贷约束缓解有显著的正向影响（$β=0.515$，$p<0.001$），因此 H3 得到了支持。

表 7-14 组织合法对中小企业信贷约束缓解影响的分层多元回归

Variable	Model1	Model2
scale (log)	−0.010	−0.023
age (log)	−0.020	−0.064
nationlized (dummmy)	0.003	−0.038
private (dummmy)	0.049	0.035
foreign (dummmy)	−0.045	0.001
stockholding (dummmy)	0.157*	0.118
Repu		0.515***
Adjusted R^2	0.019	0.281
R^2	0.025	0.288
R^2 Change	0.025	0.264
F Change	4.767	69.729
VIF 最大值	1.102	1.723

注：①因变量为信贷约束缓解；②*$p<0.05$，**$p<0.01$，***$p<0.001$；③本表报告的是标准化回归系数。

第五节 信息共享对中小企业信贷融资的影响

1. 相关分析

表 7-15 给出了研究中相关变量的皮尔逊相关系数。中小企业信贷约束缓解与信息共享显著正相关。

表 7-15 信息共享与中小企业信贷约束缓解相关分析

	Variable	1	2	3	4	5	6	7	8
1	Cred	1.000							
2	scale	−0.010	1.000						
3	age	−0.036	−0.045	1.000					
4	nationalized	−0.014	0.139*	0.285***	1.000				
5	private	0.030	−0.050	−0.278***	−0.277***	1.000			
6	foreign	−0.077	−0.072	0.045	−0.531***	−0.574***	1.000		
7	stockholding	0.157*	0.004	−0.102	−0.106	−0.114	−0.219***	1.000	
8	Info	0.600***	0.063	0.013	0.011	0.025	−0.034	0.115	1.000

注：*$p<0.05$，**$p<0.01$，***$p<0.001$。

2. 分层多元回归

如表7-16所示,在控制了企业规模、年龄和性质等变量之后,信息共享对信贷约束缓解有显著的正向影响($\beta=0.589$,$p<0.001$),因此H7得到了支持。

表7-16 信息共享对中小企业信贷约束缓解影响的分层多元回归

Variable	Model1	Model2
scale (log)	−0.010	−0.047
age (log)	−0.020	−0.019
nationlized (dummmy)	0.003	−0.011
private (dummmy)	0.049	0.059
foreign (dummmy)	−0.045	−0.039
stockholding (dummmy)	0.157*	0.089
Info		0.589***
Adjusted R^2	0.019	0.361
R^2	0.025	0.367
R^2 Change	0.025	0.343
F Change	4.767	101.896
VIF 最大值	1.102	1.892

注:①因变量为信贷约束缓解;②*$p<0.05$,**$p<0.01$,***$p<0.001$;③本表报告的是标准化回归系数。

第六节 组织学习对中小企业信贷融资的影响

1. 相关分析

表7-17给出了研究中相关变量的皮尔逊相关系数。中小企业信贷约束缓解与组织学习显著正相关。

2. 分层多元回归

如表7-18所示,在控制了企业规模、年龄和性质等变量之后,组织学习对信贷约束缓解有显著的正向影响($\beta=0.467$,$p<0.001$),因此H11得到了支持。

表7-17 组织学习与中小企业信贷约束缓解相关分析

	Variable	1	2	3	4	5	6	7	8
1	Cred	1.000							
2	scale	−0.004	1.000						

续表

	Variable	1	2	3	4	5	6	7	8
3	age	−0.036	−0.046	1.000					
4	nationalized	−0.012	0.135*	0.285***	1.000				
5	private	0.032	−0.055	−0.278***	−0.279***	1.000			
6	foreign	−0.081	−0.063	0.046	−0.530***	−0.573***	1.000		
7	stockholding	0.158*	0.002	−0.102	−0.107	−0.115	−0.219***	1.000	
8	Inte	0.475***	0.072	0.030	−0.105	−0.050	0.101	0.065	1.000

注：*$p<0.05$，**$p<0.01$，***$p<0.001$。

表 7-18　组织学习对中小企业信贷约束缓解影响的分层多元回归

Variable	Model1	Model2
scale（log）	−0.004	−0.037
age（log）	−0.020	−0.009
nationlized（dummmy）	0.005	−0.052
private（dummmy）	0.051	0.071
foreign（dummmy）	−0.048	−0.107
stockholding（dummmy）	0.158*	0.127*
Inte		0.467***
Adjusted R^2	0.020	0.234
R^2	0.025	0.242
R^2 Change	0.025	0.217
F Change	4.796	53.515
VIF 最大值	1.104	1.612

注：①因变量为信贷约束缓解；②*$p<0.05$，**$p<0.01$，***$p<0.001$；③本表报告的是标准化回归系数。

第七节　中介作用

本书依据巴隆和肯尼（1986）建议的程序来检查组织合法、信息共享和组织学习的中介作用，即首先检验自变量与因变量的关系；其次检验自变量与中介变量的关系；最后考察在控制中介变量的情况下自变量与因变量的关系。

一、一级维度模型检验

这部分主要检验资源获取在网络嵌入缓解信贷约束中起到的中介作用。具体检验过程如下：

1. 网络嵌入与信贷约束缓解的关系

表7-19和图7-1展示了网络嵌入对信贷约束缓解的影响，结构嵌入（γ=0.163，p<0.05）对信贷约束缓解的正向影响是显著的，关系嵌入（γ=0.329，p<0.001）对信贷约束缓解的正向影响也是显著的。

表7-19　网络嵌入与信贷约束缓解关系分析路径系数

题项	路径		Estimate	Estimate	S.E.	C.R.	P	Label
Cred	<---	Inst	0.163	0.210	0.105	1.999	0.046	par_10
Cred	<---	Rela	0.329	0.659	0.176	3.743	***	par_11
Open	<---	Inst	0.521	1.000				
Scop	<---	Inst	0.736	0.933	0.113	8.236	***	par_1
Cent	<---	Inst	0.802	1.333	0.156	8.553	***	par_2
Last	<---	Rela	0.545	1.000				
Tigh	<---	Rela	0.801	1.872	0.209	8.974	***	par_3
Qual	<---	Rela	0.708	1.480	0.176	8.429	***	par_4
Cred 1	<---	Cred	0.612	1.000				
Cred 2	<---	Cred	0.618	1.096	0.180	6.087	***	par_5
Cred 3	<---	Cred	0.528	0.858	0.157	5.477	***	par_6
Cred 4	<---	Cred	0.493	0.869	0.167	5.201	***	par_7
Cred 5	<---	Cred	0.579	1.037	0.178	5.839	***	par_8
Cred 6	<---	Cred	0.440	0.763	0.160	4.757	***	par_9
Rela	<-->	Inst	0.838	0.296	0.077	3.853	***	par_12

注：***p<0.001。

表7-20展示了模型的拟合结果，表明了网络嵌入和信贷约束缓解两者之间的关系模型具有很好的拟合效度〔Chi-square（51）=96.820，p<0.001；Chi-square/df=1.886；RMSEA=0.069；NFI=0.855；IFI=0.926；TLI=0.881；CFI=0.922〕。

2. 网络嵌入与资源获取的关系

表7-21和图7-2展示了网络嵌入对资源获取的影响，结构嵌入（γ=0.221，p<0.01）对资源获取的正向影响是显著的，关系嵌入（γ=0.360，p<0.001）对资源获取的正向影响是显著的。

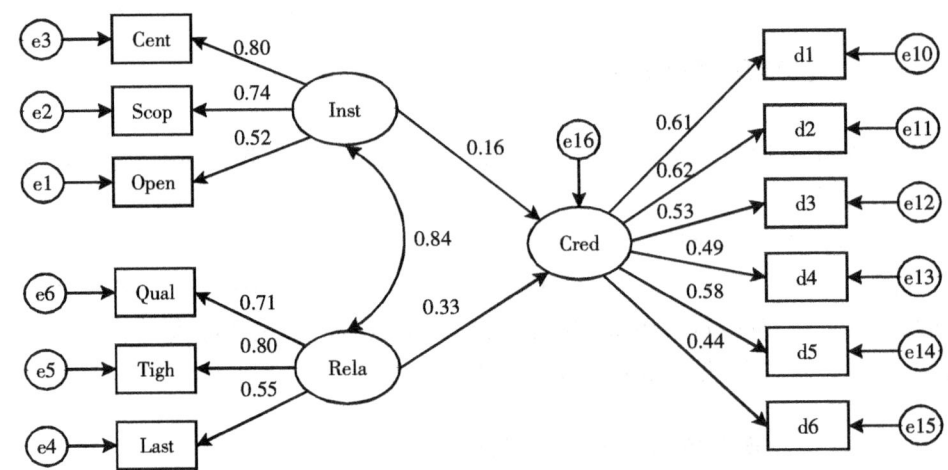

图 7-1　网络嵌入与信贷约束缓解的关系模型

表 7-20　网络嵌入与信贷约束缓解关系模型拟合指标

测量模型	Chi-square	df	Chi-square/df	RMSEA	NFI	IFI	TLI	CFI
验证模型	96.820	51	1.886	0.069	0.855	0.926	0.881	0.922
独立模型	668.384	78						

表 7-21　网络嵌入与资源获取关系分析路径系数

题项	路径		Estimate	Estimate	S.E.	C.R.	P	Label
Resc	<----	Inst	0.221	0.198	0.071	2.775	0.006	par_7
Resc	<----	Rela	0.360	0.505	0.122	4.145	***	par_8
Open	<----	Inst	0.527	1.000				
Scop	<----	Inst	0.732	0.918	0.111	8.298	***	par_1
Cent	<----	Inst	0.803	1.323	0.153	8.657	***	par_2
Last	<----	Rela	0.546	1.000				
Tigh	<----	Rela	0.801	1.870	0.208	8.987	***	par_3
Qual	<----	Rela	0.707	1.476	0.175	8.431	***	par_4
Repu	<----	Resc	0.590	1.000				
Info	<----	Resc	0.802	1.632	0.230	7.105	***	par_5
Inte	<----	Resc	0.726	1.596	0.229	6.959	***	par_6
Rela	<-->	Inst	0.839	0.325	0.079	4.108	***	par_9

注：***$p<0.001$。

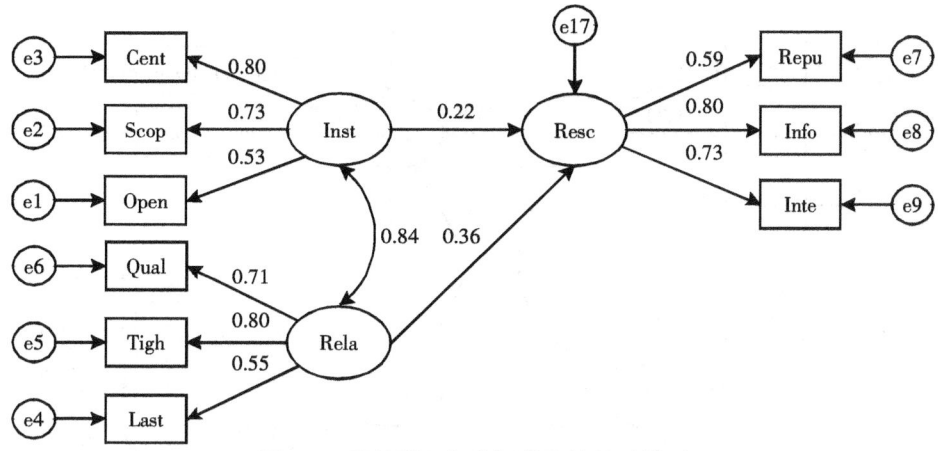

图 7-2 网络嵌入与资源获取的关系模型

表 7-22 展示了模型的拟合结果，表明了网络嵌入和资源获取两者之间的关系模型具有很好的拟合效度［Chi-square（24）=56.559，p<0.001；Chi-square/df=2.357；RMSEA=0.070；NFI=0.908；RFI=0.828；IFI=0.945；CFI=0.943］。

表 7-22 网络嵌入与资源获取关系模型拟合指标

测量模型	Chi-square	df	Chi-square/df	RMSEA	NFI	RFI	IFI	CFI
验证模型	56.559	24	2.357	0.070	0.908	0.828	0.945	0.943
独立模型	615.381	45						

3. 网络嵌入、资源获取和信贷约束缓解的结构模型

图 7-3 和表 7-23 展示了网络嵌入、资源获取和信贷约束缓解三者的结构模型分析，结构嵌入（γ=0.228，p<0.01）对资源获取的正向影响是显著的，关系嵌入（γ=0.365，p<0.001）对资源获取的正向影响是显著的。资源获取（γ=0.936，p<0.001）对信贷约束缓解具有显著的正向影响；在控制了资源获取这一中介变量以后，结构嵌入（γ=-0.051，p>0.05）对信贷约束缓解的影响不再显著，关系嵌入（γ=-0.015，p>0.05）对信贷约束缓解的影响不再显著，这一结果支持了 H13 和 H14。

表 7-24 展示了模型的拟合结果，表明了网络嵌入、资源获取和信贷约束缓解三者之间的关系模型具有很好的拟合效度［Chi-square（84）=149.704，p<0.001，Chi-square/df=1.782；RMSEA=0.064；NFI=0.849；IFI=0.928；TLI=0.892；CFI=0.925］。

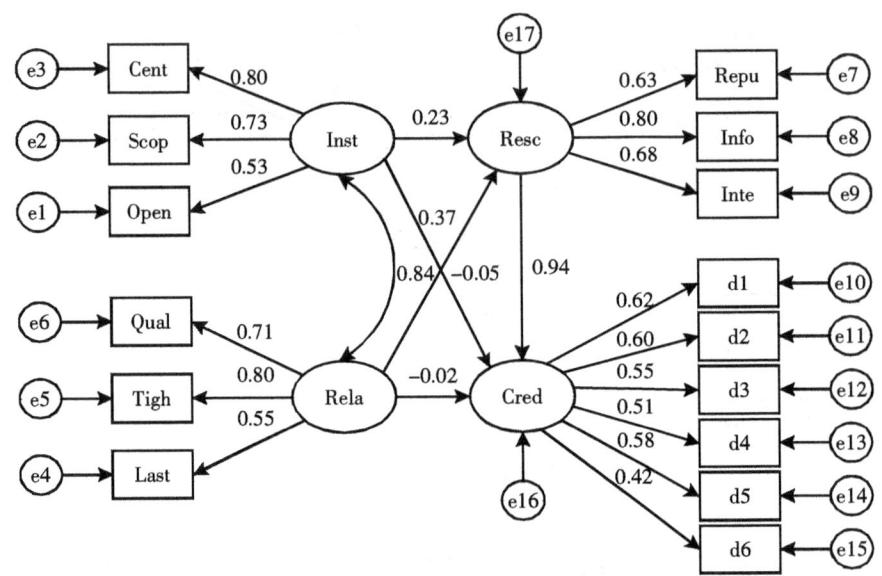

图 7-3　网络嵌入、资源获取与信贷约束缓解的关系模型

表 7-23　网络嵌入、资源获取与信贷约束缓解关系分析路径系数

题项	路径		Estimate	Estimate	S.E.	C.R.	P	Label
Resc	<---	Inst	0.228	0.216	0.075	2.886	0.004	par_12
Resc	<---	Rela	0.365	0.542	0.125	4.323	***	par_13
Cred	<---	Resc	0.936	1.264	0.228	5.543	***	par_14
Cred	<---	Inst	−0.051	−0.066	0.093	−0.704	0.482	par_15
Cred	<---	Rela	−0.015	−0.030	0.151	−0.197	0.844	par_16
Open	<---	Inst	0.527	1.000				
Scop	<---	Inst	0.734	0.921	0.111	8.324	***	par_1
Cent	<---	Inst	0.801	1.319	0.152	8.661	***	par_2
Last	<---	Rela	0.547	1.000				
Tigh	<---	Rela	0.801	1.862	0.207	9.016	***	par_3
Qual	<---	Rela	0.707	1.471	0.174	8.458	***	par_4
Repu	<---	Resc	0.628	1.000				
Info	<---	Resc	0.803	1.537	0.185	8.298	***	par_5
Inte	<---	Resc	0.684	1.414	0.189	7.498	***	par_6
Cred1	<---	Cred	0.615	1.000				
Cred2	<---	Cred	0.600	1.059	0.163	6.492	***	par_7
Cred3	<---	Cred	0.550	0.889	0.146	6.071	***	par_8
Cred4	<---	Cred	0.507	0.890	0.156	5.692	***	par_9
Cred5	<---	Cred	0.575	1.026	0.163	6.288	***	par_10
Cred6	<---	Cred	0.424	0.732	0.149	4.899	***	par_11
Rela	<-->	Inst	0.842	0.317	0.078	4.049	***	par_17

表 7-24　网络嵌入、资源获取与信贷约束缓解关系模型拟合指标

测量模型	Chi-square	df	Chi-square/df	RMSEA	NFI	IFI	TLI	CFI
验证模型	149.704	84	1.782	0.064	0.849	0.928	0.892	0.925
独立模型	991.099	120						

二、二级维度模型检验

本部分将从网络嵌入的二级维度，即结构嵌入（网络中心度、网络范围、网络开放度）和关系嵌入（关系质量、关系强度、关系持久度），以及资源获取的二级维度（组织合法、信息共享、组织学习）进行假设检验，深入考察理论模型。

1. 网络中心度、网络范围、网络开放度与资源获取及信贷约束缓解的结构模型

表 7-25 和图 7-4 展示了结构嵌入对信贷约束缓解的影响，网络范围（$\gamma=0.386$，$p<0.001$）对信贷约束缓解的正向影响是显著的，网络开放度对信贷约束缓解的影响不显著，网络中心度对信贷约束缓解的影响不显著。

表 7-26 展示了模型的拟合结果，表明了结构嵌入和信贷约束缓解两者之间的关系模型具有很好的拟合效度 [Chi-square（24）=54.960，$p<0.001$；Chi-square/df=2.290；RMSEA=0.069；NFI=0.864；IFI=0.919；TLI=0.839；CFI=0.914]。

表 7-25　结构嵌入与信贷约束缓解关系分析路径系数

题项	路径		Estimate	Estimate	S.E.	C.R.	P	Label
Cred	<---	Scop	0.386	0.404	0.108	3.727	***	par_9
Cred	<---	Cent	0.080	0.064	0.073	0.876	0.381	par_10
Cred	<---	Open	0.164	0.113	0.065	1.746	0.081	par_11
Cred1	<---	Cred	0.630	1.000				
Cred2	<---	Cred	0.624	1.075	0.171	6.292	***	par_1
Cred3	<---	Cred	0.524	0.828	0.149	5.567	***	par_2
Cred4	<---	Cred	0.482	0.826	0.158	5.210	***	par_3
Cred5	<---	Cred	0.557	0.970	0.167	5.823	***	par_4
Cred6	<---	Cred	0.442	0.744	0.153	4.855	***	par_5
Scop	<-->	Cent	0.523	0.610	0.095	6.384	***	par_6
Scop	<-->	Open	0.543	0.729	0.111	6.581	***	par_7
Cent	<-->	Open	0.451	0.795	0.140	5.658	***	par_8

注：***$p<0.001$。

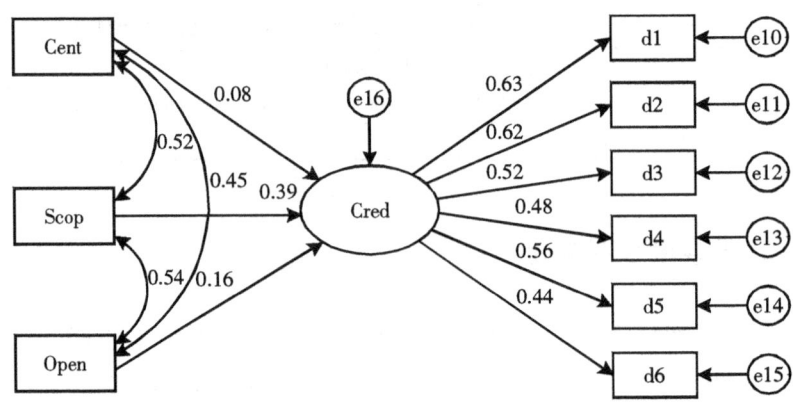

图 7-4 结构嵌入与信贷约束缓解的关系模型

表 7-26 结构嵌入与信贷约束缓解关系模型拟合指标

测量模型	Chi-square	df	Chi-square/df	RMSEA	NFI	IFI	TLI	CFI
验证模型	54.960	24	2.290	0.069	0.864	0.919	0.839	0.914
独立模型	404.855	45						

图 7-5 和表 7-27 展示了结构嵌入对资源获取的影响,网络范围（$\gamma=0.244$,$p<0.01$）对资源获取的正向影响是显著的,网络中心度（$\gamma=0.238$,$p<0.01$）对资源获取的正向影响是显著的,网络开放度（$\gamma=0.247$,$p<0.01$）对资源获取的正向影响是显著的。

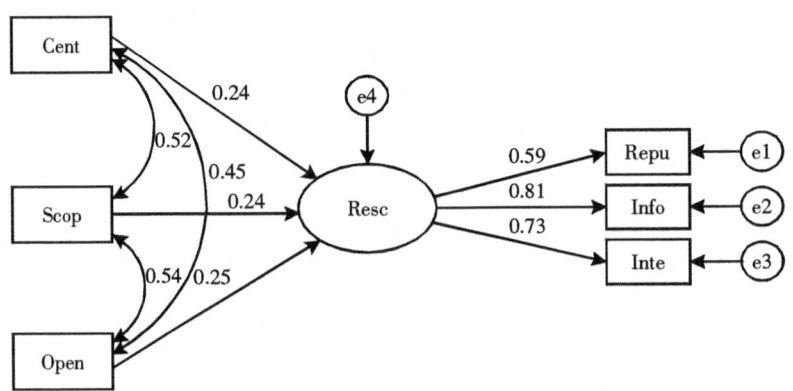

图 7-5 结构嵌入与资源获取的关系模型

表 7-27 结构嵌入与资源获取关系分析路径系数

题项	路径		Estimate	Estimate	S.E.	C.R.	P	Label
Resc	<---	Scop	0.244	0.172	0.066	2.604	0.009	par_6
Resc	<---	Cent	0.238	0.128	0.048	2.690	0.007	par_7
Resc	<---	Open	0.247	0.115	0.042	2.751	0.006	par_8
Repu	<---	Resc	0.585	1.000				
Info	<---	Resc	0.808	1.659	0.234	7.092	***	par_1
Inte	<---	Resc	0.725	1.609	0.232	6.928	***	par_2
Scop	<-->	Cent	0.524	0.610	0.095	6.385	***	par_3
Scop	<-->	Open	0.543	0.729	0.111	6.581	***	par_4
Cent	<-->	Open	0.451	0.795	0.140	5.658	***	par_5

注：***p<0.001。

表 7-28 展示了模型的拟合结果，表明了结构嵌入和资源获取两者之间的关系模型具有很好的拟合效度 [Chi-square（6）=13.663，p<0.001；Chi-square/df=2.277；RMSEA=0.067；NFI=0.961；RFI=0.863；IFI=0.978；CFI=0.977]。

表 7-28 结构嵌入与资源获取关系模型拟合指标

测量模型	Chi-square	df	Chi-square/df	RMSEA	NFI	RFI	IFI	CFI
验证模型	13.663	6	2.277	0.067	0.961	0.863	0.978	0.977
独立模型	349.155	21						

表 7-29 和图 7-6 展示了结构嵌入、资源获取和信贷约束缓解三者的结构模型分析，网络中心度（γ=0.244，p<0.01）、网络范围（γ=0.246，p<0.01）、网络开放度（γ=0.248，p<0.01）这三个维度对资源获取的正向影响均是显著的。资源获取（γ=0.904，p<0.001）对信贷约束缓解具有显著的正向影响；在控制了资源获取这一中介变量以后，网络范围（γ=0.159，p>0.05）对信贷约束缓解的影响不再显著，这一结果支持了 H13b。由于网络中心度和网络开放度对信贷约束缓解的影响不显著，所以不存在是否具有中介作用的讨论，这样 H13a 和 H13c 没有得到支持，H13 得到部分支持。

表 7-29 结构嵌入、资源获取与信贷约束缓解关系分析路径系数

题项	路径		Estimate	Estimate	S.E.	C.R.	P	Label
Resc	<---	Cent	0.244	0.138	0.049	2.793	0.005	par_4
Resc	<---	Scop	0.246	0.183	0.069	2.664	0.008	par_5
Resc	<---	Open	0.248	0.121	0.043	2.798	0.005	par_6
Cred	<---	Open	−0.059	−0.029	0.041	−0.699	0.485	par_7

续表

题项	路径		Estimate	Estimate	S.E.	C.R.	P	Label
Cred	<---	Scop	0.159	0.118	0.068	1.738	0.082	par_8
Cred	<---	Cent	−0.142	−0.080	0.049	−1.637	0.102	par_9
Cred	<---	Resc	0.904	0.904	0.204	4.431	***	par_15
Repu	<---	Resc	0.615	1.000				
Inte	<---	Resc	0.683	1.441	0.195	7.386	***	par_10
Cred6	<---	Cred	0.420	1.000				
Cred5	<---	Cred	0.557	1.370	0.292	4.687	***	par_11
Cred4	<---	Cred	0.497	1.203	0.271	4.438	***	par_12
Cred2	<---	Cred	0.613	1.491	0.305	4.883	***	par_13
Cred1	<---	Cred	0.630	1.413	0.286	4.937	***	par_14
Info	<---	Resc	0.815	1.591	0.194	8.207	***	par_16
Cred3	<---	Cred	0.600	1.059	0.163	6.492	***	par_7
Scop	<-->	Cent	0.524	0.610	0.095	6.385	***	par_1
Scop	<-->	Open	0.543	0.729	0.111	6.581	***	par_2
Cent	<-->	Open	0.451	0.795	0.140	5.658	***	par_3

注：***p<0.001。

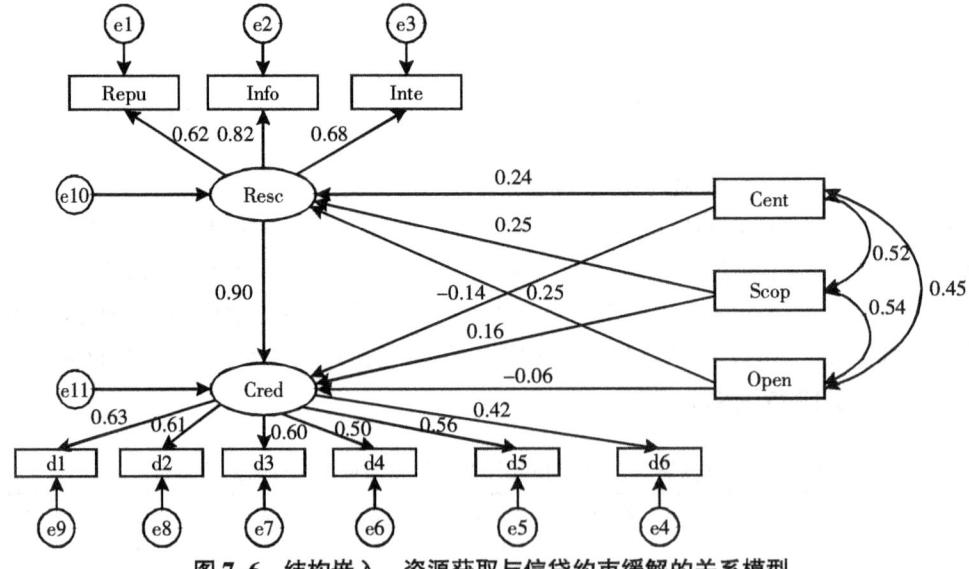

图7-6 结构嵌入、资源获取与信贷约束缓解的关系模型

表7-30展示了模型的拟合结果，表明了结构嵌入、资源获取和信贷约束缓解三者之间的关系模型具有很好的拟合效度 [Chi-square（47）=94.782，p<

0.001；Chi-square/df=2.017；RMSEA=0.061；NFI=0.868；IFI=0.929；TLI=0.876；CFI=0.925〕。

表7-30　结构嵌入、资源获取与信贷约束缓解关系模型拟合指标

测量模型	Chi-square	df	Chi-square/df	RMSEA	NFI	IFI	TLI	CFI
验证模型	94.782	47	2.017	0.061	0.868	0.929	0.876	0.925
独立模型	716.595	78						

2. 关系质量、关系强度、关系持久度与资源获取及信贷约束缓解的结构模型

表7-31和图7-7展示了关系嵌入对信贷约束缓解的影响，关系强度（γ=0.276，p<0.01）对信贷约束缓解的正向影响是显著的，关系持久度（γ=0.187，p<0.05）对信贷约束缓解的正向影响是显著的，关系质量对信贷约束缓解的影响不显著。

表7-32展示了模型的拟合结果，表明了关系嵌入和信贷约束缓解两者之间的关系模型具有很好的拟合效度〔Chi-square（24）=41.995，p<0.001；Chi-square/df=1.750；RMSEA=0.063；NFI=0.885；IFI=0.947；TLI=0.894；CFI=0.944〕。

表7-31　关系嵌入与信贷约束缓解关系分析路径系数

题项	路径		Estimate	Estimate	S.E.	C.R.	P	Label
Cred	<---	Tigh	0.276	0.233	0.085	2.734	0.006	par_7
Cred	<---	Qual	0.111	0.105	0.093	1.126	0.260	par_8
Cred	<---	Last	0.187	0.201	0.099	2.025	0.043	par_9
Cred1	<---	Cred	0.604	1.000				
Cred2	<---	Cred	0.625	1.123	0.186	6.041	***	par_1
Cred4	<---	Cred	0.511	0.913	0.173	5.285	***	par_2
Cred5	<---	Cred	0.566	1.029	0.181	5.683	***	par_3
Cred6	<---	Cred	0.439	0.771	0.164	4.703	***	par_4
Cred3	<---	Cred	0.531	0.874	0.161	5.433	***	par_11
Tigh	<-->	Qual	0.551	0.613	0.092	6.643	***	par_5
Tigh	<-->	Last	0.429	0.419	0.077	5.428	***	par_6
Qual	<-->	Last	0.443	0.387	0.070	5.562	***	par_10

注：***p<0.001。

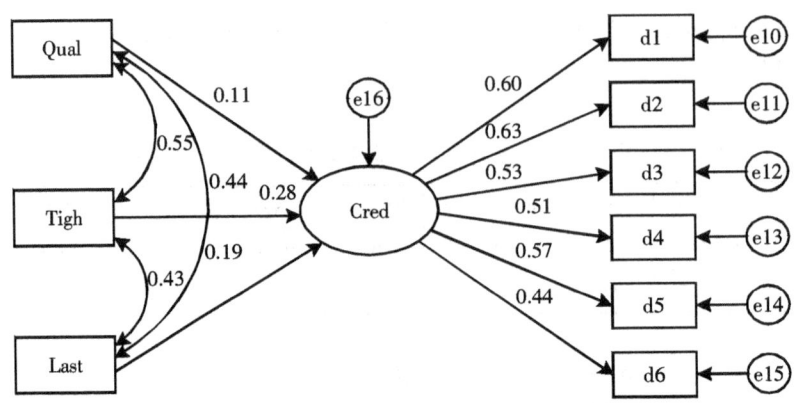

图 7-7 关系嵌入与信贷约束缓解的关系模型

表 7-32 关系嵌入与信贷约束缓解关系模型拟合指标

测量模型	Chi-square	df	Chi-square/df	RMSEA	NFI	IFI	TLI	CFI
验证模型	41.995	24	1.750	0.063	0.885	0.947	0.894	0.944
独立模型	364.415	45						

表 7-33 和图 7-8 展示了关系嵌入对资源获取的影响,关系质量（γ=0.164, p<0.05）对资源获取的正向影响是显著的,关系强度（γ=0.289, p<0.01）对资源获取的正向影响是显著的,关系持久性（γ=0.293, p<0.001）对资源获取的正向影响是显著的。

表 7-34 展示了模型的拟合结果,表明了关系嵌入和资源获取两者之间的关系模型具有很好的拟合效度 [Chi-square (6) =17.472, p<0.001; Chi-square/df=2.912; RMSEA=0.069; NFI=0.939; RFI=0.825; IFI=0.956; CFI=0.954]。

表 7-33 关系嵌入与资源获取关系分析路径系数

题项	路径		Estimate	Estimate	S.E.	C.R.	P	Label
Resc	<---	Tigh	0.289	0.173	0.056	3.094	0.002	par_6
Resc	<---	Qual	0.164	0.083	0.060	1.384	0.045	par_7
Resc	<---	Last	0.293	0.222	0.067	3.322	***	par_8
Repu	<---	Resc	0.586	1.000				
Info	<---	Resc	0.802	1.644	0.233	7.041	***	par_1
Inte	<---	Resc	0.731	1.619	0.234	6.922	***	par_2
Tigh	<-->	Qual	0.551	0.613	0.092	6.643	***	par_3
Tigh	<-->	Last	0.429	0.419	0.077	5.429	***	par_4
Qual	<-->	Last	0.443	0.387	0.070	5.564	***	par_5

注：***p<0.001。

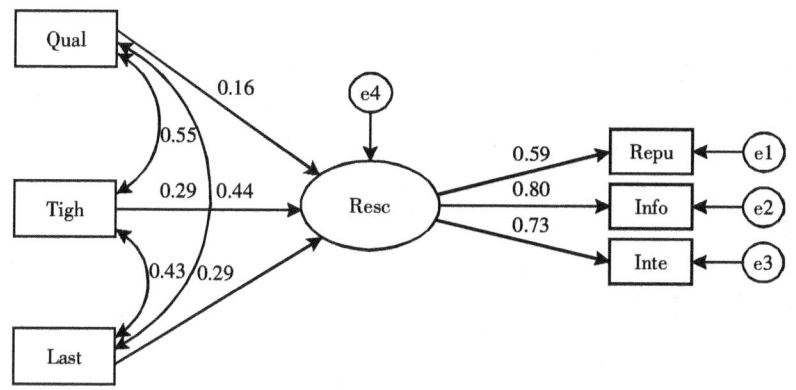

图 7-8 关系嵌入与资源获取的关系模型

表 7-34 关系嵌入与资源获取关系模型拟合指标

测量模型	Chi-square	df	Chi-square/df	RMSEA	NFI	RFI	IFI	CFI
验证模型	17.472	6	2.912	0.069	0.939	0.825	0.956	0.954
独立模型	334.602	21						

表 7-35 和图 7-9 展示了关系嵌入、资源获取和信贷约束缓解三者的结构模型分析，关系质量（γ=0.186，p<0.05）、关系强度（γ=0.296，p<0.001）和关系持久性（γ=0.291，p<0.001）对资源获取的正向影响都是显著的。资源获取（γ=0.938，p<0.001）对信贷约束缓解具有显著的正向影响；在控制了资源获取这一中介变量以后，关系强度（γ=-0.001，p>0.05）、关系持久性（γ=-0.086，p>0.05）对信贷约束缓解的影响都不再显著了，支持了 H14b 和 H14c。由于关系质量对信贷约束缓解的影响不显著，所以不存在是否具有中介作用的讨论，H14a 未得到支持，H14 得到部分支持。

表 7-36 展示了模型的拟合结果，表明了关系嵌入、资源获取和信贷约束缓解三者之间的关系模型具有很好的拟合效度［Chi-square（47）=87.067，p<0.001；Chi-square/df=1.852；RMSEA=0.067；NFI=0.872；IFI=0.937；TLI=0.890；CFI=0.933］。

表 7-35 关系嵌入、资源获取与信贷约束缓解关系分析路径系数

题项	路径		Estimate	Estimate	S.E.	C.R.	P	Label
Resc	<---	Qual	0.186	0.093	0.063	1.471	0.043	par_4
Resc	<---	Tigh	0.296	0.188	0.058	3.219	0.001	par_5
Resc	<---	Last	0.291	0.235	0.070	3.375	***	par_6
Cred	<---	Last	−0.086	−0.069	0.068	−1.013	0.311	par_7
Cred	<---	Tigh	−0.001	0.000	0.056	−0.007	0.994	par_8

续表

题项	路径		Estimate	Estimate	S.E.	C.R.	P	Label
Cred	<---	Qual	-0.016	-0.011	0.059	-0.189	0.850	par_9
Cred	<---	Resc	0.938	0.932	0.207	4.502	***	par_15
Repu	<---	Resc	0.624	1.000				
Inte	<---	Resc	0.686	1.428	0.191	7.486	***	par_10
Cred6	<---	Cred	0.423	1.000				
Cred5	<---	Cred	0.570	1.393	0.294	4.737	***	par_11
Cred4	<---	Cred	0.513	1.232	0.273	4.505	***	par_12
Cred2	<---	Cred	0.602	1.454	0.300	4.847	***	par_13
Cred1	<---	Cred	0.613	1.364	0.279	4.883	***	par_14
Info	<---	Resc	0.805	1.550	0.188	8.264	***	par_16
Cred3	<---	Cred	0.550	1.218	0.261	4.660	***	par_17
Scop	<-->	Cent	0.551	0.613	0.092	6.643	***	par_1
Scop	<-->	Open	0.429	0.419	0.077	5.429	***	par_2
Cent	<-->	Open	0.443	0.387	0.070	5.565	***	par_3

注：***p<0.001。

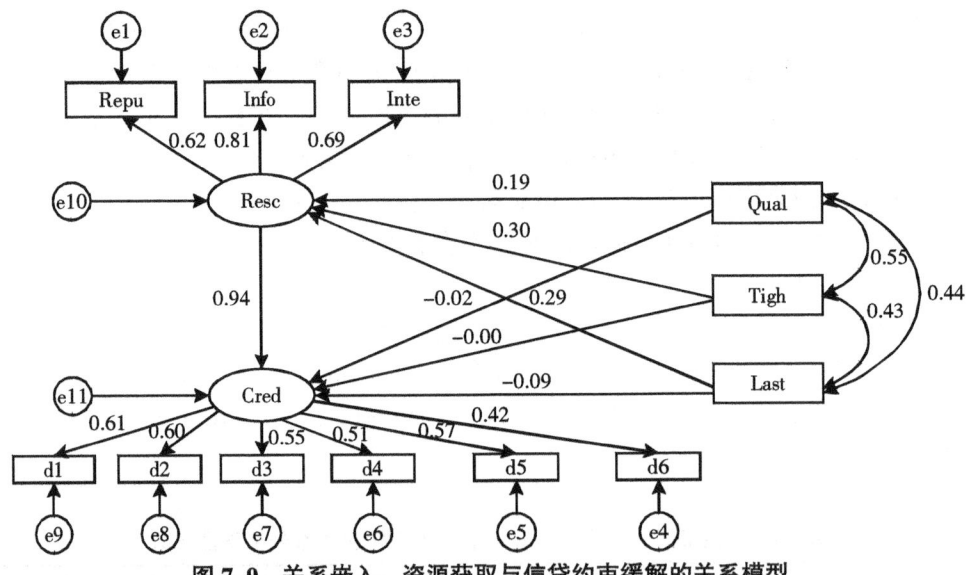

图 7-9 关系嵌入、资源获取与信贷约束缓解的关系模型

表 7-36 关系嵌入、资源获取与信贷约束缓解关系模型拟合指标

测量模型	Chi-square	df	Chi-square/df	RMSEA	NFI	IFI	TLI	CFI
验证模型	87.067	47	1.852	0.067	0.872	0.937	0.890	0.933
独立模型	680.368	78						

3. 网络嵌入、组织合法和信贷约束缓解的结构模型

图 7-10 和表 7-37 展示了网络嵌入对组织合法的影响，结构嵌入（γ=0.239，p<0.001）对组织合法的正向影响是显著的，关系嵌入（γ=0.216，p<0.001）对组织合法的正向影响是显著的。

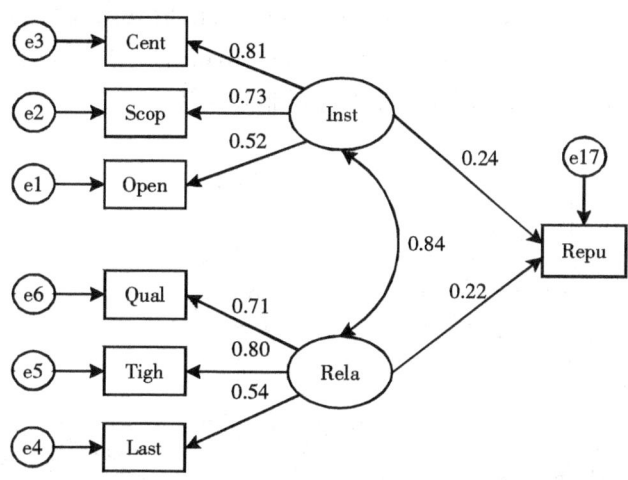

图 7-10　网络嵌入与组织合法的关系模型

表 7-37　网络嵌入与组织合法关系分析路径系数

题项	路径		Estimate	Estimate	S.E.	C.R.	P	Label
Open	<---	Inst	0.515	1.000				
Cent	<---	Inst	0.806	1.355	0.161	8.439	***	par_1
Last	<---	Rela	0.542	1.000				
Qual	<---	Rela	0.711	1.494	0.178	8.412	***	par_2
Repu	<---	Inst	0.239	0.368	0.106	3.486	***	par_4
Repu	<---	Rela	0.216	0.517	0.159	3.254	0.001	par_5
Scop	<---	Inst	0.733	0.940	0.116	8.099	***	par_6
Tigh	<---	Rela	0.801	1.881	0.211	8.928	***	par_7
Inst	<-->	Rela	0.839	0.294	0.077	3.815	***	par_1

注：***p<0.001。

表 7-38 展示了模型的拟合结果，表明了网络嵌入和组织合法两者之间的关系模型具有很好的拟合效度 ［Chi-square（12）=34.102，p<0.001；Chi-square/df=2.842；RMSEA=0.073；NFI=0.918；RFI=0.809；IFI=0.944；CFI=0.942］。

表 7-38　网络嵌入与组织合法关系模型拟合指标

测量模型	Chi-square	df	Chi-square/df	RMSEA	NFI	RFI	IFI	CFI
验证模型	34.102	12	2.842	0.073	0.918	0.809	0.944	0.942
独立模型	440.397	28						

图 7-11 和表 7-39 展示了网络嵌入、组织合法和信贷约束缓解三者的结构模型分析，结构嵌入（γ=0.238，p<0.001）对组织合法的正向影响是显著的，关系嵌入（γ=0.217，p<0.001）对组织合法的正向影响是显著的；组织合法（γ=0.474，p<0.001）对信贷约束缓解具有显著的正向影响；在控制了组织合法这一中介变量以后，结构嵌入（γ=0.048，p>0.05）对信贷约束缓解的影响不再显著，这一结果支持了 H4a；而关系嵌入（γ=0.223，p<0.01）对信贷约束缓解的影响仍然显著，所以 H4b 没有得到支持，H4 得到部分支持。

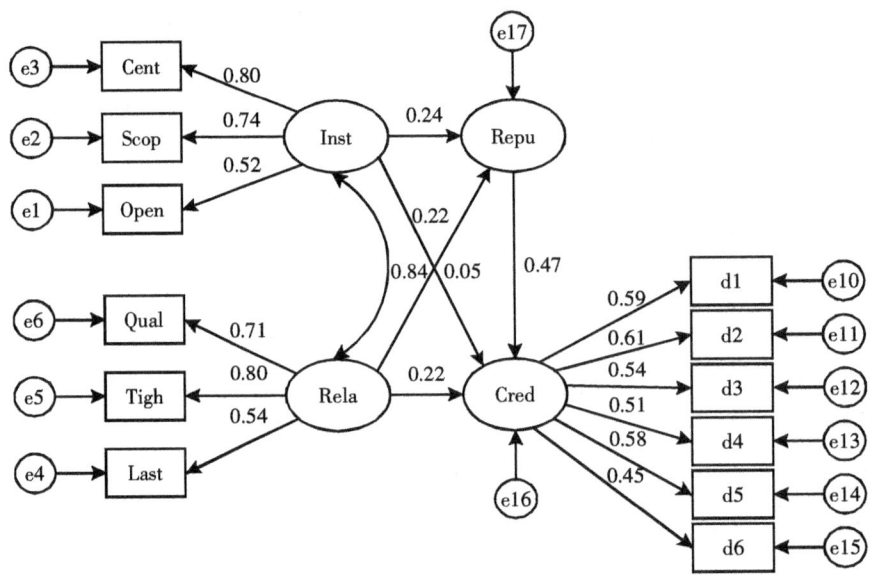

图 7-11 网络嵌入、组织合法与信贷约束缓解的关系模型

表 7-39 网络嵌入、组织合法与信贷约束缓解关系分析路径系数

题项	路径		Estimate	Estimate	S.E.	C.R.	P	Label
Repu	<---	Inst	0.238	0.364	0.104	3.492	***	par_13
Repu	<---	Rela	0.217	0.518	0.158	3.276	0.001	par_15
Cred	<---	Inst	0.048	0.059	0.092	0.647	0.518	par_10
Cred	<---	Rela	0.223	0.432	0.150	2.874	0.004	par_11
Cred	<---	Repu	0.474	0.386	0.079	4.904	***	par_14
Open	<---	Inst	0.520	1.000				
Scop	<---	Inst	0.736	0.935	0.114	8.224	***	par_1
Cent	<---	Inst	0.801	1.335	0.156	8.537	***	par_2
Last	<---	Rela	0.544	1.000				
Tigh	<---	Rela	0.799	1.870	0.209	8.957	***	par_3
Qual	<---	Rela	0.711	1.491	0.176	8.451	***	par_4

续表

题项	路径		Estimate	Estimate	S.E.	C.R.	P	Label
Cred1	<---	Cred	0.592	1.000				
Cred2	<---	Cred	0.605	1.110	0.183	6.081	***	par_5
Cred3	<---	Cred	0.540	0.908	0.161	5.623	***	par_6
Cred4	<---	Cred	0.513	0.937	0.173	5.419	***	par_7
Cred5	<---	Cred	0.583	1.081	0.182	5.933	***	par_8
Cred6	<---	Cred	0.452	0.812	0.165	4.915	***	par_9
Rela	<-->	Inst	0.838	0.296	0.077	3.860	***	par_12

注：***p<0.001。

表7-40展示了模型的拟合结果，表明了网络嵌入、组织合法和信贷约束缓解三者之间的关系模型具有很好的拟合效度[Chi-square（60）=104.127，p<0.001；Chi-square/df=1.735；RMSEA=0.062；NFI=0.862；IFI=0.936；TLI=0.899；CFI=0.933]。

表7-40 网络嵌入、组织合法与信贷约束缓解关系模型拟合指标

测量模型	Chi-square	df	Chi-square/df	RMSEA	NFI	IFI	TLI	CFI
验证模型	104.127	60	1.735	0.062	0.862	0.936	0.899	0.933
独立模型	752.653	91						

4. 网络嵌入、信息共享和信贷约束缓解的结构模型

图7-12和表7-41展示了网络嵌入对信息共享的影响，结构嵌入（γ=0.152，p<0.05）对信息共享的正向影响是显著的，关系嵌入（γ=0.313，p<0.001）对信息共享的正向影响是显著的。

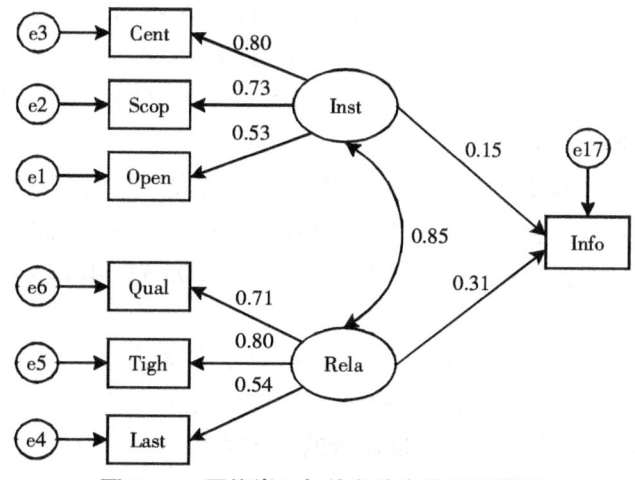

图7-12 网络嵌入与信息共享的关系模型

表 7-41　网络嵌入与信息共享关系分析路径系数

题项	路径		Estimate	Estimate	S.E.	C.R.	P	Label
Open	<---	Inst	0.529	1.000				
Cent	<---	Inst	0.804	1.319	0.152	8.700	***	par_1
Last	<---	Rela	0.543	1.000				
Qual	<---	Rela	0.708	1.485	0.177	8.404	***	par_2
Info	<---	Inst	0.152	0.275	0.122	2.245	0.025	par_4
Info	<---	Rela	0.313	0.895	0.199	4.490	***	par_5
Scop	<---	Inst	0.730	0.912	0.110	8.321	***	par_6
Tigh	<---	Rela	0.802	1.879	0.210	8.947	***	par_7
Inst	<-->	Rela	0.850	0.330	0.080	4.128	***	par_5

注：***p<0.001。

表 7-42 展示了模型的拟合结果，表明了网络嵌入和信息共享两者之间的关系模型具有很好的拟合效度［Chi-square（12）=34.944，p<0.001；Chi-square/df=2.912；RMSEA=0.076；NFI=0.904；TLI=0.828；IFI=0.929；CFI=0.926］。

表 7-42　网络嵌入与信息共享关系模型拟合指标

测量模型	Chi-square	df	Chi-square/df	RMSEA	NFI	TLI	IFI	CFI
验证模型	34.944	12	2.912	0.076	0.904	0.828	0.929	0.926
独立模型	352.658	28						

图 7-13 和表 7-43 展示了网络嵌入、信息共享和信贷约束缓解三者的结构模型分析，结构嵌入（γ=0.152，p<0.05）对信息共享的正向影响是显著的，关系嵌入（γ=0.313，p<0.001）对信息共享的正向影响是显著的；信息共享（γ=0.620，p<0.001）对信贷约束缓解具有显著的正向影响；在控制了信息共享这一中介变量以后，结构嵌入（γ=0.072，p>0.05）对信贷约束缓解的影响不再显著，关系嵌入（γ=0.132，p>0.05）对信贷约束缓解的影响不再显著，这一结果支持了 H8a 和 H8b，H8 得到了支持。

表 7-44 展示了模型的拟合结果，表明了网络嵌入、信息共享和信贷约束缓解三者之间的关系模型具有很好的拟合效度［Chi-square（60）= 115.234，p<0.001；Chi-square/df=1.923；RMSEA=0.070；NFI=0.855；IFI=0.925；TLI=0.881；CFI=0.921］。

5. 网络嵌入、组织学习和信贷约束缓解的结构模型

表 7-45 和图 7-14 展示了网络嵌入对组织学习的影响，结构嵌入（γ=0.135，p<0.05）对组织学习的正向影响是显著的，关系嵌入（γ=0.225，p<0.001）对组织学习的正向影响是显著的。

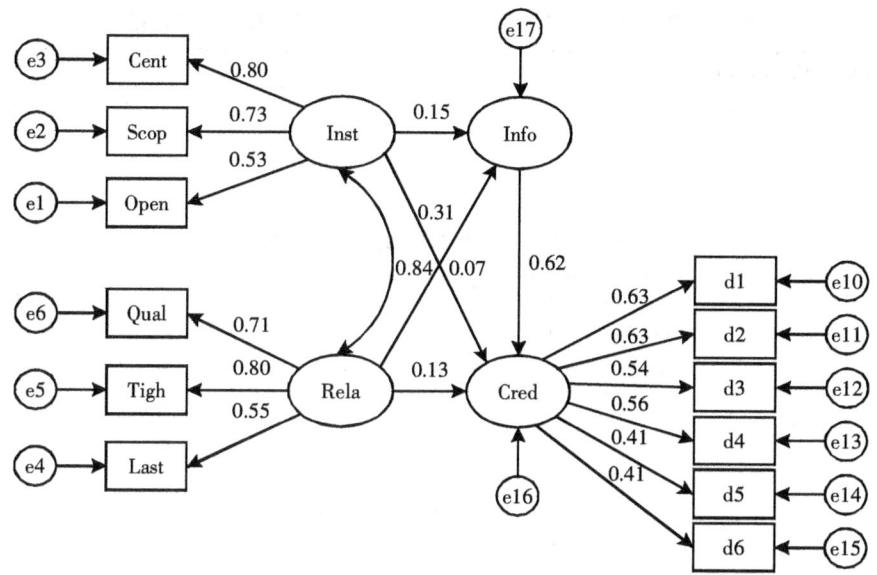

图 7-13 网络嵌入、信息共享与信贷约束缓解的关系模型

表 7-43 网络嵌入、信息共享与信贷约束缓解关系分析路径系数

题项	路径		Estimate	Estimate	S.E.	C.R.	P	Label
Info	<---	Inst	0.152	0.275	0.122	2.248	0.025	par_13
Info	<---	Rela	0.313	0.893	0.199	4.499	***	par_15
Cred	<---	Inst	0.072	0.094	0.088	1.068	0.286	par_10
Cred	<---	Rela	0.132	0.273	0.138	1.979	0.051	par_11
Cred	<---	Info	0.620	0.447	0.069	6.485	***	par_14
Open	<---	Inst	0.528	1.000				
Scop	<---	Inst	0.733	0.917	0.110	8.339	***	par_1
Cent	<---	Inst	0.802	1.317	0.152	8.691	***	par_2
Last	<---	Rela	0.545	1.000				
Tigh	<---	Rela	0.801	1.872	0.209	8.971	***	par_3
Qual	<---	Rela	0.708	1.480	0.176	8.426	***	par_4
Cred1	<---	Cred	0.629	1.000				
Cred2	<---	Cred	0.631	1.090	0.162	6.728	***	par_5
Cred3	<---	Cred	0.541	0.857	0.143	5.987	***	par_6
Cred4	<---	Cred	0.559	0.835	0.152	5.487	***	par_5
Cred5	<---	Cred	0.407	0.976	0.159	6.142	***	par_6
Cred6	<---	Cred	0.407	0.687	0.146	4.711	***	par_7
Rela	<-->	Inst	0.843	0.313	0.078	4.008	***	par_12

注：***p<0.001。

表 7-44 网络嵌入、信息共享与信贷约束缓解关系模型拟合指标

测量模型	Chi-square	df	Chi-square/df	RMSEA	NFI	IFI	TLI	CFI
验证模型	115.234	60	1.923	0.070	0.855	0.925	0.881	0.921
独立模型	794.581	91						

表 7-45 网络嵌入与组织学习关系分析路径系数

题项	路径		Estimate	Estimate	S.E.	C.R.	P	Label
Open	<---	Inst	0.521	1.000				
Cent	<---	Inst	0.805	1.340	0.157	8.541	***	par_1
Last	<---	Rela	0.543	1.000				
Qual	<---	Rela	0.708	1.485	0.177	8.402	***	par_2
Inte	<---	Inst	0.135	0.268	0.136	1.971	0.049	par_4
Inte	<---	Rela	0.225	0.697	0.213	3.278	0.001	par_5
Scop	<---	Inst	0.732	0.929	0.113	8.189	***	par_6
Tigh	<---	Rela	0.802	1.880	0.210	8.947	***	par_7
Inst	<-->	Rela	0.841	0.305	0.078	3.901	***	par_5

注：***p<0.001。

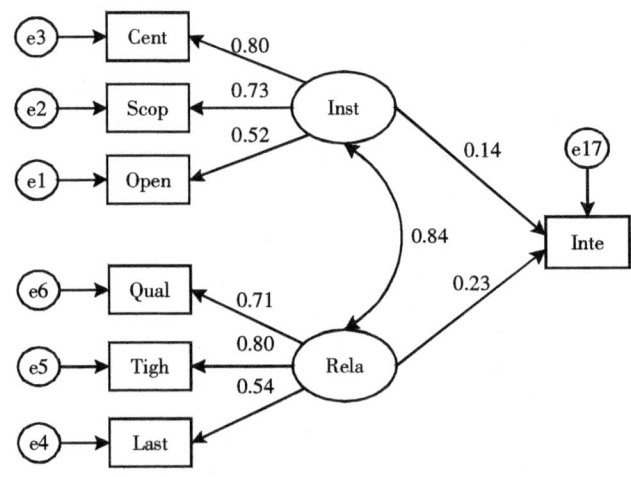

图 7-14 网络嵌入与组织学习的关系模型

表 7-46 展示了模型的拟合结果，表明了网络嵌入和组织学习两者之间的关系模型具有很好的拟合效度 [Chi-square（12）=35.327，p<0.001；Chi-square/df=2.944；RMSEA=0.078；NFI=0.917；TLI=0.863；IFI=0.944；CFI=0.941]。

表 7-46　网络嵌入与组织学习关系模型拟合指标

测量模型	Chi-square	df	Chi-square/df	RMSEA	NFI	TLI	IFI	CFI
验证模型	35.327	12	2.944	0.078	0.917	0.863	0.944	0.941
独立模型	424.971	28						

图 7-15 和表 7-47 展示了网络嵌入、组织学习和信贷约束缓解三者的结构模型分析，结构嵌入（γ=0.133，p<0.05）对组织学习的正向影响是显著的，关系嵌入（γ=0.226，p<0.001）对组织学习的正向影响是显著的；组织学习（γ=0.427，p<0.001）对信贷约束缓解具有显著的正向影响；在控制了组织学习这一中介变量以后，结构嵌入（γ=0.102，p>0.05）对信贷约束缓解的影响不再显著，支持了H12a；而关系嵌入（γ=0.234，p<0.01）对信贷约束缓解的影响仍然显著，H12b 未得到支持，H12 得到部分支持。

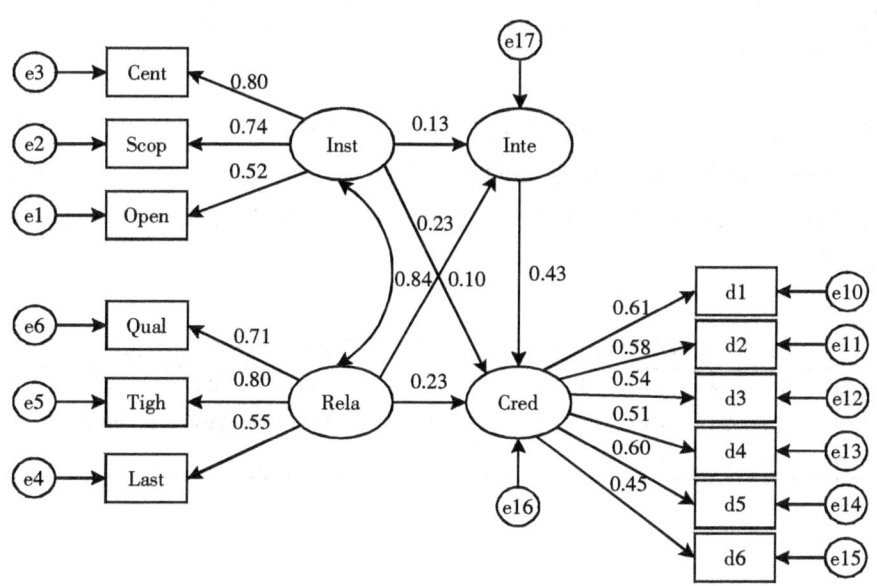

图 7-15　网络嵌入、组织学习与信贷约束缓解的关系模型

表 7-47　网络嵌入、组织学习与信贷约束缓解关系分析路径系数

题项	路径		Estimate	Estimate	S.E.	C.R.	P	Label
Inte	<---	Inst	0.133	0.262	0.135	1.941	0.048	par_13
Inte	<---	Rela	0.226	0.696	0.211	3.294	***	par_15
Cred	<---	Inst	0.102	0.130	0.094	1.381	0.167	par_10
Cred	<---	Rela	0.234	0.465	0.153	3.036	0.002	par_11
Cred	<---	Inte	0.427	0.275	0.058	4.763	***	par_14

续表

题项	路径		Estimate	Estimate	S.E.	C.R.	P	Label
Open	<---	Inst	0.524	1.000				
Scop	<---	Inst	0.736	0.928	0.112	8.275	***	par_1
Cent	<---	Inst	0.801	1.326	0.154	8.597	***	par_2
Last	<---	Rela	0.546	1.000				
Tigh	<---	Rela	0.801	1.868	0.208	8.991	***	par_3
Qual	<---	Rela	0.708	1.477	0.175	8.442	***	par_4
Cred1	<---	Cred	0.608	1.000				
Cred2	<---	Cred	0.581	1.038	0.173	5.997	***	par_5
Cred3	<---	Cred	0.539	0.882	0.155	5.679	***	par_6
Cred4	<---	Cred	0.509	0.903	0.166	5.436	***	par_5
Cred5	<---	Cred	0.595	1.073	0.176	6.089	***	par_6
Cred6	<---	Cred	0.445	0.776	0.159	4.888	***	par_7
Rela	<-->	Inst	0.837	0.301	0.077	3.905	***	par_12

注：***p<0.001。

表7-48展示了模型的拟合结果，表明了网络嵌入、组织学习和信贷约束缓解三者之间的关系模型具有很好的拟合效度［Chi-square（60）=107.507，p<0.001；Chi-square/df=1.792；RMSEA=0.065；NFI=0.854；IFI=0.930；TLI=0.888；CFI=0.926］。

表7-48 网络嵌入、组织学习与信贷约束缓解关系模型拟合指标

测量模型	Chi-square	df	Chi-square/df	RMSEA	NFI	IFI	TLI	CFI
验证模型	107.507	60	1.792	0.065	0.854	0.930	0.888	0.926
独立模型	736.096	91						

第八节 环境、组织、制度因素的调节作用

本书理论模型中涉及的环境调节因素包括环境动态性（Envi1）、竞争强度（Envi2）、生命周期（Orga1）、战略导向（Orga2）、与四大行银企关系（Mech1）、与中小银行银企关系（Mech2）6个变量，其中前两个属于环境调节因素，后两个属于制度调节因素，中间两个属于组织调节因素。

一、环境因素的调节作用

1. 相关分析

相关分析是进行回归分析的前提。表 7-49 给出了研究中相关变量的皮尔逊相关系数。信贷约束缓解与结构嵌入、关系嵌入以及环境动态因素显著正相关（$p<0.05$）。

2. 分层回归分析

如表 7-50 所示，在控制了企业规模、年龄和性质等变量之后，企业环境动态因素对信贷约束缓解有显著的正向影响（$\beta=0.245$，$p<0.01$），企业竞争因素对信贷约束缓解的影响不显著，结构嵌入（$\beta=0.289$，$p<0.001$）和关系嵌入（$\beta=0.378$，$p<0.001$）对信贷约束缓解有显著的正向影响；企业环境动态因素对关系嵌入与信贷约束缓解的关系起到显著的调节作用（$\beta=0.342$，$p<0.001$），其他调节作用不显著。因此 H15b 得到了验证，H15a、H15c 和 H15d 没有得到支持，H15 得到部分支持。

二、组织因素的调节作用

1. 相关分析

表 7-51 给出了研究中相关变量的皮尔逊相关系数。信贷约束缓解与结构嵌入、关系嵌入以及生命周期因素显著正相关（$p<0.05$）。

2. 分层回归分析

如表 7-52 所示，在控制了企业规模、年龄和性质等变量之后，企业生命周期因素对信贷约束缓解有显著的正向影响（$\beta=0.235$，$p<0.001$），战略导向因素对信贷约束缓解的影响不显著；结构嵌入对信贷约束缓解有显著的正向影响（$\beta=0.278$，$p<0.001$），关系嵌入对信贷约束缓解有显著的正向影响（$\beta=0.333$，$p<0.001$）；企业生命周期对结构嵌入与信贷约束缓解的关系起到显著的调节作用（$\beta=0.321$，$p<0.001$），其他调节作用不显著。因此 H16a 得到了验证，H16b、H16c 和 H16d 没有得到支持，H16 得到部分支持。

三、制度因素的调节作用

1. 相关分析

表 7-53 给出了研究中相关变量的皮尔逊相关系数。信贷约束缓解与结构嵌入、关系嵌入、与大银行关系以及与中小银行关系显著正相关（$p<0.05$）。

表7-49 环境因素与网络嵌入及信贷约束缓解的相关分析

		Cred	scale	age	nation-alized	private	foreign	stock-holding	Envi1	Envi2	Inst	Rela	Inst× Envi1	Inst× Envi2	Relax Envi1	Relax Envi2
1	Cred	1.000														
2	scale	-0.011	1.000													
3	age	-0.039	-0.041	1.000												
4	nationalized	-0.018	0.141*	0.283***	1.000											
5	private	0.046	-0.055	-0.273***	-0.273***	1.000										
6	foreign	-0.087	-0.070	0.039	-0.540***	-0.567***	1.000									
7	stockholding	0.156*	0.004	-0.103	-0.107	-0.112	-0.223**	1.000								
8	Envi1	0.423***	-0.059	0.140*	0.003	0.094	-0.127*	0.115	1.000							
9	Envi2	-0.006	0.012	-0.126*	0.045	-0.009	-0.079	0.124*	-0.046	1.000						
10	Inst	0.207**	-0.008	-0.073	-0.002	0.048	-0.073	0.085	0.236**	0.046	1.000					
11	Rela	0.363***	0.047	-0.067	-0.082	-0.035	0.057	0.096	0.112	0.056	0.259***	1.000				
12	Inst × Envi1	0.277***	-0.021	0.004	0.021	0.061	-0.140*	0.179**	0.681***	0.685***	0.190**	0.126*	1.000			
13	Inst × Envi2	0.364***	-0.036	0.030	0.006	0.089	-0.120	0.100	0.667***	0.003	0.858***	0.259***	0.466***	1.000		
14	Rela × Envi1	0.513***	-0.019	0.070	-0.020	0.032	-0.066	0.139**	0.750***	0.013	0.349***	0.719***	0.545***	0.643***	1.000	
15	Rela × Envi2	0.342***	-0.025	0.060	-0.012	0.068	-0.058	0.127	0.624***	0.002	0.568***	0.569***	0.458***	0.569***	0.576***	1.000

注:*$p<0.05$,**$p<0.01$,***$p<0.001$。

表 7-50　环境因素对网络嵌入与信贷约束缓解关系的调节作用

Variable	Model1	Model2	Model3	Model4
scale (log)	−0.011	0.008	0.013	−0.003
age (log)	−0.023	−0.062	−0.088	−0.065
nationlized (dummmy)	−0.001	0.012	−0.008	0.016
private (dummmy)	0.064	0.043	0.020	0.032
foreign (dummmy)	−0.055	−0.020	−0.011	−0.041
stockholding (dummmy)	0.156*	0.142*	0.109	0.082
Envi1		0.412***	0.339***	0.245**
Envi2		0.123	0.107	0.033
Inst			0.313***	0.289***
Rela			0.410***	0.378***
Inst × Envi1				−0.065
Inst × Envi2				0.043
Rela × Envi1				0.342***
Rela × Envi2				0.129
Adjusted R^2	0.019	0.182	0.274	0.324
R^2	0.024	0.190	0.286	0.337
R^2 Change	0.024	0.166	0.096	0.151
F Change	4.654*	38.113***	24.815***	20.124***
VIF 最大值	1.020	2.301	2.879	3.325

注：①因变量为信贷约束缓解；②*$p<0.05$，**$p<0.01$，***$p<0.001$；③本表报告的是标准化回归系数。

2. 分层回归分析

如表 7-54 所示，在控制了企业规模、年龄和性质等变量之后，与中小银行关系对信贷约束缓解有显著的正向影响（$\beta=0.290$，$p<0.001$），与大银行关系对信贷约束缓解的影响不显著；结构嵌入对信贷约束缓解有显著的正向影响（$\beta=0.295$，$p<0.001$），关系嵌入对信贷约束缓解有显著的正向影响（$\beta=0.362$，$p<0.001$）；与中小银行关系对结构嵌入与信贷约束缓解的关系起到显著的调节作用（$\beta=0.316$，$p<0.001$），其他调节作用不显著。因此 H17c 得到了验证，H17a、H17b 和 H17d 没有得到支持，H17 得到部分支持。

表 7-51 组织因素与网络嵌入及信贷约束缓解的相关分析

		Cred	scale	age	nationalized	private	foreign	stockholding	orgn1	orgn2	Inst	Rela	Inst × Orgn1	Inst × Orgn2	Rela × Orgn1	Rela × Orgn2
1	Cred	1.000														
2	scale	-0.009	1.000													
3	age	-0.03	-0.045	1.000												
4	nationalized	-0.016	0.140*	0.281***	1.000											
5	private	0.037	-0.052	-0.259***	-0.270***	1.000										
6	foreign	-0.082	-0.072	0.029	-0.545***	-0.563***	1.000									
7	stockholding	0.157*	0.004	-0.107	-0.108	-0.111	-0.225***	1.000								
8	Orgn1	0.199***	0.013	-0.122*	0.046	-0.014	-0.076	0.125*	1.000							
9	Orgn2	0.009	-0.005	-0.051	0.005	0.025	-0.061	0.089	0.041	1.000						
10	Inst	0.361***	0.049	-0.061	-0.08	-0.043	0.061	0.097	0.054	0.254***	1.000					
11	Rela	0.386***	-0.068	0.098	-0.031	0.148*	-0.127*	0.073	0.012	0.277***	0.150*	1.000				
12	Inst × Orgn1	0.222***	-0.014	-0.043	0.008	0.077	-0.131*	0.148*	0.775***	0.192***	0.135*	0.627***	1.000			
13	Inst × Orgn2	0.323***	-0.028	0.01	-0.002	0.087	-0.103	0.081	0.03	0.906***	0.266***	0.629***	0.401***	1.000		
14	Rela × Orgn1	0.489***	-0.008	0.028	-0.056	0.051	-0.041	0.109	0.049	0.356***	0.801***	0.693***	0.466***	0.574***	1.000	
15	Rela × Orgn2	0.342***	-0.012	0.021	-0.024	0.063	-0.016	0.137	0.021	0.422***	0.362***	0.563***	0.378***	0.458***	0.529***	1.000

注：*$p<0.05$，**$p<0.01$，***$p<0.001$。

表 7-52 组织因素对网络嵌入与信贷约束缓解关系的调节作用

Variable	Model1	Model2	Model3	Model4
Scale (log)	−0.010	−0.002	0.016	−0.001
age (log)	−0.013	−0.042	−0.054	−0.034
Nationlized (dummmy)	0.001	0.008	0.010	0.031
private (dummmy)	0.055	0.045	−0.004	0.013
foreign (dummmy)	−0.049	−0.041	−0.005	−0.037
stockholding (dummmy)	0.157*	0.123	0.130	0.104
Orgn1		0.358***	0.282***	0.235**
Orgn2		0.034	0.024	0.090
Inst			0.301***	0.278***
Rela			0.376***	0.333***
Inst × Orgn1				0.321***
Inst × Orgn2				0.126
Rela × Orgn1				0.056
Rela × Orgn2				0.114
Adjusted R^2	0.019	0.136	0.241	0.302
R^2	0.025	0.145	0.253	0.335
R^2 Change	0.025	0.120	0.108	0.082
F Change	4.717*	26.063***	26.665***	24.256***
VIF 最大值	1.012	1.794	2.794	3.678

注：①因变量为信贷约束缓解；②*p<0.05，**p<0.01，***p<0.001；③本表报告的是标准化回归系数。

表 7-53 制度因素与网络嵌入及信贷约束缓解的相关分析

		Cred	scale	age	nation-alized	private	foreign	stock-holding	Mech1	Mech2	Inst	Rela	Inst × Mech1	Inst × Mech2	Rela × Mech1	Rela × Mech2
1	Cred	1.000														
2	scale	-0.007	1.000													
3	age	-0.029	-0.045	1.000												
4	nationalized	-0.012	0.140*	0.280***	1.000											
5	private	0.024	-0.055	0.271***	0.272***	1.000										
6	foreign	-0.074	-0.070	0.029	0.540***	0.566***	1.000									
7	stockholding	0.157*	0.004	-0.106	-0.107	-0.112	0.222***	1.000								
8	Mech1	0.338***	0.074	-0.076	-0.089	-0.071	0.097	0.086	1.000							
9	Mech2	0.268***	0.013	-0.029	-0.048	-0.008	0.014	0.077	0.387***	1.000						
10	Inst	0.423***	-0.057	0.147*	0.006	0.082	-0.120	0.116	0.161*	0.035	1.000					
11	Rela	0.385***	-0.068	0.098	-0.030	0.145	-0.125	0.073	0.171**	0.086	0.907***	1.000				
12	Inst × Mech1	0.462***	0.000	0.069	-0.024	-0.005	-0.028	0.127	0.743***	0.252***	0.760***	0.704***	1.000			
13	Inst × Mech2	0.489***	0.012	0.019	-0.060	0.028	-0.014	0.096	0.811***	0.308***	0.638***	0.696***	0.957***	1.000		
14	Rela × Mech1	0.435***	-0.030	0.076	-0.006	0.036	-0.076	0.127*	0.369***	0.801***	0.594***	0.583***	0.628***	0.599***	1.000	
15	Rela × Mech2	0.406***	-0.024	0.030	-0.038	0.057	-0.056	0.097	0.380***	0.869***	0.463***	0.538***	0.545***	0.577***	0.972***	1.000

注：*p<0.05，**p<0.01，***p<0.001。

表 7-54 制度因素对网络嵌入与信贷约束缓解关系的调节作用

Variable	Model1	Model2	Model3	Model4
scale (log)	−0.010	−0.010	−0.012	0.009
age (log)	−0.013	0.015	0.023	−0.044
nationlized (dummmy)	0.001	−0.013	−0.020	−0.021
private (dummmy)	0.055	0.036	0.032	0.002
foreign (dummmy)	−0.049	−0.020	−0.011	0.017
stockholding (dummmy)	0.162*	0.115	0.127	0.097
Mech1		0.058	0.042	0.030
Mech2		0.434***	0.324***	0.290***
Inst			0.320***	0.295***
Rela			0.384***	0.362***
Inst × Mech1				0.051
Inst × Mech2				0.316***
Rela × Mech1				0.114
Rela × Mech2				0.119
Adjusted R^2	0.019	0.140	0.155	0.265
R^2	0.025	0.156	0.179	0.281
R^2 Change	0.025	0.131	0.123	0.102
F Change	4.717*	22.028***	23.223***	24.189***
VIF 最大值	1.242	1.689	2.847	3.586

注：①因变量为信贷约束缓解；②*p<0.05，**p<0.01，***p<0.001；③本表报告的是标准化回归系数。

第九节 假设检验结果小结

通过前面对本书理论模型进行的实证分析,对本书提出的 59 个研究假设进行了检验,其中获得支持及部分支持的假设有 40 个,未获得支持的假设有 19 个,具体检验结果如表 7-55 所示。

表 7-55 研究假设检验结果

标号	假设	检验结果
H1	结构嵌入与组织合法呈显著的正相关关系	部分支持
H1a	网络中心度与组织合法呈显著的正相关关系	支持
H1b	网络范围与组织合法呈显著的正相关关系	支持
H1c	网络开放度与组织合法呈显著的正相关关系	不支持
H2	关系嵌入与组织合法呈显著的正相关关系	部分支持
H2a	关系质量与组织合法呈显著的正相关关系	支持
H2b	关系强度与组织合法呈显著的正相关关系	不支持
H2c	关系持久度与组织合法呈显著的正相关关系	支持
H3	组织合法与中小企业信贷约束缓解呈显著的正相关关系	支持
H4	组织合法在网络嵌入缓解中小企业信贷约束过程中起到显著的中介作用	部分支持
H4a	组织合法在结构嵌入缓解中小企业信贷约束过程中起到显著的中介作用	支持
H4b	组织合法在关系嵌入缓解中小企业信贷约束过程中起到显著的中介作用	不支持
H5	结构嵌入与信息共享呈显著的正相关关系	部分支持
H5a	网络中心度与信息共享呈显著的正相关关系	支持
H5b	网络范围与信息共享呈显著的正相关关系	不支持
H5c	网络开放度与信息共享呈显著的正相关关系	支持
H6	关系嵌入与信息共享呈显著的正相关关系	部分支持
H6a	关系质量与信息共享呈显著的正相关关系	不支持
H6b	关系强度与信息共享呈显著的正相关关系	支持
H6c	关系持久度与信息共享呈显著的正相关关系	支持
H7	信息共享与中小企业信贷约束缓解呈显著的正相关关系	支持
H8	信息共享在网络嵌入缓解中小企业信贷约束过程中起到显著的中介作用	支持
H8a	信息共享在结构嵌入缓解中小企业信贷约束过程中起到显著的中介作用	支持
H8b	信息共享在关系嵌入缓解中小企业信贷约束过程中起到显著的中介作用	支持
H9	结构嵌入与组织学习呈显著的正相关关系	部分支持
H9a	网络中心度与组织学习呈显著的正相关关系	不支持
H9b	网络范围与组织学习呈显著的正相关关系	支持

续表

标号	假　设	检验结果
H9c	网络开放度与组织学习呈显著的正相关关系	支持
H10	关系嵌入与组织学习呈显著的正相关关系	支持
H10a	关系质量与组织学习呈显著的正相关关系	支持
H10b	关系强度与组织学习呈显著的正相关关系	支持
H10c	关系持久度与组织学习呈显著的正相关关系	支持
H11	组织学习与中小企业信贷约束缓解呈显著的正相关关系	支持
H12	组织学习在网络嵌入缓解中小企业信贷约束过程中起到显著的中介作用	部分支持
H12a	组织学习在结构嵌入缓解中小企业信贷约束过程中起到显著的中介作用	支持
H12b	组织学习在关系嵌入缓解中小企业信贷约束过程中起到显著的中介作用	不支持
H13	资源获取在结构嵌入缓解中小企业信贷约束过程中起到显著的中介作用	部分支持
H13a	资源获取在网络中心度缓解中小企业信贷约束过程中起到显著的中介作用	不支持
H13b	资源获取在网络范围缓解中小企业信贷约束过程中起到显著的中介作用	支持
H13c	资源获取在网络开放度缓解中小企业信贷约束过程中起到显著的中介作用	不支持
H14	资源获取在关系嵌入缓解中小企业信贷约束过程中起到显著的中介作用	部分支持
H14a	资源获取在关系质量缓解中小企业信贷约束过程中起到显著的中介作用	不支持
H14b	资源获取在关系强度缓解中小企业信贷约束过程中起到显著的中介作用	支持
H14c	资源获取在关系持久度缓解中小企业信贷约束过程中起到显著的中介作用	支持
H15	环境因素在网络嵌入缓解信贷约束过程中起到显著的调节作用	部分支持
H15a	环境动态因素在结构嵌入缓解信贷约束过程中起到显著的调节作用	不支持
H15b	环境动态因素在关系嵌入缓解信贷约束过程中起到显著的调节作用	支持
H15c	竞争因素在结构嵌入缓解信贷约束过程中起到显著的调节作用	不支持
H15d	竞争因素在关系嵌入缓解信贷约束过程中起到显著的调节作用	不支持
H16	组织因素在网络嵌入缓解信贷约束过程中起到显著的调节作用	部分支持
H16a	生命周期因素在结构嵌入缓解信贷约束过程中起到显著的调节作用	支持
H16b	生命周期因素在关系嵌入缓解信贷约束过程中起到显著的调节作用	不支持
H16c	战略导向在结构嵌入缓解信贷约束过程中起到显著的调节作用	不支持
H16d	战略导向在关系嵌入缓解信贷约束过程中起到显著的调节作用	不支持
H17	制度因素在网络嵌入缓解信贷约束过程中起到显著的调节作用	部分支持
H17a	与大银行关系在结构嵌入缓解信贷约束过程中起到显著的调节作用	不支持
H17b	与大银行关系在关系嵌入缓解信贷约束过程中起到显著的调节作用	不支持
H17c	与中小银行关系在结构嵌入缓解信贷约束过程中起到显著的调节作用	支持
H17d	与中小银行关系在关系嵌入缓解信贷约束过程中起到显著的调节作用	不支持

第八章 研究结论与实践启示

通过前七章的论述,本书已经对网络嵌入缓解中小企业信贷约束机制进行了比较系统、深入和全面的剖析。本章将对全书进行总结,概括本书的主要研究结论和实践启示,最后阐明本书的局限,进而提出未来的研究方向。

第一节 研究结论

一、主要研究结论

本书获得的主要研究结论体现在"网络嵌入—资源获取—信贷约束缓解"一级维度理论模型以及五个二级维度理论模型框架中,此模型包括网络嵌入、中小企业信贷约束缓解等概念的建构及设计,组织合法、信息共享、组织学习概念的建构及中介效应的设计,环境、组织、制度调节因素概念以及调节效应的设计。本书构建的理论模型认为,网络嵌入缓解中小企业信贷约束的影响并非直接进行。网络嵌入通过组织合法、信息共享、组织学习路径影响中小企业信贷资金的可获性。网络嵌入特征的不同,即结构嵌入特征和关系嵌入特征的不同,会影响组织合法性、信息以及知识资源的获取,最终会影响中小企业的信贷资金可获性,此为组织合法、信息共享以及组织学习在该理论模型中的中介作用。同时,网络嵌入缓解中小企业信贷约束机制要受到环境因素、组织因素和制度因素的影响,此为环境因素、组织因素和制度因素的调节作用(具体见图8-1)。主要研究结论如下:

1. 网络机制是一种节约交易费用的工具,是中小企业缓解其融资约束的可行选择

中小企业的融资困境在本质上是一种信用困境。造成这种困境的主要原因一方面在于企业自身信用能力不足,另一方面在于企业信用信号传递渠道不畅,所

以缓解中小企业融资约束，旨在提高中小企业的信用能力和信号传递效率。基于网络内生的声誉机制就是这样一种用于降低信息不对称成本、提高市场效率的非正式制度安排。

具体对信贷市场而言，中小企业通过嵌入网络与其他网络成员在长期的交往中形成了比较稳定的合作关系，相互之间的信息能够很快地传递，尤其是不好的消息（如某件欺诈事件）能够在比较短的时间内被市场中许多人获知，这种信息传递机制降低了市场欺诈和故意违约的概率，降低了信贷合同监督成本。如果项目成功后采取策略性违约，那么其声誉就会受到损害，会被网络群体抛弃。而且由于个体的违约破坏了网络群体的声誉，网络内其他成员也会对其采取惩罚措施以维护群体的声誉。

总之，作为声誉载体的网络组织可以克服信贷市场上由于信息不对称而产生的逆向选择和道德风险问题。贷款人利用网络内生的信用优势对借款人进行贷前甄别、贷中监督和贷后执行信贷合同，可以降低信息不对称成本，增加信贷供给。

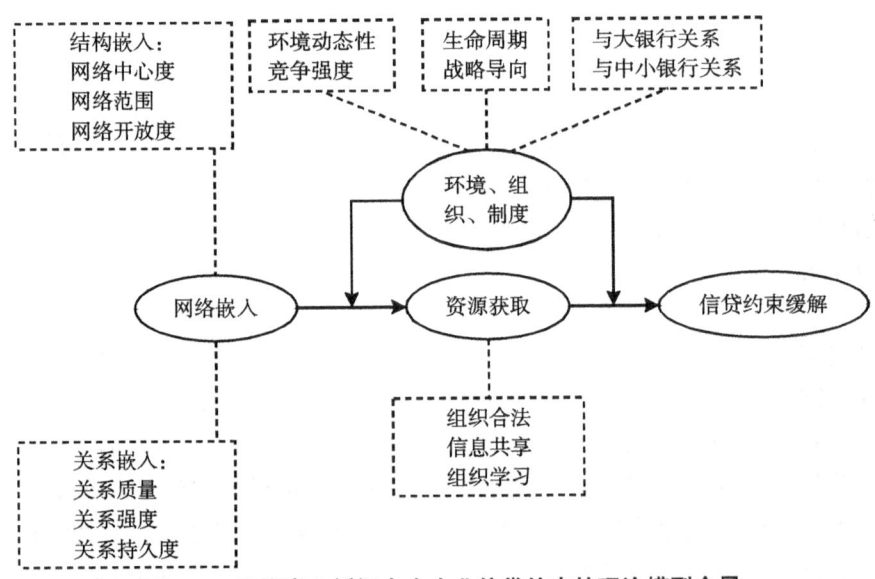

图 8-1 网络嵌入缓解中小企业信贷约束的理论模型全景

2. 中小企业通过嵌入网络可以缓解其信贷约束

正如前文所述，中小企业由于信用能力不足以及企业信用信号传递渠道不畅而面临融资困境。通过网络内的声誉机制，可以克服逆向选择和道德风险问题，提高中小企业的信用意愿和信用能力等信息传递效率，降低信息不对称成本。银行对企业的信用分析主要包括财务分析和非财务分析。中小企业由于其经营特点和存在的财务制度的缺陷，会计环境不规范，财务报表不完整，无法向银行提供所需的财务信息，所以非财务分析就成为中小企业信用分析的核心。由于非财务分析不受会计信息局限性的影响，因此可对借款人经营行为进行直接的"描述"。

与大企业相比，中小企业规模较小，抗风险能力较弱，但经营方式较为灵活，发展潜力较大，成长速度较快。对中小企业进行信用分析不仅要关注企业经营现状，更应关注其未来发展潜力和成长速度，重点预测企业未来的经营状况，未来一个发展时期内企业通过经营活动获得的自由现金才是增强偿债能力的重要保障（侯红卫、李雪峰，2010）；另外，对中小企业进行信用评价时，注重对其成长性的评价，也是银行出于培育客户的一种战略思考。

几乎所有的研究都强调并提出，没有网络活动的企业拥有低水平的竞争能力。企业对资源的需求促使企业与其他个体或组织构建网络关系，这种关系是企业获取所缺乏的技术和商业资源较容易的一条途径（Ahuja，2000）。网络构建对企业的经营有积极的作用（Liao 和 Welsch，2003），尤其是规模小、抗风险能力弱的中小企业。要实现自身的可持续成长需要得到网络的支持、获得发展资源、实现成长，进而提升在信贷市场上的融资能力。

3. 中小企业的组织合法、信息共享及组织学习有利于信贷资金的获取

在组织研究的文献中，组织合法性被视为组织的隐形资产，合法性可以为企业带来可信度，外部利益相关者都愿意把自己拥有的资源提供给那些看起来非常符合社会规范和期望的组织，获取合法性是新企业获得其他资源的重要基础。对中小企业来讲，组织合法性在很大程度上决定着中小企业的生存和发展（Ahlstrom 和 Bruton，2001）。由于中小企业经营历史短且不规范，合法性可以代替经营业绩记录作为中小企业的显示信号，向外部资源拥有者表明它们是值得信任的。合法性能够帮助中小企业赢得外部资源拥有者的信任从而获得它们成长所必需的资源，其中当然包括银行信贷资金。

信息对于中小企业来说意味着成长的机会，信息的获取能力也是机会的识别能力。信息共享是指网络内组织相互分享对彼此有用的信息的过程，这些信息包括市场需求、产品设计、生产成本、发展计划等。从外部获取市场、技术等信息资源，能够尽可能地降低市场不确定性，使企业获得最高的成功机会，给企业带来持续的现金流，使企业的偿债能力增强，银行的信贷资金风险降低。

对于企业来说，信息虽然能够带来短期竞争优势，但是仅仅有信息是不够的，因为信息不可能带来持续的竞争优势，长久的竞争优势需要建立在隐性知识（专有知识）的基础上。隐性知识在拉开企业间绩效距离中起着重要的作用（Roy Lubie，2001；Neslihan 和 Aydogan，2004）。中小企业通过组织学习过程，可以

有效整合外部所提供的技术知识,培育技术创新能力,增强发展潜力,从而提高其融资能力。

4. 组织合法、信息共享及组织学习是通过网络嵌入获取的资源

正如前文分析,中小企业的成长性反映的是一个对外部资源的获取过程。具体到信贷融资的研究背景,中小企业的组织合法、信息共享及组织学习是银行评价其信用能力的主要因素,而这些是通过网络嵌入获取的资源。

受合法性机制驱动,企业常常采取一定的合法性战略,改变环境,获取资源使组织的生存和发展更为有利。其中,社会网络是获取组织合法性的途径之一。中小企业社会网络的扩散有助于组织合法性的提高,两者存在一种互动共生机制,共同促进企业绩效的提高。

信息对于中小企业来说意味着成长的机会,信息的获取能力也是机会的识别能力。当需要有效的、可靠的信息时,网络是一个特别实用的工具(Powell, 1990)。企业的社会网络关系对企业的机会识别和信息获取产生一定的影响。通过构建市场信息网络,企业能够更容易地进入新市场、发现新客户,从而促进企业快速成长。基于网络的信息优势是一种重要的网络资源。

隐性知识作为一种重要的战略资源,由难以表达的隐喻、直觉和思维模式等组成,具有高度个体化、难以编码和不可言传等特征。隐性知识的这些特性要求企业更多的需求在面对面的接触中才能获得。隐性知识具有一定的根植性和黏性,很难流出一定的范围之外,从而成为非网络企业不能获得的企业内部独特的资源。

5. 组织合法、信息共享及组织学习是网络嵌入缓解中小企业信贷约束的具体路径

中小企业通过嵌入网络获得合法性传递其信用意愿,通过嵌入网络获取信息得到更多的成长机会,通过嵌入网络获取知识提升其未来的成长潜力,最终使银行增加对中小企业的信贷供给,缓解自身受到的信贷约束。

中小企业社会网络的扩散有助于组织合法性的提高,两者存在一种互动共生机制,共同促进企业绩效的提高。中小企业嵌入网络,能够获取组织合法性,进而缓解其信贷约束。组织合法性是网络嵌入缓解中小企业信贷约束的重要路径之一。

网络是中小企业的重要信息来源。Shane(2002)研究指出,信息共享是网络内的一个重要活动。中小企业通过嵌入网络,能够接触到更多、更广、更新的市场需求信息、技术信息和政府政策信息等信息资源,获得现实的成长机会,提高在信贷资金市场上的融资能力。信息共享是网络嵌入缓解中小企业信贷约束的重要路径之一。

组织学习是企业网络的重要机制。企业间的网络是学习和创新的重要来源

地。中小企业通过嵌入网络，获得网络外难以获得的隐性知识，通过与网络内其他成员企业的合作，提高自身的创新能力，增强其发展潜力，从而提高在信贷市场上的融资能力。组织学习是网络嵌入缓解中小企业信贷约束的重要路径之一。

6. 不同的网络嵌入结构及关系特征对资源获取的影响存在差异

本书沿用了结构—关系的分析方法，选取了网络中心度、网络范围、网络开放度作为网络结构特征的三个维度，将关系质量、关系强度、关系持久度作为网络关系特征的三个维度。根据 200 份有效调查问卷所获得的数据，运用 SPSS 和 AMOS 软件中的因素分析、路径分析等统计分析模块，识别出网络中不同的结构特征和关系特征对缓解中小企业信贷约束的影响情况。

从网络嵌入的结构特征来看，接近网络的中心位置、拥有较大的网络规模都将有助于组织合法性资源的获取；接近网络中心的位置、拥有较开放的网络都将有助于信息资源共享；拥有较大的网络规模和较开放的网络有助于进行组织学习。

从网络嵌入的关系特征来看，较高的网络关系质量和持久度有助于组织合法性资源的获取；较高的网络关系强度和持久度有助于信息资源共享；较高的网络关系质量、强度和持久度有助于进行组织学习。

7. 不同的网络嵌入结构及关系特征通过组织合法、信息共享以及组织学习路径缓解中小企业信贷融资的实施差异

本书理论分析以及实证检验得出：组织合法、信息共享、组织学习是网络嵌入缓解中小企业信贷约束的三条路径。本书还进一步深入考察了不同的网络嵌入结构和关系特征具体通过哪条路径实施对中小企业信贷约束的缓解。

组织合法是结构嵌入缓解中小企业信贷约束的具体实施路径，即组织合法在结构嵌入缓解信贷约束过程中起到中介作用，而在关系嵌入缓解信贷约束过程中未起到中介作用；信息共享在结构嵌入和关系嵌入缓解信贷约束过程中均起到中介作用；组织学习在结构嵌入缓解信贷约束过程中起到中介作用，而组织学习在关系嵌入缓解信贷约束过程中未起到中介作用。以上结论意味着：中小企业的关系嵌入通过信息共享路径实现对其信贷约束的缓解，而中小企业的结构嵌入不仅通过信息共享还可以通过组织合法和组织学习两条路径实现对其信贷约束的缓解，可见中小企业的结构嵌入缓解信贷约束机制比关系嵌入缓解信贷约束机制强大。

另外，通过对二级维度理论模型的深入考察发现，在结构嵌入缓解信贷约束机制中，中小企业的网络范围缓解信贷约束机制较强大；在关系嵌入缓解信贷约束机制中，关系强度和关系持久度缓解信贷约束机制较强大。

8. 网络嵌入缓解中小企业信贷约束的动态考察

本书引入环境、组织、制度等因素,对该理论模型进行了动态性考察。环境因素包括环境动态性和竞争强度,组织因素包括企业生命周期和战略导向,制度因素包括与大银行的关系和与中小银行的关系。

研究结果发现,环境的动态性对关系嵌入缓解信贷约束具有显著的调节作用,企业的生命周期对结构嵌入缓解信贷约束具有显著的调节作用,与中小银行的关系对结构嵌入缓解信贷约束具有显著的调节作用。以上结论意味着:中小企业面对环境的动态变化,应该更关注与其他利益相关者的联系,降低自身经营风险、使银行的信贷资金风险降低,有利于中小企业信贷资金的获取,也体现了网络是一种降低不确定的机制。随着中小企业的成长,其经营水平和获利能力的增强,中小企业的网络范围扩大,网络内聚性减弱,其网络结构从密集的内聚型转变为稀疏的开放型,逐渐靠近网络的中心,对网络资源的控制力增强,可以实现自身成长,进而其融资能力能够得到增强,所以中小企业应重点关注自身在网络中的位置和结构。银企关系是讨论中小企业融资问题时一个不可避免的话题。在银企关系方面,由于大银行与中小银行在组织设计、信贷决策以及发展定位等方面的不同,因此与中小企业建立了不同的银企关系。与大银行的关系建立不会对网络嵌入缓解信贷约束产生影响,而与中小银行的关系在结构嵌入缓解信贷约束的过程中具有显著的影响。这一研究结果正是体现了大银行对企业的信用评价以结果为导向,关注财务指标等"显信息",所以与大银行的关系不会对网络嵌入缓解信贷约束这一机制产生影响;而中小银行对企业的信用评价是以过程为导向,关注成长性等非财务指标的"隐信息",所以与中小银行建立关系对网络嵌入缓解信贷约束这一机制产生影响。

二、对研究结论的进一步分析

经过理论推演和实证检验,本书的一级维度模型全部成立。在对二级维度模型的进一步检验中,发现有部分中介作用假设未获得支持,与预期的结果不一致,所以有必要对此做进一步的解释和分析。

1. 为何组织合法在关系嵌入缓解中小企业信贷约束过程中没有起到显著的中介作用?

在二级维度模型的实证检验中,"H4b:组织合法在关系嵌入缓解中小企业信贷约束过程中起到显著的中介作用"未获得支持。这一结果引起了关于中小企业在获取合法性资源的过程中,是嵌入的"关系"重要还是"结构"重要的思考。

Granovetter（1985，1992）指出，嵌入分为关系嵌入和结构嵌入。关系嵌入研究的主要是关系要素，即网络参与者的二元交易关系的问题；结构嵌入研究的主要是网络参与者不仅具有双边关系，而且与第三方有同样的关系，使得群体间通过第三方进行联结，并形成以系统为特征的关联结构，互动双方各自成为更大的结构中的一部分。

中小企业的合法性正是来源于其外部利益相关者网络根据特定的社会制度环境对企业行为的认知、评价和社会期待。组织合法是中小企业网络机制运作的结果，在这种社会机制中，各利益群体"可以看成是网络中的成员，他们之间以不同的社会距离相互联系"。可见，组织合法强调的不是二元关系，而是利益相关者的多元关系以及多个二元关系在网络中的位置和结构。同时，正如前文所述，网络中心位置直接影响企业声誉、非正式影响力的获取（Krackhardt，1992）。如果处于网络中心位置，获得越多的资源、信息和知识，其积累的声誉较高，且潜在的未来声誉带来的资源越多（如获得更多的银行关注），其在企业网络中获得声誉越大，声誉价值就越高，也就越值得和需要珍惜。这样，处于网络中心位置的企业的监督动机就越强，会更有动力、更加严格地监督其他企业，避免合法性损失。

基于以上的分析，初步可以解释为何组织合法在关系嵌入缓解中小企业信贷约束过程中未起到显著的中介作用。

2. 为何组织学习在关系嵌入缓解中小企业信贷约束过程中没有起到显著的中介作用？

在二级维度模型的实证检验中，"H12b：组织学习在关系嵌入缓解中小企业信贷约束过程中起到显著的中介作用"未获得支持。这一结果同样引起了关于中小企业在获取知识资源的过程中，是嵌入的"关系"重要还是"结构"重要的思考。

组织学习是企业网络的重要机制。由于网络关系，企业获取了组织成员的知识，加快了知识产品创新，因此企业提高了学习能力和效率。中小企业通过嵌入网络，可以获得网络以外难以获得的隐性知识，通过组织学习过程，可以有效整合外部所提供的技术知识，培育技术创新能力，增强发展潜力，从而提高其融资能力。

组织学习是一个过程，这个过程不仅在于知识的获取，更重要的是知识的吸收。因为中小企业的成长来自对知识资源的实践，中小企业绩效的提高来自知识实践产生的效益。显然，"关系"在获取复杂信息、不可编码的隐性知识方面具有优势，可是在对知识的消化吸收方面，"结构"就显得更为重要。正如Freel（2000）在研究英格兰中西部制造业基地的实证研究中发现，宽范围的网络能够使网络企业有更多的机会与其他企业或组织交流合作，有助于其知识广度的提高和实践经验的积累，从而有助于企业吸收各种高复杂性隐性知识；Hargadon 和 Sutton（1997）基于访谈发现企业拥有较开放的网络，增进了跨产业的企业间的交流和合作，提升了企业知识的开发绩效；Haribapuj（2003）认为，通过与网络外部企业或组织的广泛联结，外部知识源能够有助于网络内的企业更好地利用其内部知识并开发出新的知识和技术。

基于以上的分析，初步可以解释为何组织学习在关系嵌入缓解中小企业信贷约束过程中未起到显著的中介作用。

第二节 研究不足与展望

一、研究不足

目前关于从网络中观层面探讨中小企业信贷融资机制的研究刚刚起步，所以本研究具有一定的挑战性。虽然研究的大多数假设通过了实证的检验，理论模型框架得到了验证，但由于所研究问题的复杂性和创新性，同时囿于本人的学术水平和时间限制，研究还存在许多不足，有待以后进一步的完善和拓展。

（1）因受数据收集条件的制约，部分变量测度指标体系仍有待改善。例如，由于目前国内外理论界还没有统一测量合法性获取的量表，所以本书根据相关文献和已有的研究设计了组织合法性的量表，探索性强，但稍欠权威性。另外，虽然本书结合已有研究量表，对相关企业的实地访谈以及专家意见进行调查问卷设计，并通过信度和效度检验，以尽可能保证变量测度的有效性和可靠性，但是用 Likert 七级量表由受访者主观评价的方法仍不可避免地存在测度偏差和缺陷。

（2）尽管本书花费了大量精力，通过多种途径进行问卷发放与回收，尽量兼顾不同产业类型、产权性质、年龄及规模的企业，以保证有效问卷的数量和质量，减少未回复偏差，但是样本数量还有待扩充。如果后续研究样本量充足，应该扩大研究对象的地域分布，这样可以更加准确地保证结果的有效性和针对性。

（3）由于中小企业的网络嵌入状态是一个不断调整变化的过程，所以对中小企业信贷融资的影响也会随之发生变化，由于对企业情况进行跟踪研究难度太大，不能实现时间序列的分析，所以导致没有进行对网络嵌入缓解中小企业信贷约束的动态性考察，使得研究结论略带有局限性。

二、研究展望

基于上述研究不足，本书的后续研究首先应该在量表各指标的设计以及样本的数量方面进一步完善。其次，本书构建的理论模型还需要在更广的地域、更多类型的企业中进一步验证，提高本书构建的理论模型的普适性。未来的研究设想具体如下：

1. 对中小企业网络嵌入进行动态演化及其效应做进一步的解释

未来研究可以通过时间维度的引入，借鉴演化经济学理论，从网络嵌入的外部环境、内部特征以及内外部相结合三方面探讨企业网络嵌入缓解信贷约束的动态性。探讨不同形式的网络结构特征和关系特征变化对缓解信贷约束可能产生的动态效应。

2. 对嵌入不同特征的网络中的中小企业信贷约束缓解的比较研究

中小企业嵌入的网络具有不同的关系特征和结构特征，这些特征的不同组合构成了各种类型的网络。不同类型的网络对于缓解中小企业信贷约束可能有着不同的影响效应，这就需要在未来的研究中，通过广泛的实地调研获得更多的研究样本，对本书的结论做进一步检验。

3. 不同行业的中小企业的网络嵌入缓解信贷约束机制的对比研究

不同行业的企业对网络嵌入的需求是不同的，不同行业的企业嵌入网络类型的选择也是不同的，这就需要在未来的研究中，比较不同行业的中小企业网络嵌入特征与缓解信贷约束的关系，这也将是后续研究中一个很重要的方向。

第三节 实践启示

一、社会网络机制是中小企业信用增级机制

与依靠物质资本实现信用增级（比如担保抵押）和依靠消除信息不对称实现信用增级（比如尽职调查、经审计过的会计报表、信用评级机构的评级）不同，在实践当中还存在依靠社会网络机制实现信用增级的第三种思路。第三种思路可以较好地适应中小企业贷款缺少资本、消除信息不对称成本过高等客观制约，但是这一机制尚未得到充分的重视和运用。

担保尽管是对中小企业"信用"的弥补，但需要中小企业支付昂贵的费用，且无法增强企业信用本身，因此信用担保制度实质上属于"不信任"机制。近年来，在实践中涌现的供应链融资，网络联保信贷模式，集群融资，以行业协会、民间商会、合作信用社为中介的担保和互助联保信贷模式等，都是基于社会网络的增信机制而产生的新型融资模式。在学术界，有关社会网络的增信机制的研究也开始兴起。例如，寿志钢等（2011）基于社会资本三维度观，分别分析了横向与纵向网络结构的社会网络增信机制。对于嵌入网络的中小企业，其获得的网络资源（合法性、信息、知识等）如同它们的其他资产一样，可以增强银行对中小企业还款能力及还款意愿的信任。通过网络获取的合法资产使得嵌入到网络中的中小企业个体获得了更大的可信度，部分弥补了银行机构与中小企业单独配对时，单个小企业的信用积累薄弱的问题；通过网络获取的信息资产使得嵌入到网络中的中小企业个体获得了更多的市场机会；通过网络获取的知识资产使得嵌入到网络中的中小企业个体获得了更大的发展潜力，这一切大大地提升了银行对中小企业偿付能力的信心。

另外，网络具有的成员间相互约束和监督的机制可以抑制成员企业的机会主义行为。首先，网络的信息共享和披露机制使各成员之间的交易信息成为公共信息，银行收集信息的渠道与来源增加；其次，网络内的社会实施机制使违约企业要受到其他群体成员今后不和它交易的惩罚，这样就加重了它的违约成本，使得网络成员有较强的激励去建立和维持合作的声誉，客观上形成了对借款者还款的激励作用；最后，网络的"内部监督"的治理机制能够对贷款人"质量"进行筛选，银行达到了以"企业间对称信息"来博弈"银企间非对称信息"的效果，有效地控制了信用风险。

二、行业协会是中小企业构建网络的平台

对于中小企业的所有者和经营者，他们应在不同的发展阶段根据不同的经营目标，试图建立不同的网络链接。一方面管理者应注重通过与网络中合法性水平高的企业建立关系，提升自身在网络中的合法性水平，发挥网络的"宣告效应"；另一方面应充分利用网络的"溢出效应"，即群体的整体价值，来提升信贷融资的效率。

行业协会、商会等正是构建社会网络的一个有效途径。行业协会为其成员搭建交流的平台，行业协会是连接各个成员企业的媒介。它们是汇集来自不同社会群体的个体，相互之间分享销售、成本、研发等信息，然后将这些汇总信息在成员之间进行传播、促进成员企业进行技术创新和技术升级的一种组织（Sudipto Dasgupta 和 Jhinyong Shin，1999）。同时，行业协会在长期的合作中形成了有关

成员历史交易的违规情况记录，这就形成了一个信用信息库。

中小企业可以通过加入相关的行业协会，与协会内其他成员进行正式和非正式的联系和互动，构建有利于其自身成长和发展的网络。

三、中小企业应有意识地构建有利于缓解信贷约束的网络

虽然网络化成长已经成为中小企业的主要成长模式，而且这种成长模式也在实践中得到了很好的印证。但是目前中小企业的网络嵌入状态并不是自身有意识去构建的结果。

本书的研究结论表明，中小企业拥有开放的网络，并且与网络内的其他利益相关者保持持久和密切的关系，将有利于缓解其信贷约束。而且随着外部环境的动态变化，中小企业应关注自身与网络内的其他利益相关者的关系，通过关系嵌入降低外部环境的变化给企业经营带来的不确定性，增强银行对企业的信心；随着企业的成长，中小企业应关注自身的结构嵌入，从而扩大企业的市场影响力、市场份额以及知识创新资源的获取范围，使自身更好更快地发展，进一步提高信贷融资能力。不论是从理论上还是在现实中，中小银行在中小企业信贷融资方面发挥了重要的作用。中小银行在作出对中小企业的信贷决策时，更关注的是中小企业的结构嵌入状态。

所以，中小企业应有意识地、主动地去构建有利于自身成长的网络，因为网络嵌入可以实现中小企业的成长，进而缓解其信贷约束。在具体构建网络时，不仅仅关注与其利益相关者的关系，更应该关注自身所在网络的结构，并且有意识地调整自身在网络中的结构嵌入状态，增强对信贷资金的获取能力。

四、利益相关者信用评价应纳入中小企业信用评级体系

中小企业嵌入网络中的其他成员是中小企业的利益相关者。根据本书的理论分析，几乎所有关于声誉的概念都是从利益相关者的角度出发进行定义的，企业声誉是在利益相关者社会网络中建立起来的。正如前文提到的一句著名的谚语："重要的不是你是谁，而是你认识谁。"其背后的经济逻辑在于，我不知道你是谁，但是我了解推荐你的人，因此从推荐之人的信用和水平可以大概了解被推荐人的状态。与市场领导者或行业内影响力高的企业建立关系，可以增强中小企业自身的可信度，可以为本企业带来声誉或信号提示效果，为自身带来社会和经济的绩效。可见，中小企业的信用水平很大程度上取决于其利益相关者的信用水平。

目前银行对企业的信用评级主要是依据一定的等级标准，运用信息技术与数

理方法对借款人的偿债能力或信用水平进行综合评价与区分，目的在于揭示借款人的风险水平，主要针对中小企业作为单独个体的信用水平评价。基于本书的理论分析和实证检验发现，以网络为主要成长模式的中小企业，其信用水平更多取决于网络群体的信用水平，网络内的其他利益相关者的信用水平反映了中小企业的信用水平。对中小企业利益相关者进行信用评价，可以更全面、客观地反映中小企业的信用水平。所以银行可以尝试将中小企业的利益相关者的信用评价纳入到中小企业的信用评级体系中。

五、政府应更加关注基于社会网络机制的内生性金融安排

为了解决中小企业融资难的问题，近几年来政府采取了一系列对策措施，但收效甚微。究其原因，是由于政府寻求的是一种外生性的解决中小企业融资困境的途径。而中小企业融资首先需要的是内生性金融安排。解决中小企业融资困境的根本出路不在于鼓励金融机构扩大信贷规模，而在于建立根植于中小企业网络体系内的内生性金融安排。

由于中小金融机构[①]与中小企业在产权设置、运作方式等方面的相似性产生的天然亲和力，所以发展中小金融机构是解决中小企业融资困境的根本之路。城信社、小额贷款公司等中小金融机构扎根基层，规模小、机制灵活、管理层次少、运作成本低，最重要的是和中小企业处于同一地域网络，双方信息比较对称，比较适合中小企业融资需求的特质，中小金融机构与中小企业是现行金融制度安排下的最佳融资搭档。大力发展中小金融机构是一种有效的内生性金融安排。

但由于竞争压力和相关政策的影响，目前我国现存的中小银行普遍存在一种盲目的"做大"倾向。不仅争相朝着全国性大银行的方向发展，而且其客户对象偏好大企业，这就违背了中小金融机构的发展初衷。

鉴于中小金融机构在中小企业贷款中的优势，要从根源上解决中小企业融资难的问题，必须建立一个以产权明晰、自负盈亏的中小银行为主体的中小金融机构体系。政府需要对中小金融机构提供扶持，引导其关注长远利益。同时允许民间资本对现存的中小企业金融机构进行产权和治理结构改造，增强现有中小银行的资本实力以及将非正规金融制度化，避免金融系统的风险隐患。2012年3月28日，国务院关于《浙江省温州市金融综合改革试验区总体方案》的批准实施，正是这一思路的体现。

[①] 中小金融机构是指股份制商业银行和地方性金融机构。其经营机制较为灵活，服务对象最初是中小经济，对支持非国有经济发展起到一定的扶持作用。

参考文献

[1] Adams D. W., Canavesi De Sahonero, M. L.. Ratating Savings And Credit Associations In Boliva [J]. Savings and Development, 1989, 130: 219-236.

[2] Adler P. S., Kwon S. W.. Social Capital: Prospects for a New Concept [J]. Academy of Management Review, 2002, 27 (1): 17-40.

[3] Afuah A. How Much Do Your Co-Opetitors' Capabilities Matter in the Face of Technological Change [J]. Strategic Management Journal, 2000, 21 (3): 387-404.

[4] Ahuja G. Collaboration Networks, Structural Holes, and Innovation: A Longitudinal Study [J]. Administrative Science Quarterly, 2000, 45 (3): 425-455.

[5] Ahlstrom D., Bruton G. D. Learning From Successful Local Private Firms in China: Establishing Legitimacy [J]. Academy of Management Executive, 2001, 15 (4).

[6] Akerlof. The Market for Lemons: Quality Uncertainty and the Market Mechanism [J]. The Quarterly Journal of Economics. 1970, 84 (3): 488-500.

[7] Aldrich H. E., Zimmer C.. Entrepreneurship Through Social Networks [M]. Cambridge, Mass: Cambridge Ballinger Publishing Company, 1998.

[8] Aldrich H. E., C. M. Fiol. Fools Rush In? The Institutional Context of Industry Creation [J]. Academy of Management Review, 1994, 19 (4): 645-670.

[9] Aldrich H., Reese P. R.. Does Networking Pay off? A Panel Study of Entrepreneurs Triangle [Z]. In: Churchill, N.S., et al. (eds), Frontiers of Entrepreneurship Research, 1993: 325-339.

[10] Aleen, Irfan. Imperfect Information, Screening and the Costs of Informal Lending: a Study of a Rural Market in Pakistan [J]. World Bank Economics Review 3, 1990: 329-349.

[11] Altenburg T., Meyer Stamer J.. How to Promote Clusters: Policy Experiences from Latin America [J]. World Development, 1999, 27 (9): 1693-1713.

[12] Amit R. L., Glosten E. Muller. Entrepreneurial Ability, Venture Investment, and Risk Sharing [J]. Management Science, 1990, 36: 1232-1245.

[13] Amit, R., and Schoemaker, P.J., trategic Assets and Organizational Rent [J]. Strategic Management Journal, 1993, 14: 33-46.

[14] Angelini P., Salvo R. D., Ferri G.. Availability and Cost for Small Buniess. Customer Relationship and Credit Cooperative [J]. Journal of Banking and Finance, 1998, 22: 925-954.

[15] Anderson P., Tushman M. L.. Organizational Environments and Industry Exit: The Effects of Uncertainty, Munificence and Complexity [J]. Industrial & Corporate Change, 2001.

[16] Annen. Inclusive and Exclusive Social Capital in the Small-Firm Sector in Developing Countries [J]. Journal of Institutional and Theoretical Economics, 2001.

[17] Anand B. T., Khanna. Do Firms Learn to Create Value? The Case of Alliances [J]. Strategic Management Journal, 2000, 21: 295-315.

[18] Allen, Santomero. The Theory of Financial Intermediation [J]. Journal of Banking and Finance, 1998, 21.

[19] Andersson, Forsgren, Holm. The Strategic Impact of External Networks: Subsidiary Performance and Competence Development in the Multinational Corporation [J]. Strategic Management Journal, 2002, 23 (11): 979-996.

[20] Andrew V., Shipilov, Stan Xiao Li, Joel A.C., Baum. The Liability of Strangers: Performance Consequences of Non-Local Partnering [R]. Working Paper, Faculty & Research, 2008.

[21] Ann Echols, Wenpin Tsai. Niche And Performance: The Moderating Role of Network Embededness [J]. Strategic Management Journal, 2005, 26 (3): 219-238.

[22] Arther Yeung. Setting People up for Success: How the Problem Rite-Carlton Hotel Get the Best From its People [J]. Human Resource Management, 2006, 2: 86-91.

[23] Aoki M. S., Dinc. Relational Financing as an Institution and its Viability Under Competition [A] // Aoki Saxonhouse. Finance, Governance and Competitiveness in Japan, Oxford: Oxford University Press, 2000: 19-42.

[24] Arrow, Kenneth J. Uncertainty and the Welfare Economics of Medical Care [J]. American Economic Review, 1963, 53 (5): 941-973.

[25] Arrow, Kenneth J. Economic Equilibrium [A] // D. L. Sills Ed., International Encyclopedia of the Social Sciences, 1968, 4: 376-388.

[26] Akerlof, G. and R. Kranton, Rachel E. Kranton. Economics And Identity

[J]. Quarterly Journal of Economics, 2000, 3: 715-753.

[27] Ashforth B. E., B. W. Gibbs. The Double-Edge of Organizational Legitimation [J]. Organization Science, 1990, 1 (2): 177-194.

[28] Batjargal. Effects of Networks on Entrepreneurship Performance in Transition Economy. The Case of Russia [A]. P. Reynolds et al., (Eds) Frontiers of Entrenpreneurship Research, 2003.

[29] Baptista R.. Geographical Clusters and Innovation Diffusion [J]. Technological Forecasting and Social Change, 2001, 66: 31.

[30] Bae, J., M. Gargiulo. Partner Substitutability, Alliance Network Structure, and Firm Profitability in the Telecommunications Industry [J]. The Academy of Management Journal, 2004, 47: 843-859.

[31] Barden J. Q.. Disentangling the Influences of Leaders Relational Embeddedness on Interorganizational Exchange [J]. The Academy of Management Journal, 2007, 50 (6): 1440-1461.

[32] Barbara Webera, Christiana Weber. Corporate Eventure Capital as a Means of Radical Innovation: Relational, Social Capital, and Knowledge Transfer [J]. Engineering and Technology Manage, 2007, 24: 11-35.

[33] Baum J. A. C., Dutton J.E.. The Embeddedness of Strategy [J]. Adcanaces in Strategic Management, 1996, 13: 1-15.

[34] Baum J. A. C., Calabrese T., Silverman B. S.. Don't Go It Alone: Alliance Network Composition and Startup Performance in Canadian Biotechnology [J]. Strategic Management Journal, 2000, 21.

[35] Baum J., Oliver C.. Institutional Linkages and Organizational Mortality [J]. Administrative Science Quarterly, 1991, 36: 187-216.

[36] Baum, J. Robert and Stefan Wally, Strategic Decision Speed and Firm Performance [J]. Journal of Strategic Management, 2003, 24 (11): 1107-1129.

[37] Becattini G.. The Marshallian Industrial District as a Socioeconomic Notion, 1990.

[38] Becattini, G.. The Industrial District as a Creative Milieu [A] // G. Benko, M. Dunford Eds. Industrial Change and Regional Development, 1992: 102-114.

[39] Barney J. B.. Firm Resources and Sustained Competitive Advantage [J]. Journal of Management, 1991, 17 (1): 99-120.

[40] Barber B.. All Economics Are Embedded: The Career of a Concept and

Beyond [J]. Social Research, 1995, 62: 387-413.

[41] Bastelaer Van, Thierry Leathers, Howard. Trust in Lending: Social Capital and Joint Liability Seed Loans in Southern Zambia [J]. World Development, 2006, 34.

[42] Baltensperger, Ernst. The Borrower-Lender Relationship, Competitive Equilibrium and the Theory of Hedonic Prices [J]. American Economic Review, 1976: 401-405.

[43] Baltensperger, Ernst. Credit Rationing: Issues and Questions [J]. Journal of Money, Credit and Banking, 1978, 10 (2): 170-183.

[44] Beckman C. M., Haunschild P. R.. Network Learning: The Effects of Partners Heterogeneity of Experiences on Corporate Acquisitions [J]. Adminisitrative Science Quarterly, 2002, 41: 92-124.

[45] Beckman C., Burton D. O., Reilly C.. Early Teams: The Impact of Team Demography on VC Financing and Going Public [J]. Journal of Business Venturing, 2007, 22: 147-173.

[46] Becattini G. Distretto Industriale Marshalliano Come Concetto Socio-economico [J]. Firenze: Banca Toscana, 1992: 61-79.

[47] Bell P.. Format Informal Sector Interaction in Rural Credit Markets [J]. Jouanal of Development Economics, 1997, 56: 265-280.

[48] Berger A. N., N. M. Miller, M. A. Petersen, R. G. Rajan, J. C. Stein. Does Function Follow Organizational Form? Evidence From The Lending Practices Of Large And Small Banks [J]. Journal of Financial Economics, Elsevier, 2005, 76 (2): 237-269.

[49] Berger, Allen. The Effects of Dynamic Changes in Bank Competition on the Supply of Small Business Credit [J]. European Finance Review, 2001, 5: 115-139.

[50] Berger A.N., Geory F.. Udell. Some Evidence on the Empirical Significances of Credit Rationing [J]. Journal of Political Economy, 1992, 100.

[51] Berger N. A., G. F. Udell. Relationship Leding and Lines of Credit in Small Firm Finance [J]. Journal of Business, 1995, 68.

[52] Berger, Roger L., Boos, Dennis D., Guess, Frank M.. Tests and Confidence Sets for Comparing Two Mean Residual Life Functions [J]. Biometrics, 1988, 44: 103-115.

[53] Berger N. A., G. F. Udell. The Economics of Small Business Finance:

The Roles of Private Equity and Debt Markets in the Financial Growth Cycle [J]. Journal of Banking and Finance, 1998, 22: 613-673.

[54] Berger A. N.. The Profit-Structure Relationship in Banking-Tests of Market-Power and Efficient-Structure Hypotheses [J]. Journal of Money, Credit, And Banking, 1995, 27.

[55] Benito G. A Cluster Analysis Of The Maritime Sector In Norway [J]. International Journal of Transport Management, 2003: 203-215.

[56] Berger A. N., W.C. Hunter, S. G. Timme. Efficiency of Financial Institutions: International Survey and Directions for Future Research [J]. European Journal of Operational Research, 1993, 98: 175-212.

[57] Bergers, Wpcwl Hill, W.C. Kim. A Theory of Global Strategic Alliances: The Case of Global Auto Industry [J]. Strategic Management Journal, 1993, 14 (6): 419-432.

[58] Berger A.N., Udell G.F.. Universal Banking and the Future of Small Business Lending [A] // A. Saunders, I. Walter Eds. Financial System Design: The Case for Universal Banking, 1996: 559-627.

[59] Berger A.N., Bonime S., Goldberg L.G., White L.J.. The Dynamics of Market Entry: The Effects of Mergers and Acquisitions on Entry in the Banking Industry [J]. Journal of Business, 2004.

[60] Berger A.N., Udell G. F.. Small Business Credit Availability and Relationship Lending: The Importance of Bank Organisational Structure [J]. The Economic Journal, 2002, 112: 32-53.

[61] Berger A.N., Saunders A., Scalise J.M., Udell G.F.. The Effects of Bank Mergers and Acquisitions on Small Business Lending [J]. Journal of Financial Economics, 1998, 50: 187-229.

[62] Berlin M., Mester L.. On the Profitability and Cost of Relationship Lending [J]. Journal of Banking and Fianance, 1998, 22: 873-897.

[63] Best Helmut. Screening VS Rationing in Credit Market with Imperfect Information [J]. The Ameican Economic Review, 1985, 75: 50-85.

[64] Besanko D., Thankor A.. Collateral and Rationing: Sorting Equilibria in Monopolistic Andcom Petitive Credit Markets [J]. International Economic Review, 1987: 671-689.

[65] Bester H.. Screening VS Rationing in Credit Markets With Imperfect Information, 1985: 503-515.

[66] Bester H.. The Role of Collateral in Credit Markets With Imperfect Information [J]. European Economics Review, 1987: 887-899.

[67] B. K. Kapur. Alternative Stabilization Policies for Less -Developed Economics [J]. Journal of Political Economy, 1976.

[68] Bian Y.. Bring Strong Ties Back In: Indirect Ties, Network Bridges, and Job Searches in China [J]. American Sociological Review, 1997, 62 (3): 366-385.

[69] Biggart N. W. P., Castanias. Collateralized Relations: The Social Relation in Economic Calculation [J]. American Journal of Economics and Sociology, 2001.

[70] Blackwell P. W., Winters D.B.. Banking Relationships and Effect of Monitoring on Loan Pricing [J]. Journal of Financial Research, 1997: 275-289.

[71] Bolton, Scharfstein. Optimal Debt Structure and the Number of Creditor [J]. Journal of Political Economy, 1996.

[72] Boot, Thakor. Moral Hazard and Secured Lending in an Infinitely Repeated Credit Market Came [J]. International Economic Review, 1994, 35: 899-920.

[73] BootA. Relationship Banking: What Do We Know? [J]. Journal of Financial Intermediation, 2000, 9: 7-25.

[74] Bourdieu P.. The Forms of Capital [A] // Handbook of Theory and Research for the Sociology of Education, 1992.

[75] Bourdieu, P. (1986). The forms of capital [M] (R. Nice, Trans.). In L. C. Richardson (Ed.), Handbook of Theory and Research for the Sociology of Education (241-258). New York: Greenwood Press.

[76] Boyd J., Prescott E.. Financial Intermediatry Coalitions [J]. Journal of Economic Theory, 1986, 38: 211-232.

[77] Bromley D.B.. Reputation, Image, And Impression Management [M]. New York: John Wiley & Sons, Inc, 1993.

[78] Branco M., Rodrigues L.L.. Social Responsibility Disclosure: A Study of Proxies for the Public Visibility of Portuguese Banks [J]. British Accounting Review, 2008a, 40 (2): 161-181.

[79] Braveman A., J. L. Guash. Rual Credit Markets and Insitions in Developing Countries: Lessons for Policy Analysis from Practice and Modern Theory [J]. World Development, 1986, 14 (10): 1253-1267.

[80] Breschi S., Malerba.. The Geography of Innovation and Economic Clustering: Some Introductory Notes, 2001.

[81] Brigham. Fundamentals of Financial Management [M]. San Antonio: Pearson Education Limited, 1978.

[82] Burke, Mary, Kislaya Prasad. An Evolutionary Model of Debt [J]. Journal of Monery Economics, 2002.

[83] Butt R. S.. Toward a Structural Theory of Anction: Network Models of Social Structure, Pereption and Action [M]. New York: Academic Press, 1992.

[84] Burt R.S.. Structural Holes: The Social Structure Of Competition [M]. Harvard University Press, 1992.

[85] Burt R.S.. The Contingent Value of Social Capital [J]. Administrative Science Quarterly, 1997, 42: 339-365.

[86] Burt R.S.. Toward a Structural Theory of Action: Network Models of Social Structure, Perception, and Action [M]. New York: Academic, 1982.

[87] Buttle F.. ISO 9000: Marketing Motivations and Benefits [J]. International Journal of Quality Management & Reliability Management, 1997, 14 (9): 936-947.

[88] C. A. Barlett, S. Ghoshal. Managing Across Borders: The Transnational Solution [M]. HBS Press, 2001.

[89] Carbonara N.. Innovation Process Within Geographical Clusters: A Cognitive Approach [J]. Technovation, 2004, 24.

[90] Campbell T. S., Kracaw W. A.. Information Production, Market Signaling and the Theory of Financial Intermediation [J]. Journal of Finance, 1980, 35: 863-882.

[91] Carney D.. Implementing the Sustainable Livelihoods Approach [M]. London: Department for International Development, 1998.

[92] Carlisle E., Flynn D.. Small Business Survival in China: Guanxi, Legitimacy, and Social Capital [J]. Journal of Developmental Entrepreneurship, 2005, 10 (1): 79-96.

[93] Carl E. Liedholm. Can Web Courses Replace the Classroom in Principles of Microeconomics? [J]. American Economic Review, 2004, 92: 444-448.

[94] Cerra V., Dayal-Gulati. China's Trade Flows: Changing Price Sensitivities and the Reform Process [C]. IMF Working Paper, 1999.

[95] Certo S. Trevis, Hodge, Frank.. Top Management Team Prestige and Organizational Legitimacy: An Examination of Investor Perceptions [J]. Journal of Managerial Issues, 2007, 19 (4): 461-477.

[96] Charles Galunic, Peter Moran. Social Capital and Managerial Performance

[J]. Strategic Management Journal, 2005, 26 (12): 1129-1151.

[97] Chras Y., Kanatas G.. Asymmetric Valuation and the Role of Collateral in Loan Agreements [J]. Journal of Money, Credit and Banking, 1985: 84-95.

[98] Chakrabory C, Geeson L. M.. Mckinnon Regulation of Human Trophoblast Migration and Invasiveness [J]. Can J Phsiol Pharmacol, 2002.

[99] Chan, Gynecology, Obstetrics 1999-2000: Current Clinical Strategies [M]. Current Clinical Strategies Publishing, 2000.

[100] Chela J. C.. Corporate Charitable Countributions: A Corporate Social Perfermance or Legitimacy Strategy [J]. Journal of Businiss Ethics, 2008.

[101] Chert W. H.. Dose The Colour of the Hat Matter? The Red Hat Straegy in China's Private Enterprise [J]. Management and Organization Review, 2007, 3.

[102] Chrisman J. J., Bauerschmidt A., Hofer C. W.. The Determinants of New Venture Performance: An Extended Model [J]. Entrepreneurship Theory and Practice, 1998, 23 (1): 5-29.

[103] Christian Felzensztein. Clusters, Social Networks and Marketing Collaboration in Small Firms: Exploratory Evidence from Chile and Scotland [J]. Nternational Journal of Entrepreneurship: Small Business, 2008, 2.

[104] Coase. The Nature of the Firm Ronald [J]. Economica, New Series, 1937, 4 (16): 386-405.

[105] Coleman J. S.. Social Capital in the Creation of Human Capital [J]. American Journal of Sociology, 1988, 94.

[106] Cole R.A., Goldberg L. G., White L.J.. Cookie-Cutter Versus Character: The Micro Structure of Small Business Lending by Large and Small Banks [J]. Journal of Financial and Quantitative Analysis, 2004, 39: 227- 251.

[107] Cole R. A.. The Importance of Relationships to the Availability of Credit [J]. Jouanal of Banking and Finance, 1998, 22: 927-959.

[108] Coleman J.. Foundations of Social Theory [M]. Cambridge: Harvard University Press, 1990.

[109] Coleman J. S.. Family, School, and Social Capital in International Encyclopedia of Education [M]. Oxford: Pergamon Press, 1994.

[110] C. Oliver.. Determinants Interorganizational Relationships: Integration and Future Directions [J]. Academy of Management Review, 1990, 15 (2): 241-265.

[111] Cooke Schienstock. Structural Competitiveness and Learning Region [J]. Enterprise and Innovation Management Studies. 2000, 1 (3): 265-280.

[112] Conti G., Ferri G.. Local Banks and Local Economic Development [C]. Paper Presented at the 37th Congress of European Regional Science Association, Roma, 1997: 26-29.

[113] Cromie S.. Entrepreneurship: The Role of the Individual in Small Business Development [R]. IBAR, Irish Business And Administrative Research, 1994: 62-75.

[114] Dacin, Tina, Marc J. Ventresca, Beal B.D.. The Embeddedness of Organizations: Dialogue & Directions [J]. Journal of Management, 1999, 25 (3): 317-356.

[115] Davern, Michael. Social Networks and Economic Socilogy: Aproposed Research Agend A For A More Complete Social Sciences [J]. American Journal of Economics and Sociology, 1997, 56 (3): 287-302.

[116] Deeds D. L., Decarolis D., Coombs J.. Dynamic Capabilities and New Product Development in High Technology Ventures: An Empirical Analysis of New Biotechnology Firms [J]. J Bus Venturing, 2000, 15 (3): 211-229.

[117] Dess G., Beardd. Dimensions of Organizational Task Environments [J]. Administrative Science Quarterly, 1984, 29 (1): 52-73.

[118] Deeds D. L., D. Mayzlin.. Using Obline Conversations to Measure Word of Mouth Communication [J]. Marketing Science, 2004.

[119] Deephouse D.. Does Isomorphism Legitimate?[J]. Academy of Management Journal, 1996, 39: 1024-1039.

[120] Deephouse D. L., Carter S. M.. An Examination of Difference Between Organizational Legitimacy and Organization Reputation [J]. Journal of Management Review, 2007, 3 (321).

[121] Degryse H., Van Cayseele P.. Relationship Lending within a Bank-Based System: Evidence From European Small Business Data [J]. Journal of Financial Intermediation, 2000: 90-109.

[122] Deyoung R., Goldberg L. G., Andwhite, L. J. Youth, Adolescence, and Maturity of Banks: Credit Availability to Small Business in an Era of Banking Consolidation [J]. Journal of Banking and Finance, 1999, 23: 463-492.

[123] Dewatripont E., Maskin. Credit and Efficiency Incentralized and Decetraliazed Economics [J]. Review of Economics Studies, 1995, 62: 541-555.

[124] Demeza. D., Webb D. Too Much Investment: A Problem of Asymmetric Information [J]. The Quarterly Journal and Economics, 1987: 281-292.

[125] Diana Hancock, James. The Causes and Consequences of Venture Capital Financing [R]. An Analysis Based on a Sample of Italian Firms, Economic Working Papers, 1998.

[126] Dimaggio, Paul. Culture and Economy, in the Handbook of Economic Sociology [A] // Neilsmelser and Richard Swedberg Eds. Princeton: Princeton U. Press (1994).

[127] Diana Marina Del Colle, Paolo Finaldi Russo, Paola Russi. The Causes and Consequences of Venture Capital Financing: An Analysis Based on a Sample Of Italian Firms [R]. Temi Di Discussione (Economic Working Papers) 584, Bank of Italy, Economic Research and International Relations Area, 2001.

[128] Diamond D. W.. Finacial Intermediation and Delegated Monitoring [J]. Review of Economic Studies, 1984, 51: 393-414.

[129] Diamond D. W.. Monitoring The Reputation: The Choice between Bank Loans and Directly Placed Debt [J]. Journal of Political Economy, 1991a, 99: 689-721.

[130] Diamond D. W.. Debt Maturity Structure and Liquidity Risk [J]. Quarterly Journal of Economics, 1991b, 106: 709-737.

[131] Diamond D. W.. Financial Intermediation and Delegated Monitoring [J]. Review of Economic Studies, 1989, 51: 393-414.

[132] Dowling, John, Jeffrey Pfeffer. Organizational Legitimacy: Social Values and Organizational Behavior [J]. The Pacificsociological Review, 1975, 18 (1): 122-136.

[133] Dovev Lavie. The Competive Advantage of Interconnected Firms: An Extension of the Resourle -Based Vies [J]. Acadamy of Management Review, 2007, 3: 638-658.

[134] Dore R.. Good Will and the Spirit of Market Capitalism [J]. British Journal of Sociology, 1983, 34: 459-482.

[135] Duncan R.. Characteristics of Organizational Encironments and Perceived Environmental Uncertainty [J]. Administrative Science Quarterly, 1972: 313-327.

[136] Dyer, Singh. The Relational View: Cooperative Strategy and Source of Interorganizational Competitive Advantage [J]. Academy of Management Review, 1998, 23 (4): 660-679.

[137] Dyer J.H.. Specialized Supplier Networks as a Source of Competitive Advantage: Evidence from the Auto Industry [J]. Strategic Management Journal,

1996, 17 (4): 271-292.

[138] Dyer J.H., K. Nobeoka. Creating and Managing a High Performance from the Auto Industry [J]. Strategic Mnagement Journal, 2000, 17 (4): 271-292.

[139] Dyer J.H., Hatch N.W.. Relation-Specific Capabilities and Barriers to Knowledge Transfers: Creating Advantage through Network Relationships [J]. Strategic Management Journal, 2006, 27: 701-719.

[140] Elsas, Ralf, Krahnen, Jan Pieter. Is Relationship Lending Special? Evidence From Credit-File Data in Germany [J]. Journal of Banking & Finance, Elsevier, 1998, 22 (10-11): 1283-1316.

[141] Emery, Hrist. Correlation of Milk Fat With Dietary and Metabolic Factors in Cows Fed Restricted-Roughage Rations Supplemented with Magnesium Oxide Or Sodium Bicarbonate [J]. Journal of Dairy Science, 1965.

[142] Eugene F, Fama. Agency Problem and The Theory of The Firm [J]. Journal of Political Economy, 1980, 88.

[143] Faems, D. Janssens, M. Looy B.. Towards an Intergrative Perspective on Alliance Govermance Connecting Contract Desigh. Trust Dynamics and Contract Application [J]. Academy of Management Journal, 2007.

[144] Fenn G. W., N. Liang, S. Prowse. The Private Equity Market: An Overview [J]. Financial Markets, Institutions, and Instruments, 1997, 6 (4).

[145] Fehr Ernst, Zehnder Christinan. Reputation and Credit Market Formation [R]. Insititute For Empirical Research In Economics, University of Zurich, 2006.

[146] Festinger Leon. The Analysis of Sociograms Using Matric Algebra [J]. Human Rrlations, 1949, 10: 53-58.

[147] Ferri., Frank J., Fabozzi, Franco G. Modigliani, Frank Jones. Foundations of Financial Markets and Institutions [M]. Prentice Hall, 2001.

[148] Ferris S. P., Jagannathan M., Pritchard A. C.. Too Busy to Mind the Business? Monitoring by Directors with Multiple Board Appointments [J]. Journal of Finance, 2003, 58 (3): 1087-1111.

[149] Feinberg S. E., Vitt M.. Effect of Calcium Phosphate Ceramic Implants on Tooth Eruption [J]. Journal of Oral and Maxillofacial Surgery, 1988, 1.

[150] Fluck Z. D., Rosen H. S.. Where Does the Money Come From? The Financing of Small Entrepreneurial Enterprised [R]. New York Univeisity Working Paper, 1997.

[151] Foss N.. Networks, Capabilities and Competitive Advantage [J].

Scandinavian Journal of Management, 1999, 15 (1): 1-15.

[152] Freel M. S.. Barriers to Product Innovation in Small Manufacturing Firms [J]. International Small Business Journal, 2000, 18 (2): 60.

[153] Freeman Linton C.. Centrality in Social Networks Conceptual Clarification [J]. Social Networks, 1979, 1 (3): 215-239.

[154] Freeman J., Barley S. R.. The Strategic Analysis of Interorganizational Relations in Biotechnology [J]. The Stragetic Management of Technological Innovation, 1990: 127-155.

[155] Freeman C., Vincent R. Ceriello Human Resource Management Systems: Strategies, Tactics, and Techniques [M]. Jossey-Bass Inc., U.S, 1991.

[156] Frederic Boissay. Credit Chains and the Propagation of Financial Distress [J]. Working Paper Series 573, European Central Bank, 2006.

[157] Fry, Ebelhar S. A., Murdock L. W.. Erosion Effects On Properties And Productivity of Two Kentucky Soils [J]. Soil Science Society of America.Soil 1982, 46: 1051-1055.

[158] Fry, Maxwell J.. Monetary Policy and Domestic Saving in Developing ESCAP Countries [J]. Economic Bulletin For Asia And The Pacific, 1978, 29 (1): 79-99.

[159] Fry, Maxwell J.Saving, Investment, Growth and the Cost of Financial Repression [J]. World Development, 1980, 8: 317-327.

[160] Fried V H., Hisrieh R. D.. Toward a Model of Venture Capital Investment Decision Making [J]. Financial Management, 1994, 23 (3): 28-137.

[161] Falemo B.. The Firm's External Persons. Entrepreneurs or Network Actors? [J]. Enterpreneurship and Regional Development, 1989, 1: 167-177.

[162] Fukuchi, Takao. Liberalization Effect in Financially Repressed Economy: The Case of Indonesia [J]. The Developing Economies, 1995: 271-309.

[163] Fukuyama, Francis. Trust: The Social Virtues and the Creation of Prosperity [M]. New York: Free Press, 1995.

[164] Spence N. Regional Variations of Firm Births, Deaths and Growth Patterns In The U.K., 1980-1991 [J]. 2001, 32: 151-173.

[165] Galbis. A Contribution to the Theory of Labor Migration and Interregional Differentials [J]. Andrologia (Print), 1982, 14 (6): 515-525.

[166] Gary Hamel. Competition for Competence and Interpartner Learning within International Strategic Alliances [J]. Strategic Management Journal, 1991, 12 (S1):

83–103.

[167] Galbis. Financial Intermediation and Growth in Less Developed Countries: A Theretical Approach [J]. Journal of Development Studies, 1977.

[168] Gale Douglas, Martin Hellwig. Incentive-Compatible Debt Contract: The One-Period Problem [J]. Review of Economic Studies, 1985, 52: 647–663.

[169] Galaskiewicz, Joseph, Stanley Wasserman. Mimetic and Normative Processes within and Interorganizational Field: An Empirical Test [J]. Administrative Science Quarterly, 1981, 34: 454–480.

[170] Galaskiewicz J.. Professional Networks and the Institutionalization of a Single Mind Set [J]. American Sociological Review, 1985, 25 (2): 639–658.

[171] Geertz C.. The Rating Credit Association: A Middle Rung in Development [J]. Economic Development and Cultural Change, 1963, 3: 241–263.

[172] George J. Y., Hsu, Tser-Yieth Chen. The Reform of the Electric Power Industry In Taiwan [J]. Journal: Energy Policy – Energ Policy, 1997, 25 (11): 951–957.

[173] George J., Mailath G. J., Samuelson L.. Your Reputation is Who You're Not, Not Who You'd Like to Be [R]. Working Papers 18, Wisconsin Madison – Social Systems, 1998.

[174] George Caspar Homans. The Human Group [M]. Transaction Publishers, 1951.

[175] Ghosh, Ray. Bodt E.D, Lobez F. and Statnik J.C. Credit Rationing, Customer Relationship and the Number of Banks: An Empirical Analysis [D]. University catholique de Louvain, 2001.

[176] Glaeser E. L.. Are Cities Dying? [J]. Journal of Economic Perspectives, 1998, 12 (2).

[177] Giles Golshetti. Financial Services in the East Midland: A Discussion Paper [J]. The Nottinghamshire Research Observatory, 2003.

[178] Gianluca, Baldoni, Carlo Belliti, Lee M Miller, Paola Papini, Silvano Bertini. Small Firm Consortia in Italy: An Instrument for Economic Development [R]. UNIDO, 1998.

[179] Granovetter. The Strength of Weak Ties [J]. American Jour of Sociology, 1973: 1360–1380.

[180] Granovetter. The Old and the New Economic Sociology: A History and an Agenda [A] // in R. Friedland, A. F. Robertson Eds., Beyond The Marketplace:

Rethinking Economy And Society, 1990: 89-112.

[181] Grossman, Stiglitz. On The Impossibility of Informationally Efficient Markets [J]. The American Economic Review, 1980.

[182] Gompers, Josb Lerner. The Venture Capital Cycle [M]. Massachusetts: MIT Press, 2000, 29.

[183] G. J. Benston, C. W. Smith. A Transactions Cost Approach to the Theory of Financial Intermediation [J]. Journal of Finance, 1976, 31.

[184] Granovetter. Economic Action and Social Structure: The Problem of Embeddedness [J]. American Journal of Sociology, 1985, 91: 481-510.

[185] Granovetter. The Sociology of Economic Life [M]. Boulder: Westview Press, 1992.

[186] Gulati R. Does Familiarity Breed Trust? The Implications of Repeated Ties for Contractual Choice in Alliances [J]. Acndeml of Management Journal, 1995a, 38: 85-112.

[187] Gulati R. Social Structure and Alliance Formation Pattern: A Longitudinal Analysis [J]. Administrative Science Quarterly, 1995b, 49: 61-62.

[188] Gulati R., Jevremovic D., Peterson T.E., Chatterjee S., Shah V., Vile R. G., Simari R.D.. Diverse Origin and Function of Cells With Endothelial Phenotype Obtained from Adult Human Blood [J]. Circula-Tion Research, 2003, 93: 1023-1025.

[189] Gulati R.. Alliances and Networks [J]. Strategic Management Journal, 1998, 19 (4): 293-317.

[190] Gulati R.. Netwok Location and Learning: The Influence of Strategic [J]. Management Journal, 1999, 20: 397-420.

[191] Gulati, Gargiulo. Where Do Interorganizational Networks Come from American? [J]. Journal of Sociology, 1999, 104 (5).

[192] Gulati R., Nohrian, Zaheera. Strategic Network [J]. Strategic Management Journal, 2000, 21: 203-215.

[193] Gurley J. G., Shaw E. S.. Financial Intermediaries and the Saving Investment Process [J]. Journal of Finance, 1956.

[194] Gurley J. G., Shaw E. S.. Money in a Theory of Finance [M]. Washington DC: Brookings, 1960.

[195] Hamcock D.. Credit Crunch and the Availability of Credit to Small Business [J]. Journal of Banking and Finance, 1998: 983-1014.

[196] Hans B., Thorelli. Networks: Between Markets and Hierarchies [J]. Strategic Management Journal, 1986, 7 (1): 37-51.

[197] Hansen Eric L.. Entrepreneurial Network and New Organization Growth [J]. Entrepreneurship Theory and Practice, 1998, 19 (4): 7-19.

[198] Hansen E. B.. Sample Splitting and Threshold Estimation [J]. Economitrica, 1978, 68.

[199] Hamilton, Gary G., Nicole Woolsey Biggard. Market, Culture and Authority: A Comparative Analysis of Management and Organization In The For East [J]. American Journal of Sociology, 1988, 94: 552-594.

[200] Hannart J. F.. A Transaction Cost Theory of Equity Joint Ventures [J]. Stragetic Management Journal, 1988, 9 (4): 361-374.

[201] Hagedoorn J., Schakenraad J. Inter-Firm Partnerships and Cooperative Strategies In Core Technologies [M]. Freeman C, Soete L, New explorations in the economics of technological Change, New York.1990.

[202] Hagedoorn J.. Understanding The Cross-Level Embeddedness of Interfirm Partnership Formation [J]. Academy of Management Review, 2006, 31 (3): 670-680.

[203] Hans B., Thorelli. Networks: Between Markets and Hierarchies [J]. Strategic Management Journal, 1986, 7 (1): 37-51.

[204] Hannah M.T., Freeman J. H.. The Population Ecology of Organization [J]. American Journal of Sociology, 1977, 82: 929-964.

[205] Hargadon A., Sutton R. I.. Technology Brokering and Innovation in a Product Development Firm [J]. Administrative Science Quarterly, 1997, 42: 716-749.

[206] Haribapu Elfring, Tom, Hulsink Willem. Networks in Entrepreneurship: The Case of High-Technology Firms [J]. Small Business Economics, 2003, 21 (4): 409-422.

[207] Harholf D., Korting T.. Lending Relationships in Gennany Empirical Evidence from Survey Data [J]. Journal of Banking and Finance, 1998, 22: 1317-1353.

[208] Hakansson. Industrial Technological Development: A Network Approach [M]. Law Book Co of Australasia, 1986.

[209] Lakatos A. H. J.. Externalities, Learning and Governance: New Perspectives on Local Economic Development [J]. Development and Change,

2001, 32: 277-308.

[210] Helper S.. Comparative Supplier Relations in the US and Jpannese Auto Industries: An Exit Approach [J]. Business and Economic History, 1990.

[211] Hennart J. F.. The Transaction Cost Theory of the Multinational Enterprise [J]. The Nature of the Transnational Firm, 1991: 81-115.

[212] Helmsing Lakatos, A. H. J.. Externalities, Learning and Governance: New Perspectives on Local Economic Development [J]. Development and Change, 2001, 32: 277-308.

[213] Hite J. M.. Hesterly W. S.. The Evolution of Firm Networks: From Emergence to Early Growth of The Firm [J]. Strategic Management Journal, 2001, 22 (3): 275-286.

[214] Hite J. M.. Evolutionary Processes and Paths of Relationally Embedded Network Ties In Emerging Entrepreneurial Firms. Entrepreneurship Theory & Practice, 2005, 29 (1): 113-144.

[215] Hirsch P. M.. Organizational Analysis and Industrial Sociology: An Instance of Cultural Lag [J]. Am. Sociol, 1975a, 10: 3-12.

[216] Daein Etal. Generalized Priority Queue Manager Design for ATM Switches [C]. In Proceedings of ICC 96. IEEE, 1996.

[217] Houston J. F., S. Venkataraman. Optional Maturity Structure With Multiple Debt Claims [J]. Journal of Finance and Quatitative Anlysis, 1994, 29 (2).

[218] Holf Stiglitz. The Role of the State in Financial Markets [R]. Proceedings of the World Bank Annual Conference On Development Economics 1993, 1994: 19-52.

[219] Hoang H., Rothaermel F.. The Effect of General and Partner-Specific Alliance Experience on Joint R&D Project Performance [J]. Academy of Management Journal, 2005, 48: 332-345.

[220] Holmslrom B.. Managerial Incentive Sehemes-A Dynamic Perspective [J]. Economies and Management of Lars Wahlbeck, 1982.

[221] Holmstrom Tirole.. Financial Intermediation, Loanale Funds and the Real Sector [J]. Quarterly Jouranl of Economics, 1997, 112.

[222] Hotz Hart.. Differential Performance Among LDH-B Genotypes in Rana Lessonae Tadpoles [J]. Evolution, 2000, 54 (5): 1750-1759.

[223] Horiuchi T., Packer F., Fukuda S.. What Role Has the Mainbank Played in Japan? [J]. Journal of Japanese and International Economics, 1988: 315-333.

[224] Humphrey J., Schmitz H.. The Triple C Approach to Local Industrial Policy [J]. World Development, 1996, 24 (12): 1859-1877.

[225] Irena Grosfeld, Jean-Francois Nivet. Firms' Heterogeneity in Transition: Evidence From a Polish Data Set [R]. William Davidson Institute Working Papers Series 47, William Davidson Institute at the University of Michigan, 1997.

[226] J. Carlos Jarillo. On Strategic Networks [J]. Strategic Management Journal, 1989, 9 (1): 31-41.

[227] Jack S. L.. The Role, Use and Activation of Strong and Weak Network Ties: A Qualitative Analysis [J]. Journal of Management Studies. 2005, 6: 467-486.

[228] Jack S. L.. Approaches to Studying Networks: Implications and Outcomes [J]. Journal of Business Venturing, 2010, 25: 120-213.

[229] Jane E.. Dutton, Janet M. Dukerich. Keeping an Eye on the Mirror: Image and Identity in Organizational Adaptation, 1992, 34 (3): 517-554.

[230] Jain S., Symbious V. S.. Crowding Out: The Interaction of Formal and Informal Credit Markets in Developing Countries [J]. Journal of Development, 1999.

[231] Jarillo Jose C.. Strategic Networks: Creating the Border Less Organization [M]. Oxford: Butterworth-Heinemann, 1995.

[232] Jaffee, Dwight M., Russell Thomas. Imperfect Information, Uncentainty and Credit Rationing [J]. The Quarterly Journal of Economics, 1976: 651-666.

[233] Jayaratne, John Wolken. How Important are Small Banks to Small Business Lendings? New Evidence from a Survey of Small Firms [J]. Journal of Banking and Financing, 1999.

[234] Joel M. Podolny, Karen L. Page.. Network Forms of Organization [J]. Annual Review of Sociology, 1998, 24: 57-76.

[235] Johanson J., L. Mattson. Internationalisation in Industrial System: A Network Approach, Strategiesin Global Competition [M]. London: Routledge, 1987, 287.

[236] Johannisson B.. New Venture Creation: A Network Approach [A] // in R. Ronstadt Eds., Frontiers of Entrepreneurship Research, 1986: 236-238.

[237] Johannisson. Personal Networks in Emerging Knowledge-based Firms: Spatial and Functional Patterns [J]. Entrepreneurship and Regional Development, 1998, 10 (4): 297-312.

[238] John Roberts, Milgrom.. Limit Pricing and Entry Under Incomplete

Information: An Equilibrium Analysis Paul [J]. Econometrica, 1982, 50 (2): 443-459.

[239] Joel M., Podolny, Karen L. Page. Network Forms of Organization [J]. Annual Review of Sociology, 1998, 24: 57-76.

[240] John, Kennes, Aaron Schiff. The Value of a Reputation System [R]. Economics Working Paper Archiveat WUSTL, 2002.

[241] K. R. Harrigan. (1988) Strategic Alliances and Partner Asymmetries. In F. J. Contractor & P. Lorange (Eds.), Cooperative Strategies in International Business (205-226). Lexington, MA: Lexington Books.

[242] Karlan Dean. Social Connections and Group Banking [R], Yale University Economic Growth Center Discussion Paper, 2005: 913.

[243] Kapasuwan. Linking Organizational Learning And Network Characterisies: Effects On Firm Performance [J]. Taylor & Francis Journal, 2007, 3: 257-272.

[244] Kaufman, K.. Birds Of North America [M]. Houghton Mifflin Harcourt, 2000.

[245] Kaneko, I. and K., Imai. A Network View Of The Firm [C]. Hitotsubashi Stanford Conference, 1987.

[246] Kale P., Singh H., Perlmutter H.. Learning and Protection of Proprietary Assets in Strategic Alliances: Building Relational Capital [J]. Strategic Management Journal, 2000, 21 (3): 217-237.

[247] Keeton, Wlliam R.. Equilibrium Credit Rationing [M]. New York: Garland Publisling In C, 1979.

[248] Keeton H. Relationship Between Aniaotropy Of P and S wave Velocities And Anisotropy Of Attention In Sprpentinite And Amphibolite [J]. Journal of Geophysical Research: Solid Earth, 2997, 10: 3051-3065,

[249] Koda K.. The Role of Phonemic Awareness in Reading [J]. Second Language Research, 1998, 14: 194-215.

[250] Koka B. R., et al.. The Evolution of Inter-Flrm Networks: Environmental Effects on Patterns of Network Change [J]. Academy of Management Review, 2006, 31 (3): 721-737.

[251] Kogut B.. Joint Ventures: Theoretical and Empirical Perspectives [J]. Strategic Management Journal, 1988, 9: 319-332.

[252] Kogut B.. The Network as Knowledge: Generative Rules and the Emergence of Stru. Cture [J]. Strategic Management Journal, 2000, 21: 405-425.

[253] Koka B., Madahavan R., Prescott J.. The Evolution of Interfirm Networks: Environmental Effects on Patterns of Network Change [J]. Academy of Management Review, 1998, 31 (3).

[254] Kern H. Relationship Between Aniaotropy Of P and S wave Velocities And Anisotropy Of Attention In Sprpentinite And Amphibolite [J]. Journal of Geophysical Research: Solid Earth, 1997, 10: 3051-3065.

[255] Kreps, D.M. Krep Reputation and Imperfect Information [J]. Journal of Economic Theory, 1982, 27: 253-279.

[256] Kreps, P. Milgrom, J. Roberts. Rational Cooperation in the Finitely Repeated Prisoners Dilemma: Experimental Evidenec [J]. Economic Journal, 1993 (103): 570-585, 1982, JET.

[257] Kreps D.. Corporate Cutture and Economic Theory [M]. Cambrige: Cambrige University Press, 1990.

[258] Krackhardt D.. Personal Network of Women and Minorities in Management: A Conceptual Framework [J]. Academy of Management Review, 1998, 18 (1): 56-87.

[259] Koka B., Madhavan R., Prescott J.. The Evolution of Interfirm Networks: Environmental Effects on Patterns of Network Change [J]. Academy of Management Review, 1998, 31 (3).

[260] Lang, J.R. and D.E. Lockhart. Increased Environmental Uncertainty and Changes in Board Linkage Patterns [J]. Academy Of Management Iournal, 1990, 33 (4): 106 - 128.

[261] Larson A.. Network Dyads in Entrepreneurial Settings: A Study of the Governance of Exchange Relations [J]. Administrative Science Quarterly, 1992, 37: 76-104.

[262] Larsson R.. The Handshake between Invisible and Visible Hands [J]. International Studies of Management and Organization, 1993, 23 (1): 87-106.

[263] Larsson R., Bengtsson L., Henriksson Ksparks J.. The Interorganizational Learning Dilemma: Collective Knowledge Development in Strategic Alliance [J]. Organization Science, 1998, 2 (9):285-305.

[264] Lazerson. Network Dyads in Entrepreneurial Settings: A Study of the Govemance of Exchange Processes [J]. Administrative Science Quarterly, 1995, 40: 34-59.

[265] Lakatos I.. Falsification and the Methodology of Scientific Reseach

Programmes [A] // in I. Lakatos, A. Musgrave Eds. Criticism and the Growth of Knowledge. Cambridge: Cambridge University Press, 1970: 91-196.

[266] Lakatos I.. Science and Pseudoscience [A] // in J. Worrall, G. Currie Eds. Philosophical Papers, Vol. 1: The Methodology of Scientific Research Programmes. Cambridge: Cambridge University Press, 1978, 1-7.

[267] Lang J., Lockhart D.. Increased Environmental Uncertainty and Changes in Board Linkage Patterns [J]. Academy of Management Journal, 1990.

[268] Lechner M., Guenter Langergraber. Cost Comparison of Conventional and Modern Sanitation Solutions, Ecosan-Closing The Loop [R]. Proceedings of the 2nd International Symposium on Ecological Sanitation, 2003, 211-221.

[269] Lee Y., Cavusgil S. T.. Enhancing Alliance Performance: The Effects of Contractual-Based Versus Relational-Based Governance [J]. Journal of Business Research, 2006, 59: 896-905.

[270] Levenson A. R., Besley T.. The Anatomy of an Informal Financial Market: Rosca Participantion in Taiwan [J]. Journal of Development Economics, 1996, 51: 45-68.

[271] Lizondo, D. J. Mathieson. The Stability of Demand for International Reserves [J]. Journal of International Money and Finance, 1983, 6.

[272] Liao J., Welsch H., Stoica M.. Organizational Absorptive Capacity and Responsiveness: An Empirical Investigation of Growthoriented Smes [J]. Entrepreneurship: Theory and Practice, 2001, 63-87.

[273] Lin N.. Building a Network Theory of Social Capital [J]. Connections, 1999, 22.

[274] C.Hood, The Tools of Government, London: Macmillan, 1983.

[275] Mantzavinos, North, S. Sharip. Learning, Institutions, and Economic Performance [J]. Perspectives on Politics, 2004, 2: 75-84.

[276] Mailath G.J., L. Samuelson. Who Wants a Good Reputation? [J]. Review of Economic Studies, 2001, 68: 415-441.

[277] Masahiko Aoki. The Contingent Governance of Teams: Analysis of Institutional Complementarity [J]. International Economic Review, 1994, 3.

[278] Matinelli. Small Firms, Borrowing Constraints, and Reputation [J]. Journal of Economic Behavior and Organiza-Tions, 1997, 33: 91-105.

[279] Mallick R., Chakraborty A.. Credit Gap in Small Business: Some New Evidence [R]. Working Paper From Econpapers, 2002.

[280] Mark Lorenzen, Studies, Department Of Industrial Economics And Strategy Copenhagen Business School March, Localised Co-Ordination and Trust Tentative Findings From In-Depth Case [C]. DRUID Summer Conference, Bornholm, 1998.

[281] Maurer J. G.. Readings in Organization Theory: Open System Approaches [M]. New York Random House, 1971.

[282] Mathieson. Financial Reform and Stabilization Policy in a Developing Economy [J]. Journal of Development Economics, 1980.

[283] Mcevily B., Marcus. A Embedded Ties And The Acquisition Of Competitive Capabilities [J]. Strategic Management Journal, 2005, 26: 1033-1055.

[284] Mckinnon, Ronald. Money and Capital in Economic Development [M]. Washington DC: Brooking Institution, 1973.

[285] Mcevily B., Zaheer A.. Bridging Ties: A Source of Film Heterogerieity in Competitive Capabilities [J]. Strategic Management Journal, 1999, 20 (12): 1133-1156.

[286] Meyer, Rowan. Institutionalized Organizations: Formal Structure As Myth And Ceremony [J]. American Journal of Sociology, 1977, 83: 333-363.

[287] Meyer W., Scott W. R.. Centralization and the Legitimacy Problems of Local Government [A] // in Organizational Environments: Ritual and Rationality Beverly Hills. CA: Sage, 1983: 199-215.

[288] Merton R. C.. On the Application of the Continuous Time Theory of Finance to Financial Intermediation and Insurance [R]. Geneva Papers on Risk and Insurancetheory, 1989, 14: 225-261.

[289] Merton R. C.. A Functional Perspective of Financial Intermediation [J]. Finacial Management, 1990.

[290] Merton R. C.. Deposit Insurance Reform: A Functional Approach [J]. Carnegie-Rochester Conference Series on Public Policy, 1993, 38: 1-34.

[291] Merton R. C.. A Framework for Analying the Financial System [A] // in Caneetal Eds. The Global Financial System, A Function Perspective. Boston, MA: Harvard Business School Press, 1995.

[292] Miner A., Amburgey T. L., Stearns T.. Interor-Organizational Linkages and Population Dynamics: Buffering and Transformational Shields [J]. Administrative Science Quarterly, 1990, 35: 689-713.

[293] Miller D.. The Correlates of Entrepreneurship in Three Types of Firms

[J]. Management Science, 1987.

[294] Mitchell E., Porter. The Contrubutions of Industrial Organization to Strategic Management [J]. The Academy of Managemenr Review, 1981, 6 (4):609-620.

[295] Mitchell J. C.. The Concept and Use of Social Networks [M]. Manchester: Manchester University Press, 1969.

[296] Milne M. J., Patten D. M.. Securing Organizational Legitimacy: An Experimental Decision Case Examining the Impact of Environmental Disclosures [J]. Accounting, Auditing and Accountability Journal, 2002, 15: 372-405.

[297] Macaulay S. Non-Contractual Relations in Business: A Preliminary Study [J]. American Sociological Review, 1963, 28: 55-69.

[298] Morosini P. Industrial Clusters, Knowledge Integration And Performance [J]. World Development, 2004, 32: 305-326.

[299] Morgan, R.M.&Hunt, S. The Commitment-Trust Theory Of Relationship Marketing [J]. Journal of Marketing, 1999: 20-38.

[300] Moslay Paul, Ruda Prasad Dahal. Lending to the Poorest: Early Lessons from the Small Farmers Development Program Nepal [J]. Development Policy Review, 1985: 193-207.

[301] Muthusamy, Senthilk, Margaret A. White. Learning and Knowledge Transfer in Strategic Alliamces: A Social Exchange View [J]. Organizational Studies, 2005, 23 (3).

[302] Nahapiet J. S., Ghoshal. Social Capital Intellectual Capital and the Organizational Advantage [J]. Academy of Management Review, 1998, 23: 242-246.

[303] Kenryu Nakamura, Michihisa Arima, Akemi Sakamoto, Rika Toyota. Telephoning with a Voice Output Device: Listener Reactions [J]. Augmentative and Alternative Communication, 1993, 9 (4): 251-258.

[304] Neslihan Aydogan, Thomas P. Lyon. Spatial Proximity And Complementarities In The Trading Of Tacit Knowledge, Microeconomics [J]. International Journal of Industrial Organization, 2004, 228 (8-9): 1115-1135.

[305] Nohria, Garcia-Pont. Global Strategic Linkages and Industry Structure [J]. Strategic Management Journal, Summer Special, 1991, 12: 105-124.

[306] Ongena S., Smith D. C.. Bank Relationships: A Review [Z]. Working Paper, University Of Flofida, 1998.

[307] Ostgaard T. A, S. Birley. New Venture Growth and Personal Networks [J]. Journal of Business Research, 1996, 36: 37-50.

[308] Osborn R. N., Baughn C. C.. Forms of Inter-Organizational Governance for Multinational Alliances [J]. Academy of Management Journal, 1990, 33 (3): 503-519.

[309] Ottaviano G., Tabuchi T. P., Thisse J. F.. Agglomeration And Trade Revisited [J]. International Economic Review, 2002, 43: 409-435.

[310] Pagnini, M. I Vincoli Finanziari Perle Imprese Distrettuali: Una Analisi Su Dati Bancari [C]. Paper Presented At The Italian Conference Of Regional Sciences, L' Aquila, 7-9, October, 1998.

[311] Padilla A. J., M. Pagano. Endogenous Communication Among Lenders and Entrepreneurial Incentives [J]. Review of Financial Studies, 1997.

[312] Park, Ungson G. R.. The Effect of National Culture, Organizational Complementarity, and Economic Motivation on Joint Venture Dissolution [J]. Academy of Management Journal, 1997, 40: 279-307.

[313] Parsons, T.. Structure and Process in Modern Societies [M]. New York: Free Press, 1960.

[314] Peace Rljr. Heavy-Fogregion Sin the Conterminous United States [J]. Mon Weather Rev, 1969, 97: 118-125.

[315] Peteraf, Margaret, Mark Shanley. Getting to Know You: A Theory of Strategic Group Identity [J]. Strategic Management Journal, 1997, 18: 165-186.

[316] Peterson M. A., Rajan R. G.. The Benefits of Lending Relationship: Evidence From Small Business Data [J]. Journal of Finance, 1994, 49: 1367-1400.

[317] Peterson M. A., Rajan R. G.. The Effect of Credit Market Competition on Lending Relationships [J]. Quarter Journal of Economics, 1995, 10: 406-443.

[318] Peek J., Rosengren E.. Bank Consolidation and Small Business Lending: It's Not Just Bank Size That Matters [J]. Journal of Banking and Finance, 1998, 22: 799-820.

[319] Peng M. W., Heath P. S.. The Growth of The Firm in Planned Economics in Transition Institutions, Organizationas and Strategic Choice [J]. Academy of Management Review, 1996: 492-528.

[320] Peng M. W., Luo Y.. Managerial Ties and Firm Performance in a Transition Economy: The Nature of a Micro-Macro Link [J]. Academy of Management Journal, 2000, 43 (3): 486-501.

[321] Peng M. W., Zhou J. Q.. How Network Strategies and Institutional Transitions Evolve in Asia [J]. Asia Pacific Journal of Management, 2005, 22: 321-336.

[322] Pfeffer, J., Salancik, G.R.. The External Control of Organization: A Resource Dependence Perspective [M]. Harper & Row: NewYork, 1978.

[323] Philipp M., Brede M., Hein L.. Physiological Significance of Adrenergic Receptor Subtype Diversity: One Receptor is Not Enough [J]. Am J Physiol, 2002, 283: 287-295.

[324] Piore M., Sabel C.. The Second Industrial DivIde: Possibilities For Prosperity [M]. Basic Books (1986).

[325] Podolny J. M.. A Status-Based Model of Market Competitio [J]. American Journal of Sociology, 1993, 98 (4): 29-72.

[326] Polanyi, Karl. The Great Transformation: The Political and Economic Origins of Our Time [M]. Boston: Beacon Press, 1994.

[327] Polanyi, M. Tacit Knowing in the Tacit Dimension [J]. New York: Doubleday and Company Inc, 1966: 3-25

[328] Powell W.. Neither Market Nor Hierarchy: Network of Organization [J]. Research in Organizational Behavior, 1990, 12 (3): 295-336.

[329] Powell W. W., Koput, K.W., Smith-Doerr L.. Interorganizational Collaboration and the Locus of Innovation: Networks of Learning in Biotechnology [J]. Administrative Science Quarterly, 1996, 41: 116-145.

[330] Powell W.W., White D. R., Koput K. W.. Network Dynamics and Field Evolution: The Growth of Interorganaization Collaboration in the Life Sciences [J]. American Journal of Sociology, 2005: 1132-1205.

[331] Porters M. E.. Clustersand the New Economics of Competiton [J]. Harvard Business Review, 1998, 76: 77-90.

[332] Premaratne. Advanced Neurocomputing Theory and Methodology [J]. Neurocomputing, 2001, 70 (4-6): 623-624.

[333] Putnam R. D.. Make Democracy Work [M]. Princeton: Princeton University Press, 1993.

[334] Pyle W.. Overbanked, Credit-Straved: A Paradox of the Transition [J]. Journal of Comparative Economics, 2002, 30 (1).

[335] Rajan, Raghuram G.. Insiders and Outsiders: The Choice Between Informed and Arms Length Debt [J]. Journal of Finance, 1992, 47: 1367-1400.

[336] Rajan, Raghuram G., Zingales, Luigi. Financial Dependence and Growth [J]. American Economic Review, 1998, 88 (3): 559-586.

[337] Ray D.. Development Economics [M]. New Jersey: Princeton University Press, 1998.

[338] Richardson J. B.. Spores from the Middle Old Red Sand Stone of Cromarty [J]. Scotl and.Palaeontology, 1960: 45-63.

[339] Richardson F. C., Suinn R. M.. The Mathematics Anxiety Rating Scale [J]. Journal of Counseling Psychology, 1972, 19: 551-554.

[340] Richardson J. L.. Palaeolimnological Records From Rift Lakes in Central Kenya [J]. Palaeoecology of Africa, 1972, 11 (4): 131-138.

[341] Ring P., Van D. V.. Development Processes of Cooperative Inter-Organizational Relationships [J]. Academy of Management Review, 1994, 19: 90-118.

[342] Rowley T., Behrens D., Krackhardt D.. Redundant Governance Structures: An Analysis of Structural and Relational Embeddedness in the Steel and Semiconductor Industrie [J]. Strategic Management Journal, 2000, 21: 369-386.

[343] Rowley T., Baum J. A. C.. Sophistication of Interfirm Network Strategies in Thecanadian Investment Banking Industry [J]. Scandinavian Journal of Management, 2004, 20.

[344] Robert Peek Christen. (1995) The Rush to Regulate: Legal Frameworks for Microfinance [C]. CGAP Occasional, 2000.

[345] Ross, Leland, Pyle. Informational Asymmetries, Financial Structure, and Financial Intermediation [J]. The Journal of Finance, 1977: 371-388.

[346] Ruef M., Scott W. R. A.. Multidimensional Model of Organizational Legitimacy: Hospital Survival in Changing Institutional Environments [J]. Administrative Science Quarterly, 1995, 43: 877-904.

[347] S. Fabiani, G. Pellegrini, E. Romagnano, L. F. Signorini. Efficiency and Localisation: The Case of Italian Districts The Competitive Advantage of Industrialdistricts [M]. Germany: CUHK Libraries, 2000.

[348] Sanchez C. M.. Motives for Corporate Philanthropy in El Salvador: Altruism and Political Legitimacy [J]. The Journal of Business Ethics, 2000, 27: 363-375.

[349] Sahman. The Structure and Governance of Venture Capital Orginaization [J]. Journal of Finance Economics, 1990, 27: 473-521.

[350] Saxenian A.. Regional Advantage Culture and Competitionin Silicon Valley and Route128 [M]. Cambridge, MA: Harvard University Press, 1996.

[351] Saxenian, Annalee. Institutions and the Growth of Silicon Valley [J]. Berkeley Planning Journal, 1991, 6: 36-57.

[352] Scalera D., Zazzaro A.. Group Reputation and Persistent (Orpermanent) Discriminationin Credit Markets [J]. Journal of Multinational Financial Management, 2001, 11: 483-496.

[353] Schmitz H .Collective Efficiency : Growth Path for Small-scale Industry [J]. Journal of Development Studies, 1995, 31: 529-566.

[354] Scholtens Bert, Wensveen, Dickvam. A Critique on the Theory of Financial Intermediation [J]. Journal of Banking and Fiance, 2000.

[355] Selznick P.. TVA and the Grass Roots [M]. New York: Harper, 1949.

[356] Scott A.. New Industrial Spaces, Flexible Production Organization and Regional Development in North America and Western Europe [J]. London: Pion, 1988: 46-49.

[357] Scott J., Dunkelberg W.. Ban Consolidation and Small Business Lending: A Small Firm Perspective [J]. Business Access to Capital and Credit, 1999: 238-361.

[358] Suchman M. C.. Managing Legitimacy: Strategic and Institutional Approaches [J]. The Academy of Man-Agement Review, 1995, 20 (3): 571-611.

[359] Shaw, Edward. Finance Deepening in Economic Development [M]. New York: Oxford University Press, 1973.

[360] Shane S., Cable D.. Network Ties, Reputation, and the Financing of New Ventures [J]. Management Science, 2002, 48 (3): 364-381.

[361] Shan W., Walker G., Kogut B.. Interfirm Cooperation and Start-Up Innovation Inthe Biotechnology Industry [J]. Strategic Management Journal, 1994, 15: 387-394.

[362] Shipilov A. Li., Can You Have Your Cake and Eat It Too. Structure Holes Influence on Status Accumulation and Market Performance in Collaborative Netwoks [J]. Administrative Science Quarterly, 2008.

[363] Sidney Ardener. The Comparative Study of Rotating Credit Assiciations [J]. Journal of Royal Anthropology, 1994, 94: 201-229.

[364] Simsek Z., Lubatkin H., Floyd W.. Inter-Firm Network and Entrepreneurial Behavior: A Structural Embeddedness Perspective [J]. Journ al of

Management, 2003, 3: 427-442.

[365] Smelser N. J., Swedberg R., Powell W. W., Smith-Doerr L.. Networks and Economic Life [A] // The Handbook of Economic Sociology [C]. Princeton, NJ: Princeton University Press, 1994.

[366] Stuart H., Podolny. The Supplier-Firm-Buyer Game and Its M-sided Generalization [J]. Mathematical Social Sciences, 1997, 34: 21-27.

[367] Stuart T. E.. Interorganizational Alliances and the Performance of Firms [J]. A Strategic Management, 2000, 21 (8): 791-811.

[368] Steven Tadelis. What's in a Name? Reputation as a Tradeable Asset [J]. American Economic Review, 1999, 89 (3): 548-563.

[369] Steven Tadelis, Patrick Bajari, Robert Mcmillan. Auctions Versus Negotiations in Procurement: An Empirical Analysis [J]. Journal of Law, Economics and Organization, 2000.

[370] Steven Tadelis. Incentives Versus Transaction Costs: A Theory of Procurement Contracts [J]. Rand Journal of Economics, 2001, 32 (3).

[371] Steven A. Sharpe. Asymmetric Information, Bank Lending and Implicit Contracts: A Stylized Model of Customer Relationships [J]. The Journal of Finance, 1990, 55: 1069-1087.

[372] Stacey L. Schreft, Anne P. Villamil. Credit Rationing by Loan Size in Commercial Loan Markets [J]. University of Illinois at Urbana-Champaign-Department of Economics Frb Richmond Economic Review, 1992, 78 (3): 3-8.

[373] Stuart T. E., H. Hoang, R. C. Hybels. Interorganizational Endorsement and the Performance of Entrepreneurial Ventures [J]. Administrative Science Quarterly, 1999, 44 (2): 315-349.

[374] Stuart T. E.. Interorgnizational Alliances and the Performance of Firms: A Study of Growth and Innovation Rates in a High Technology Industry [J]. Journal of Strategic Management, 2000, 21 (8).

[375] Stiglitz, Weiss. Credit Rationing in Markets with Imperfect Information [J]. The American Economics Review, 1981, 71: 393-409.

[376] Stiglitz A.. Symposium Issue on Imperfect Information and Rural Credit Markets [J]. The World Bank Economic Review, 1990, 4: 235-250.

[377] Stiglitz Joseph E., B. Greenwald. Towrds a New Paradigm in Monetary Economics [M]. Cambridge: Cambridge University Press, 2003.

[378] Stiglitz, Joseph E., A Weiss. Credit Rationing in Markets with Imperfect

Information [M]. Cambrige: Cambridge University Press, 1986: 628-649.

[379] Stiglitz, Joseph E., A Weiss. Credit Rationing And Collateral [M]. Cambrige: Cambridge University Press, 1987: 393-410.

[380] Stiglitz, Joseph E., A Weiss. Asymmetric Information in Credit Markets and Its Implications for Macroeconomics [M]. Cambrige: Cambridge University Press, 1992: 694-724.

[381] Stinchcombe A.. Social Structure and Organizations [A] // Handbook of Organizations, Ed. J.G. March. Chicago, IL: Rand Mcnally, 1965: 142-193.

[382] Steel William F., Ernest Aryeetey, Machiko Nissanke. Informal Financial Markets under Liberalization in Four African Countries [J]. World Development, 1997.

[383] Taylor, Charles. The Moral Topography of the Self in Hermeneutics and Psychological Theory: Interpretive Perspectives on Personality Psychotherapy [J]. Psychopathology, 1988a.

[384] Tadelis S.. What is in Name? Reputationas a Asset [J]. American Economics Journal, 1998, 89 (3).

[385] Terreberry S.. The Evolution of Organizational Environments [J]. Administrative Science Quarterly, 1968, 12: 591-613.

[386] Thomas, James B., Trevino, Linda Klebe. Information Processing in Strategic Alliance Building: A Multiple-Case Approach [J]. Journal of Management Studies, 1993, 30: 779-814.

[387] Coate, Glenn Loury. The Economics of Roating Savings and Credit Assiciations [J]. The American Economic Review, 1993: 792-810.

[388] Tornikoski E. T., Newbert S. L.. Exploring the Determinants of Organizational Emergence: A Legitimacy Perspective [J]. Journal of Business, 2007.

[389] Todeva E., Knoke D. Strategic Alliances and Models of Collaboration [J]. Management Decision, 2005, 43 (1).

[390] Uzzi B.. The Sources and Consequences of Embeddedness for the Economic Performance of Organizations: The Network Effects [J]. American Sociological Review, 1996, 61: 674-698.

[391] Uzzi B.. Social Structure and Competition in Interfirm Networks: The Paradox of Embeddedness [J]. Administrative Science Quarterly, 1997, 42: 35-67.

[392] Uzzi B.. Embedness in the Making of Financial Capital: How Social Relations and Networks Benefit Firms Seeking Financing [J]. American Sociological

Review, 1999, 64: 481-505.

[393] Vale Z. A., Machado E. Moura, A.. An Expert System with Temporal Reasoning for Alarm Processing in Power System Control Centers [C]. IEEE Transactions on Power Systems, EISCI, 1993, 3.

[394] Vatne E., Taylor M.. The Networked Firm in a Global World. Small Firms in New Environments [C]. Ashgate, Aldershot, 2000.

[395] Venkatraman R., Weber J., Willenborg M.. Litigation Risk, Audit Quality, and Audit Fees: Evidence from Initial Public Offerings [J]. The Accounting Review, 2008, 83 (5): 1315-1345.

[396] Venkatraman M. P.. Enduring Involvement and Characteristics of Opinion Leaders: A Moderating or Mediating Relationship [J]. Advancesing Consumer Research, 1990, 17 (1): 60-67.

[397] Venkatraman N., Henderson J. C., Oldach S.. Continnuousstrategie Alignment: Exploiting Information Technology Capabilities for Competive Success [J]. European Management Journal, 1994, 11 (2): 139-149.

[398] Vendelo M. T.. Understanding Context: Its Emergence [J]. Knowledge Management Research Report, 1998.

[399] Ven Den Brink K., Chavas J.. The Microeconomics of an Indigenous African Instition: The Roating Saving and Cedit Assiciations [J]. Economic Development and Cultural Chang Calomiris Journal of Development Economics, 1997, 45: 745-772.

[400] Wette H. C.. Collateral in Credit Rationing in Markets with Imperfect Information [J]. American Economic Review, 1983, 73.

[401] Wetzel et al.. A Highly Sensitive Immunocapture Polymerase Chain Reaction Method for Plum Pox Potyvirus Detection [J]. Journal of Virological Methods, 1994, 39: 27-37.

[402] Wellman, Barry. Network Analysis: Some Basic Principles [J]. Sociological Theory, 1983 (1):15.

[403] Wenner Mark D.. Group Credit: A Means to Improve Information Transfer and Loan Repayment Performance [J]. Journal of Development Studies, 1995.

[404] Weston A. Bousfield, Free vs Unhibited Recall [J]. Psychonomic Science, 1970, 20 (2): 75-76.

[405] Wheten D. A.. Issues in Conduction Research [M]. Hmes: The Lowa

State University Press, 1982.

[406] Wiliamson, Oliver E.. Market and Hierarchies: Analysis and Antitrust Implications [M]. New York: The Free Press, 1975.

[407] Wiliamson, Oliver E.. The Economic Institutions Of Capitalism [M]. New York: The Free Press, 1985.

[408] Wiliamson, Oliver E.. Transaction Cost Economics: The Comparative Contracting Perspective [J]. Journal of Economic Behavior & Organization, Elsevier, 1987, 8 (4): 617-625.

[409] Wiliamson O.. Corporate Finance and Corporate Governance [J]. Journal of Finance, 1987, 43: 567- 591.

[410] Wiliamson O.. The Economics of Defense Contracting: Incentives and Performance in Issues [A] // in Defense Economics (Ed. R. Mckean). New York: Columbia University Press, 1967.

[411] Wydick, Bruce. The Effect of Microenterprise Lending on Child Schooling in Guatemala [J]. Economic Development and Cultural Change, 1999, 47: 853-869.

[412] Xin K. R., J. L. Pearce. Guanxi: Connections as Substitutes for Formal Institutional Support [J]. Academic Management Journal, 1996, 39: 1641-1650.

[413] Yaar A., Randomized Block. Design Field Experiment Was Conducted in Neve, Israel [J]. Genetics, 1997, 147: 879-906.

[414] Zaman, Hassan. The Scaling –Up of Microfinance in Bangladesh: Determinants, Impact, and Lessons [R]. World Bank Policy Research Working Paper, 2004.

[415] Zajac E.J., Olsen C. P.. From Transaction Cost to Transactional Value Ananlysis: Implications for the Study of Interorganizational Strategies [J]. The Journal of Management Studies, 1993.

[416] Zenger, Todd R., Hesterly, William S.. The Disaggregation of U.S. Corporations: Selective Intervention, High-Powered Incentives and Molecular Units [J]. Organization Science, 1997, 8 (3): 209-222.

[417] Zhao L., Andj D. Aram. Networking and Growth of Young Technology-Intensive Ventures in China [J]. Journal of Business Venturing, 1995, 10 (5): 349-370.

[418] Zukin S., P. Dimaggio. Structures of Capital: The Social Organization of the Economy [M]. Cambridge: Cambridge University Press, 1990.

[419] Zeller, Manfred. Determinants of Repayment Performance in Credit

Groups: The Role of Program Design, Intragroup Risk Pooling, and Social Cohesion [J]. Economic Development and Cultural Change, 1998, 46 (3): 599-620.

[420] 边燕杰, 丘海雄. 企业社会资本及其功效 [J]. 中国社会科学, 2000 (2).

[421] 蔡宁, 吴结兵. 产业集群与区域经济发展 [M]. 北京: 科学出版社, 2007.

[422] 陈国权, 郑红平. 组织学习影响因素、学习能力与绩效关系的实证研究 [J]. 管理科学学报, 2005 (8).

[423] 陈晓红, 刘剑. 我国中小企业融资结构与融资方式演进研究 [J]. 中国软科学, 2003.

[424] 陈晓红, 郭声琨. 中小企业融资 [M]. 北京: 经济科学出版社, 2000.

[425] 陈晓红, 杨怀东. 中小企业集群融资 [M]. 北京: 经济科学出版社, 2008.

[426] 陈伟鸿. 民营企业"关系融资"及其拓展 [J]. 管理世界, 2004 (10).

[427] 段姝. 中小企业集群融资的内生信用生成机制研究 [J]. 财会月刊, 2011 (8).

[428] 樊纲. 民营金融的信息优势 [J]. 中国民营科技与经济, 2000 (7).

[429] 冯天丽, 井润田. 制度环境与企业家政治联系意愿的实证研究 [J]. 管理世界, 2009 (8).

[430] 苟天来, 左停. 农村社会关系研究述评 [J]. 安徽师范大学学报（人文社会科学版）, 2007 (4).

[431] 龚健虎. 用帕累托最优等理论浅析民间金融业的兴起 [J]. 经济体制改革, 2001 (6).

[432] 郭斌, 刘曼璐. 民间金融与中小企业发展对温州的实证分析 [J]. 经济研究, 2002 (10).

[433] 侯赟慧, 刘洪. 基于社会网络的城市群结构定量化分析——以长江三角洲城市群资金往来关系为例 [J]. 复杂系统与复杂性科学, 2006 (2).

[434] 胡乃武, 罗丹阳. 对中小企业融资约束的重新解释 [J]. 经济与管理研究, 2006 (10).

[435] 黄洁. 集群网络结构对集群网络功能的影响研究 [D]. 杭州: 浙江大学硕士学位论文, 2006.

[436] 黄敏, 何桂芳. 金融新视角: 支持个体私营经济发展的构想 [J]. 经济问题, 1996 (9).

[437] 黄燕君, 应娟, 郑小胡, 李伟伟. 中小企业贷款难: 一个基于信贷决策模型的分析 [J]. 金融与经济, 2004 (7).

[438] 黄江圳，董俊武.中小企业网络、资源与成长问题研究 [J].外国经济与管理，2002（6）.

[439] 金雪军等.桥隧模式：架通信贷市场与资本市场的创新型贷款担保运作模式 [M].杭州：浙江大学出版社，2010.

[440] 江曙霞，秦国楼.信贷配给理论和民间金融中的利率 [J].农村金融研究，2000（7）.

[441] 谯薇，江文清，宗文哲.论中小企业集群的形成动因及方式 [J].财经问题研究，2003（8）.

[442] 蒋春燕.企业外部关系对内部创新活动的影响机制 [J].经济管理，2008（5）.

[443] 李新春，刘莉.嵌入性——市场性关系网络与家族企业创业成长 [J].中山大学学报（社会科学版），2009（3）.

[444] 李淑芬.集群网络结构对集群网络功能的影响研究 [D].杭州：浙江大学博士学位论文，2011.

[445] 李志赟.银行结构与中小企业融资 [J].经济研究，2002（6）.

[446] 李志刚.基于网络结构的产业集群创新机制和创新绩效研究 [D].合肥：中国科学技术大学博士学位论文，2007.

[447] 侯红卫，李雪峰.基于行为金融理论的投资者行为研究方法现状与展望 [J].科学决策，2010（2）.

[448] 刘彪文.产业集群与中小企业融资 [J].当代财经，2004（10）.

[449] 任志安，李梅.企业集群的信用优势分析 [J].中国工业经济，2004（7）.

[450] 李贞.企业知识网络能力对技术创新绩效的影响研究 [D].济南：山东大学硕士学位论文，2011.

[451] 李娟.政府扶持体系与中小企业融资问题 [J].特区经济，2006（3）.

[452] 卢福财，周鹏.外部网络化与企业组织创新 [J].中国工业经济，2004（2）.

[453] 林毅夫，孙希芳.信息、非正规金融与中小企业融资 [J].经济研究，2009（7）.

[454] 林毅夫，孙希芳.信息、非正规金融与中小企业融资 [C].北京大学中国经济研究中心讨论稿，2003.

[455] 林毅夫，李永军.中小金融机构发展与中小企业融资 [J].经济研究，2001（1）.

[456] 林毅夫，李永军.信息、非正规金融与中小企业融资 [J].经济研究，2005（7）.

[457] 林毅夫. 中小企业融资难亟待破题 [N]. 人民日报, 2006-06-02.

[458] 林南. 社会资本: 关于社会结构与行动的理论 [M]. 张磊译. 上海: 上海人民出版社, 2005.

[459] 刘雪锋. 网络嵌入性影响企业绩效的机制案例研究 [J]. 管理世界, 2009 (增刊).

[460] 刘雪锋. 网络嵌入性与差异化战略及企业绩效关系研究 [D]. 杭州: 浙江大学博士学位论文, 2007.

[461] 刘湘勤, 龙海雯. 银行结构、信用环境与中小企业发展: 基于中国跨省数据的实证分析 [J]. 西北大学学报 (哲学社会科学版), 2007 (37).

[462] [美] 诺斯·道格拉斯. 诺斯的新制度主义 [J]. 经济译文, 1995 (6).

[463] 罗家德. 社会网分析讲义 [M]. 北京: 社会科学文献出版社, 2005.

[464] 罗正英, 张雪芬, 陶凌云. 信誉链: 中小企业融资的关联策略 [J]. 会计研究, 2003 (7).

[465] 楼瑜等. 集群企业与银行的关系型融资的实证分析 [J]. 上海金融, 2006 (8).

[466] 卢现祥. 西方新制度经济学 [M]. 北京: 中国发展出版社, 1996.

[467] 金祥荣, 朱希伟. 新温州模式的双重任务 [J]. 浙江经济, 2002 (1).

[468] 马刚. 基于战略网络视角的产业区企业竞争优势实证研究 [D]. 杭州: 浙江大学博士学位论文, 2005.

[469] 马方方. 中国民营经济融资困境与金融制度创新 [J]. 经济界, 2001 (3).

[470] 秦玉峰, 朱启晨. 试述我国资本市场发展不足 [J]. 商业研究, 2008 (10).

[471] 沈杰, 张智光, 何勤. 面向中小企业信贷配给的研究 [J]. 中国软科学, 2002 (10).

[472] 罗党论, 黄有松, 聂超颖. 非正规金融发展、信任与中小企业互助融资机制——基于温州苍南新渡村互助融资的实地调查 [J]. 南方经济, 2011 (5).

[473] 史晋川, 严谷军. 经济发展中的金融深化: 以浙江为例 [J]. 浙江大学学报, 2001 (5).

[474] 宋亚敏, 黄绪江. 对信贷配给模型的基层实证: 咸宁个案 [J]. 金融研究, 2002 (3).

[475] 田雪莹. 企业捐赠非营利组织的行为及竞争优势研究 [D]. 杭州: 浙江大学博士学位论文, 2008.

[476] 王永钦. 声誉、承诺与组织形式——一个比较制度分析 [M]. 上海:

上海人民出版社，2005.

[477] 王宣喻，储小平.信息披露机制对私营企业融资决策的影响 [J]. 经济研究，2002（10）.

[478] 魏江，刘锦，杜静.自主性技术创新的知识整合过程机理研究 [J]. 科研管理，2005（7）.

[479] 魏守华，刘光海等.产业集群内中小企业间接融资特点及策略研究 [J]. 财经研究，2004（9）.

[480] 魏守华，邵东涛.从企业融资的角度看集群的竞争优势——以嵊州领带产业为例 [J]. 商业经济与管理，2002（3）.

[481] 吴敬琏，任志安.比较（第11辑）[M]. 北京：中信出版社，2004.

[482] 邬爱其.集群企业网络化成长机制 [M]. 北京：中国社会科学出版社，2007.

[483] 邬爱其.集群企业网络化成长机制研究——对浙江三个产业集群的实证研究 [D]. 杭州：浙江大学博士学位论文，2004.

[484] 许登峰.基于社会网络的集群企业创新机制研究 [D]. 天津：天津大学博士学位论文，2010.

[485] 徐强.风险认知差异与信贷配给的关系 [J]. 预测，2005（1）.

[486] 杨锐，黄国安.网络位置和创新——杭州手机产业集群的社会网络分析 [J]. 工业技术经济，2005（7）.

[487] 杨俊，张玉利，杨晓非，赵英.关系强度、关系资源与新企业绩效——基于行为视角的实证研究 [J]. 南开管理评论，2009（12）.

[488] 杨再斌，匡霞.国有商业银行对中小企业信贷配给行为的内生制度根源分析 [J]. 财贸研究，2003（1）.

[489] 王宵，张捷.银行信贷配给与中小企业贷款——一个内生化抵押品和企业规模的理论模型 [J]. 经济研究，2003（7）.

[490] 辛晴.知识网络对企业创新的影响 [D]. 济南：山东大学博士学位论文，2011.

[491] 熊彼特.经济发展理论 [M]. 北京：商务印书馆，1990.

[492] 金雪军，卢绍基等.融资平台浙江模式创新 [M]. 杭州：浙江大学出版社，2010.

[493] 杨丰来，黄永航.企业治理结构、信息不对称与中小企业融资 [J]. 金融研究，2006（5）.

[494] 杨俊龙.中小企业融资难的原因及对策 [J]. 经济问题，2003（12）.

[495] 杨军.中小企业融资制度结构研究 [J]. 武汉科技大学学报，2003（7）.

[496] 杨小凯,张永生.新兴古典经济学与超边际分析 [M].北京:中国人民大学出版社,2000.

[497] 余津津.信息不对称条件下企业家组合报酬契约模型初探 [J].财经论丛,2003 (5).

[498] 张杰.民营经济的金融困境与融资次序 [J].经济研究,2000 (4).

[499] 张仁寿,李红.温州模式研究 [M].北京:中国社会科学出版社,1990.

[500] 张捷,王霄.中小企业金融成长周期与融资结构变化 [J].世界经济,2002 (9).

[501] 张伟峰,万威武.企业创新网络的构建动因与模式研究 [J].研究与发展管理,2004 (3).

[502] 张炳申,马建会.改进我国中小企业集群融资的对策分析 [J].经济经纬,2003 (5).

[503] 张震宇,刘守谦,陈明衡.产业集群的银企关系和信贷支持——以温州市柳市、龙港、萧江三镇为例 [J].浙江金融,2003 (12).

[504] 张淑焕,陈志莲.基于集群理论的中小企业"融资链"问题探讨 [J].商业经济与管理,2006 (5).

[505] 苟天来,左停.农村社会关系研究述评 [J].安徽师范大学学报,2007 (4).

[506] 张亚维,胡红星.中小企业信贷配给的综合模型 [J].数量经济技术经济研究,2005 (7).

[507] 张捷.中小企业的关系型借贷与银行组织结构[J].经济研究,2002 (6).

[508] 罗建华,黄玲.中小企业非正规金融内生成长分析 [J].经济与管理,2011 (1).

[509] 郑震龙.意会信息,关系型融资与中小企业信贷 [J].内蒙古社会科学,2005 (5).

[510] 朱亚丽.基于社会网络视角的企业间知识转移影响因素实证研究 [D].杭州:浙江大学博士学位论文,2009.

[511] 邝坦励.中小企业信贷融资困难的信息经济学分析 [J].理论月刊,2004 (4).

[512] 赵秀芳,周利军.中小企业集群的信贷融资优势——从信息不对称理论角度分析 [J].绍兴文理学院学报,2003 (4).

[513] 赵俊臣.中国农村金融新体系构建研究——以云南省多民族区域为例 [M].北京:中国社会科学出版社,2009.

[514] 庄永强,王元月,葛燕燕.基于产业集群模式的中小企业债务融资探讨[J].乡镇经济,2004(5).

[515] 邹新月,施锡铨.非国有经济信贷融资困境的理性认识[J].上海财经大学学报,2002(4).

[516] 周立新,李传昭.社会资本与家族企业网络的演进[J].软科学,2004(6).

[517] 周兆生.中小企业融资的制度分析[J].财经问题研究,2003(5).

[518] 张圣平,徐涛.内生障碍、关系融资与中小企业支持[J].经济活页文选(理论版),2002(21).

[519] 包玉泽,谭力文,刘林青.全球价值链背景下的企业升级研究——基于企业技术能力视角[J].外国经济与管理,2009(4).

[520] 温忠麟,张雷侯,侯杰泰,刘红云.中介效应检验程序及其应用[J].心理学报,2004(5).

[521] 高连和.中小企业集群融资:模式创新、融资边界与竞争优势[J].经济社会体制比较,2007(3).

[522] 鲁丹,肖荣华.银行市场竞争结构、信息生产和中小企业融资[J].金融研究,2008(5).

[523] 罗正英.中小企业集群信贷融资:优势、条件与对策[J].财贸经济,2010(2).

[524] 罗丹阳.中小企业民间融资[M].北京:中国金融出版社,2009.

[525] 林莉,奚秀岩,周鹏飞,孙韶馥.全球竞合:科技型中小企业网络化成长的理论与实证研究[M].北京:经济科学出版社,2012.

[526] 罗家德,赵延东.社会资本的层次及其测量方法[A]//李培林,覃方明主编.社会学:理论与经验[M].北京:社会科学文献出版社,2005.

[527] 钟宏武.企业捐赠作用的综合解析[J].中国工业经济,2007(2).

[528] 吴明隆.结构方程模型(第2版)[M].重庆:重庆大学出版社,2009.

[529] 寿志钢等.基于网络的组织间信任研究:中小企业的社会资本与银行信任[J].中国工业经济,2011(9).

[530] 李怀祖.管理研究方法论[M].西安:西安交通大学出版社,2004.

[531] 马庆国.管理统计:数据获取、统计原理、SPSS工具与应用研究[M].北京:科学出版社,2002.

[532] 汪铭泉.集群企业跨区域发展的机制及模式研究[D].杭州:浙江大学博士学位论文,2009.

[533] 许冠南. 关系嵌入性对技术创新绩效的影响研究 [D]. 杭州：浙江大学博士学位论文，2008.

[534] 童牧. 关系型融资研究 [D]. 上海：复旦大学博士学位论文，2004.

[535] 王红领. 社区银行：我国微型金融机构改革的方向 [J]. 发展研究，2011（5）.

[536] 金俐. 信贷配给：微观基础与货币政策含义研究 [D]. 上海：复旦大学博士学位论文，2004.

[537] 田晓霞. 小企业融资理论及实证研究综述 [J]. 经济研究，2004（5）.

[538] 许冠男. 关系嵌入性对技术创新绩效的影响研究 [D]. 杭州：浙江大学博士学位论文，2008.

[539] 邓学军，夏洪胜. 成本考量、资源依赖抑或制度驱使：企业间网络形成动因分析 [J]. 学术研究，2008（5）.

[540] 李勤. 供应链融资对中小企业信贷配给的影响 [D]. 北京：中国社会科学院研究生院博士学位论文，2010.

[541] 孙凯. 跨组织信息共享的概念、特征与模式 [J]. 系统科学学报，2012（5）.

[542] 蔡玮. 工业园区集群网络结构对企业绩效影响机制研究 [D]. 长沙：中南大学硕士学位论文，2010.

[543] 卢亚娟，褚保金. 区域产业集群发展的金融支持机制研究：案例分析 [J]. 经济学动态，2011（4）.